U0681540

国家出版基金项目
NATIONAL PUBLICATION FOUNDATION

北京大學藏西漢竹書

壹

北京大學出土文獻研究所 編

上海古籍出版社

本書爲教育部哲學社會科學研究重大課題攻關項目「西漢竹書整理與研究」（2009JZD770041）成果。

本書編寫得到中華人民共和國教育部、財政部高等學校創新能力提升計劃（二〇一一計劃）中央專項資金支持。

本書得到國家出版基金資助出版。

本卷編撰人

朱鳳瀚

北京大學藏西漢竹書・蒼頡篇（部分）

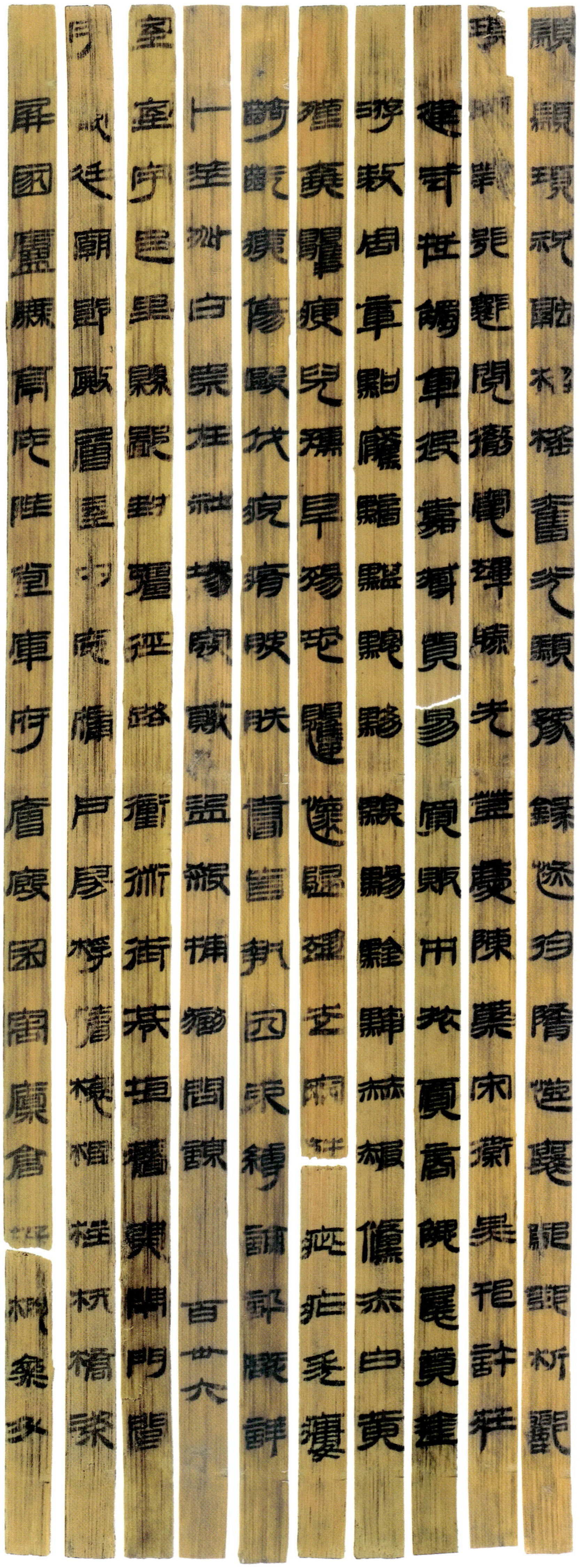

五五　五四　五三　五二　五一　五〇　四九　四八　四七　四六

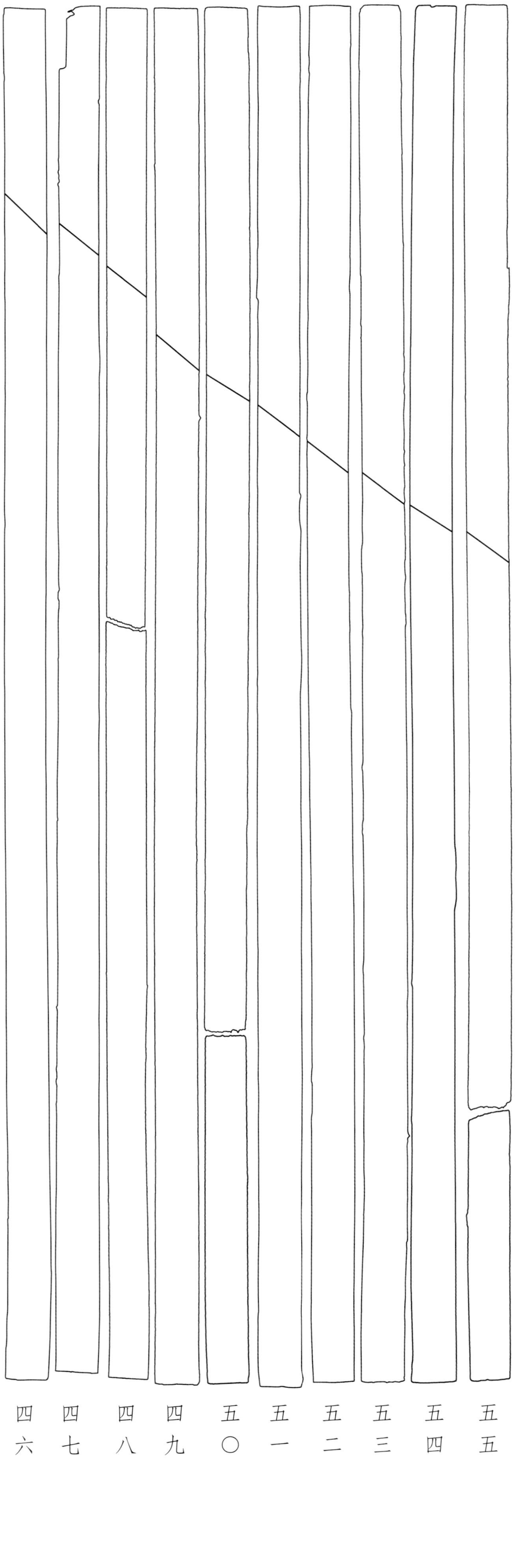

四六 四七 四八 四九 五〇 五一 五二 五三 五四 五五

前言

二〇〇九年初，北京大學接受捐贈，獲得了一批從海外回歸的西漢竹簡。這批竹簡在入藏北京大學前，曾聘請簡牘專家做過鑒定。二〇〇九年一月十一日下午，竹簡運抵北京大學賽克勒考古與藝術博物館。當時，全部竹簡均被乙二醛溶液浸泡，大致按長短分裝於九個大小不等的塑料盒中。竹簡表面多呈黄褐或暗褐色，質地較硬，墨色凝重，字迹非常清晰。簡上用朱砂書寫或繪製的文字、欄格與圖表，顔色尚鮮豔如新。竹簡兩端均修治平齊，簡上多刻有用以固定編繩的契口，很多還殘留有小段編繩或編繩印痕。

一月中旬，我們邀請長沙簡牘博物館經驗豐富的簡牘保護專家主持進行了對竹簡的初步清理。同時由北京大學考古文博學院文物保護教研室針對竹簡現狀制定了保護方案。

爲了做好這批重要竹簡的保護、整理與研究工作，並以此爲契機整合北京大學在出土文獻研究方面的科研力量，我們向學校遞交了成立「北京大學出土文獻研究所」的申請，很快得到批准。北京大學出土文獻研究所由北京大學中國古代史研究中心與考古文博學院聯合組建（掛靠中國古代史研究中心），由歷史、考古、中文三個院系的專家學者組成。

同年三月十三日至三十日，北京大學出土文獻研究所組織力量，對這批竹簡進行了清理、測量和拍照。長沙簡牘博物館的專家參加了清理工作，並給予了技術指導。

經整理清點，全部竹簡共編號三千三百四十六個，其中完整簡約一千六百枚，殘斷簡多數也可綴合。竹簡按照長度，可分爲長、中、短三種。長簡長約四十六厘米，相當於漢尺二尺，三道編繩，屬於三種選擇類的數術書；短簡長約二十三厘米，相當於漢尺一尺，兩道編繩，内容均爲醫方。其餘内容的竹簡均爲中等簡，長約二十九·五至三十二・五厘米，相當於漢尺一尺三寸至一尺四寸，三道編繩。

需要特別説明的是，二〇一〇年初，我們在整理北京大學藏秦簡牘時，瞭解到其中部分竹簡背面存在整齊的刻劃痕迹，於是重新檢視西漢竹簡，發現大多數竹簡背面也存在既淺且細的斜直劃痕。相鄰竹簡的劃痕往往可以接續，有助於簡册的編聯復原。因此，二〇一〇年十二月至二〇一一年一月，我們又對全部漢簡簡背的劃痕進行了測量、繪圖。同時，還對部分簡質發黑或字迹模糊的竹簡拍攝了紅外照片。

在掌握了西漢竹簡的全部圖像與數據資料後，我們即着手進行簡文内容的釋讀與分篇工作，初步掌握了這批竹簡的基本情況。

這批漢簡全部屬於古代書籍，未見文書類文獻，因此可稱之爲「西漢竹書」。竹書含有近二十種古代文獻，基本涵蓋了《漢書・藝文志》的古書分類法「六略」中的各大門類，内容相當豐富，也是迄今發現的古書類竹簡中數量最大的一批。其中包括迄今所見存字最多的秦漢字書《蒼頡篇》，篇章結構最爲完整的出土《老子》古本，西漢前期人講述秦末重要史事的古佚書《趙正書》，《漢書・藝文志》「諸子略」曾經著録且久已失傳的道家著作《周馴（訓）》，目前所見我國年代較早的長篇俗賦《妄稽》，與枚乘《七發》年代接近、内容相關的「七」體漢賦《反淫》，總數達一千六百餘枚竹簡的種類繁多、内容豐富的數術書，保存一百八十餘個醫方、可與馬王堆帛書《五十二病方》對勘並補充其不足的古醫書。同時，這批竹書的書法極爲精美，包含至少七八種不同的書風，堪稱西漢隸書藝術的瑰寶。

西漢竹書中未見漢武帝以後的年號，僅在一枚數術類竹簡上發現有「孝景元年」紀年。各篇竹書的書法與字體特徵雖不盡相同，抄寫年代當略有早晚，但大體上可以認爲已近於成熟的漢隸，與西漢早期的張家山二四七號墓及馬王堆漢墓出土的簡帛中近於秦隸的書體有明顯的區別，與下葬於武帝早期的銀雀山漢墓出土的竹簡書體相比亦顯稍晚。但即使是其中最接近成熟漢隸的書體，與宣帝時期的定州八角廊漢墓出土的竹簡文字相比，仍略顯古樸。由書體特徵並結合對全部竹書内容的分析，我們推測這批竹書的抄寫年代應主要在漢武帝後期，下限不晚於宣帝。

綜合多種因素分析，北大西漢竹書的原主人應與阜陽雙古堆漢簡、定州八角廊漢簡的墓主人身份接近，有可能屬於漢代的王侯一級。這批竹書的内容，反映出西漢中期社會上層所具備的知識結構和思想意趣。

可以説，北大西漢竹書是繼二十世紀發現的馬王堆帛書、銀雀山漢簡之後問世的又一座重要漢代典籍寶庫，對歷史文獻學、文字學、先秦史、秦漢史、古代思想史、醫學史、書法藝術史以及簡帛書籍制度等諸多領域的研究，均具有非同尋常的學術價值。

這批重要竹書資料的整理、編纂和出版工作由北京大學出土文獻研究所主持進行。全部竹書的資料報告集以《北京大學藏西漢竹書》爲題，採用多卷本形式出版，各卷内容計劃爲：

第一卷《蒼頡篇》

第二卷《老子》

第三卷《周馴》、《趙正書》、《儒家説叢》、《陰陽家言》[一]

第四卷《妄稽》、《反淫》

第五卷《節》、《雨書》、《揕輿》、《荊決》、《六博》

第六卷《日書》、《日忌》、《日約》

第七卷 醫方

未能確定歸屬的殘簡和無字簡一併附於最後一卷。各卷均包括竹簡的彩色原大照片與放大照片、紅外照片、簡背劃痕示意圖、簡文的釋文與注釋以及附録。附録收入竹簡一覽表、與各卷竹書内容相關的文獻資料以及整理者的論文等。此外，我們還將編纂和出版《北京大學藏西漢竹書文字編》。

這套西漢竹書資料報告集的各卷，均實行該卷編撰者個人負責制。但每卷書稿付印前，均由本所主持召集相關專家進行多次討論，提出修改意見，各卷編撰者在聽取大家意見並作出修訂後定稿。囿於學識與能力，這套書中肯定會有這樣或那樣的疏誤，我們誠摯地期望得到方家的教正。

在這套書出版之際，尤其需要感謝的是：

教育部社會科學司和國家文物局的領導對於北大西漢竹書的整理與研究工作給予了及時的指導和支持。

北京大學藏西漢竹書的保護、整理與研究工作先後獲得了教育部哲學社會科學重大課題攻關項目「西漢竹書整

[一]《儒家説叢》、《陰陽家言》兩書，初步整理時暫名「子書叢殘」，今根據竹簡形制、書體和内容分爲兩種，改擬現題。

理與研究」（2009JZD770041）與國家科技支撑計劃「中華文明探源工程及其相關文物保護技術研究」項目子課題「古代簡牘保護與整理研究」（2010BAK67B14）的資助。

清華大學、復旦大學、中山大學、武漢大學、吉林大學、首都師範大學、中國文化遺産研究院等單位的專家學者在北大西漢竹書的整理、研究及科研立項工作中均給予了多方面的指教。

西漢竹書在入藏、整理、保護與研究過程中，始終得到北京大學校領導的親切關懷與支持。北京大學社會科學部、財務部、教育基金會及歷史學系、中國古代史研究中心、考古文博學院等各部門、院系的領導也給予了熱情幫助。

在這裏還要感謝上海古籍出版社爲這套系列資料報告集的編撰、出版所提供的大力支持。

北京大學出土文獻研究所

二〇一二年二月

二〇一五年一月修訂

凡例

一　本書採用多卷本形式，收入北京大學藏西漢竹書的全部資料。各卷均包括圖版、釋文與注釋、附録三部分。

二　竹書各篇凡原有篇題者均以原篇題爲名，原無篇題者依簡文内容擬定篇名並加【】號。

三　圖版分爲原大彩色圖版、放大彩色圖版、放大紅外圖版和簡背劃痕示意圖四部分。其中放大彩色和紅外圖版按照竹簡原大的200%影印，紅外照片只選取字迹模糊的片段。放大彩色圖版每簡左側均有與簡文一一對應的釋文，保留重文、合文符號和其他符號，不加括注和標點。簡背劃痕示意圖根據竹簡測量數據繪製，尺寸爲竹簡原大的50%。

四　圖版中竹簡的照片按照綴合、編聯後的順序，分篇排列和編號。簡號用小寫漢字數字一、二、三等標識於每簡之下。由多段殘簡拼綴而成的竹簡，僅標一個簡號。另外在每段殘簡的右下角用小寫英文字母標明其序號。紅外照片的編號與原簡號相同，若一枚竹簡有多段紅外照片，則在簡號之後加阿拉伯數字以示區别。簡文如分欄書寫，在每欄最上一字右側用大寫漢字數字壹、貳、叁等標明欄次。

五　釋文按照簡文原有的篇章結構來安排。簡文原不分章而篇幅較長者，根據内容適當劃分段落。不能與竹書各篇正文連讀的簡文，凡據内容可推定歸屬的，即置於所屬篇章之後，彩色圖版照片亦按照同樣原則來安排。

六　簡文原有的句讀勾識符號，釋文均予以省略，另加新式標點；重文、合文符號皆寫作相應的文字，分章符號予以保留。釋文中在每簡最後一字右下方標注簡號。通假字和異體字，在其後用（）號標注現代通行字，明顯的誤字用〈〉號標注正字；原有的脱文或衍文，釋文不作更動，在注釋中説明。簡文中的常見異體字，釋文統一寫作現代通行字。

七　釋文中凡遇簡文殘缺或漫漶不可辨識之處，可根據殘存筆畫或上下文補出者，即按照所缺字數補足並加【】號；殘缺文字無法補出，但字數可以推定者，用相應的□號表示；字數無法推定者用……號表示。

八　注釋置於釋文每章或段之後，內容主要是簡釋文字、分析詞義、疏通文句，以及與相關傳世或出土文獻的對讀等。在每篇釋文之前另加「説明」，簡要介紹該篇的簡數與形制、分章情況、內容和性質以及其他需要説明的事項。

九　附録主要包括本卷所收竹簡一覽表、與本卷竹書內容有關的傳世或出土文獻資料以及整理者撰寫的研究論文等。

*　按：因考慮到《蒼頡篇》爲字書，爲便利讀者看清簡文字形，本卷刊登了北大藏《蒼頡篇》簡本的全部紅外照片。

目録

前言……一
凡例……一
蒼頡篇
蒼頡篇 圖版……一
原大圖版……三
放大圖版……一三
紅外圖版……四〇
簡背劃痕示意圖……六〇
蒼頡篇 釋文注釋……六五
附録
北大藏漢簡《蒼頡篇》一覽表……一四五
北大藏漢簡《蒼頡篇》非常用字現代音注……一四八
北大藏漢簡《蒼頡篇》與其他出土簡本對照表……一五三
未見於北大簡本之《蒼頡篇》簡文集録……一六四
北大藏漢簡《蒼頡篇》的新啟示……一七〇

蒼頡篇　圖版

a b c

八 七 六 五 四 三 二 一

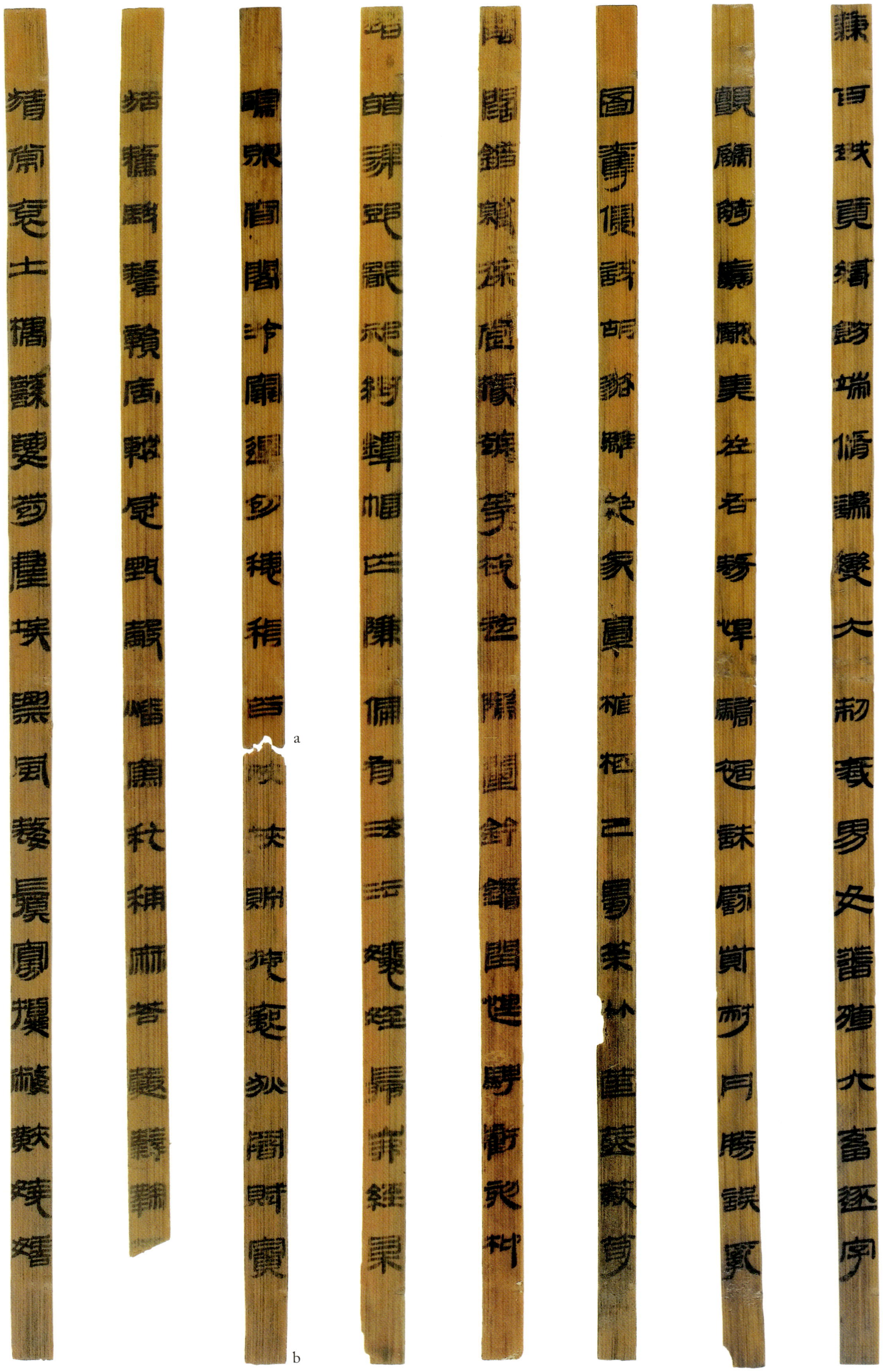

九 一〇 一一 一二 一三 一四 一五 一六

a b

一七 一八 一九 二〇 二一 二二 二三 二四

三二 三一 三〇 二九 二八 二七 二六 二五

三三　三四　三五　三六　三七　三八　三九　四〇

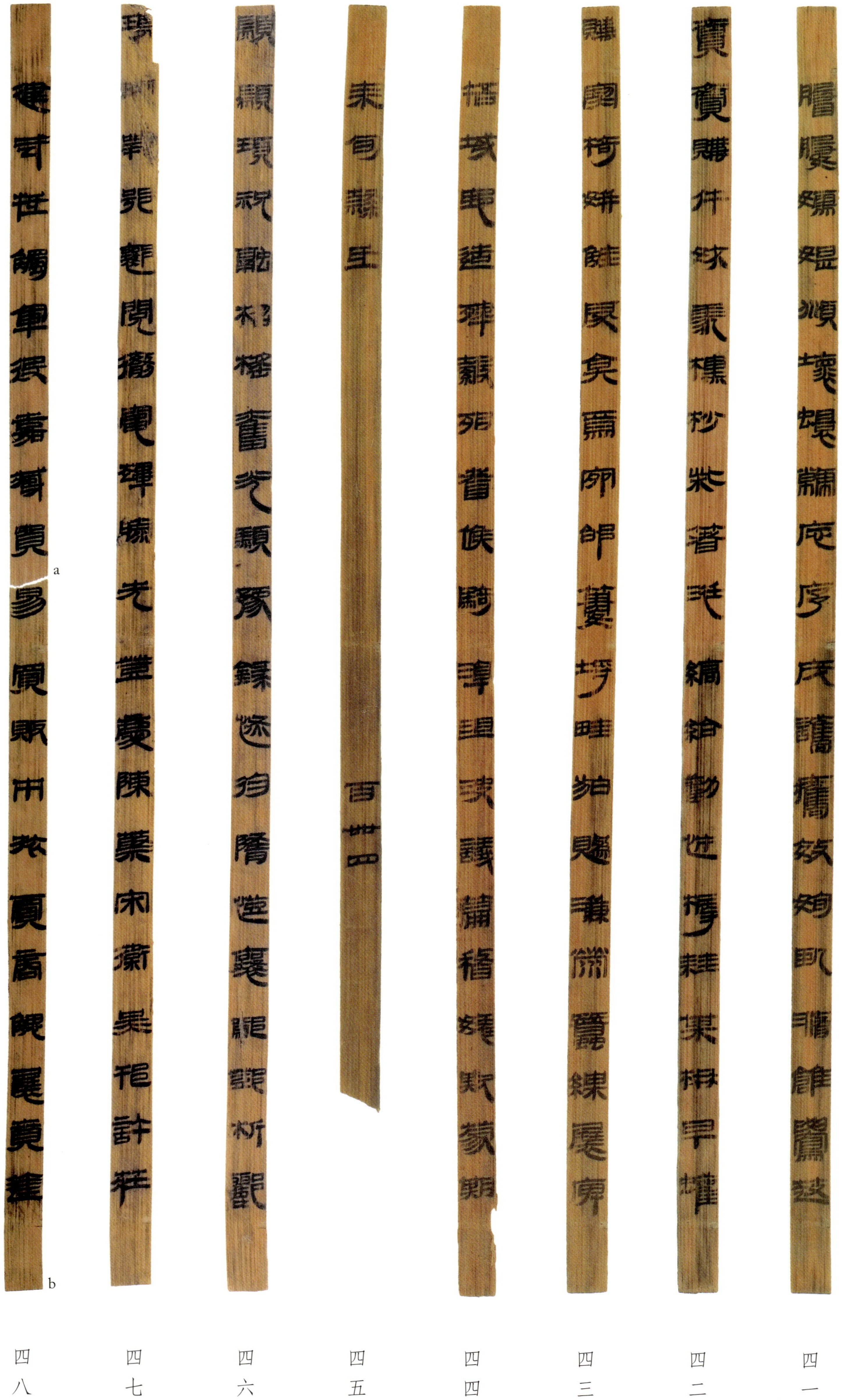

a

b

四一 四二 四三 四四 四五 四六 四七 四八

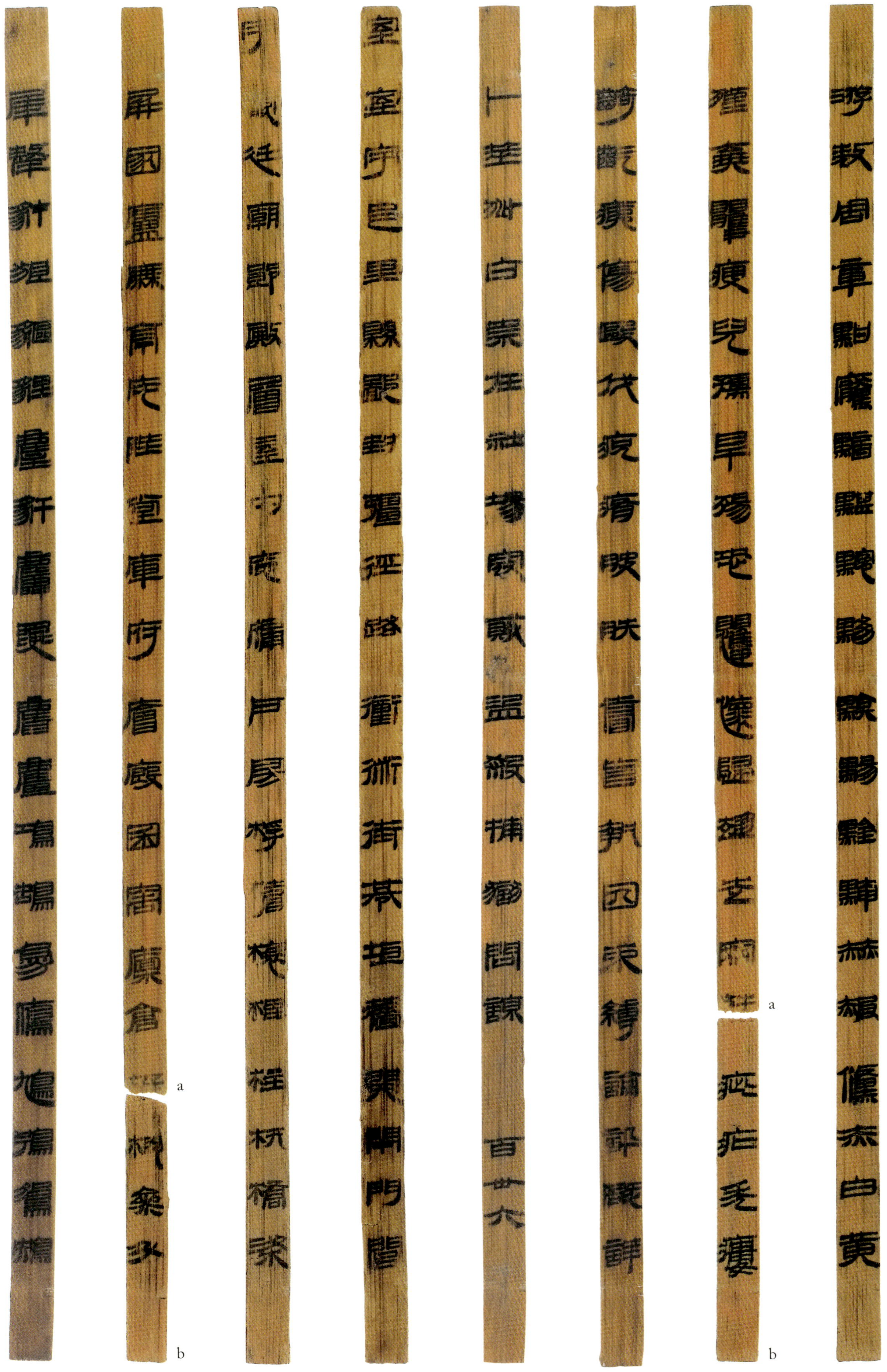

四九 五〇 五一 五二 五三 五四 五五 五六

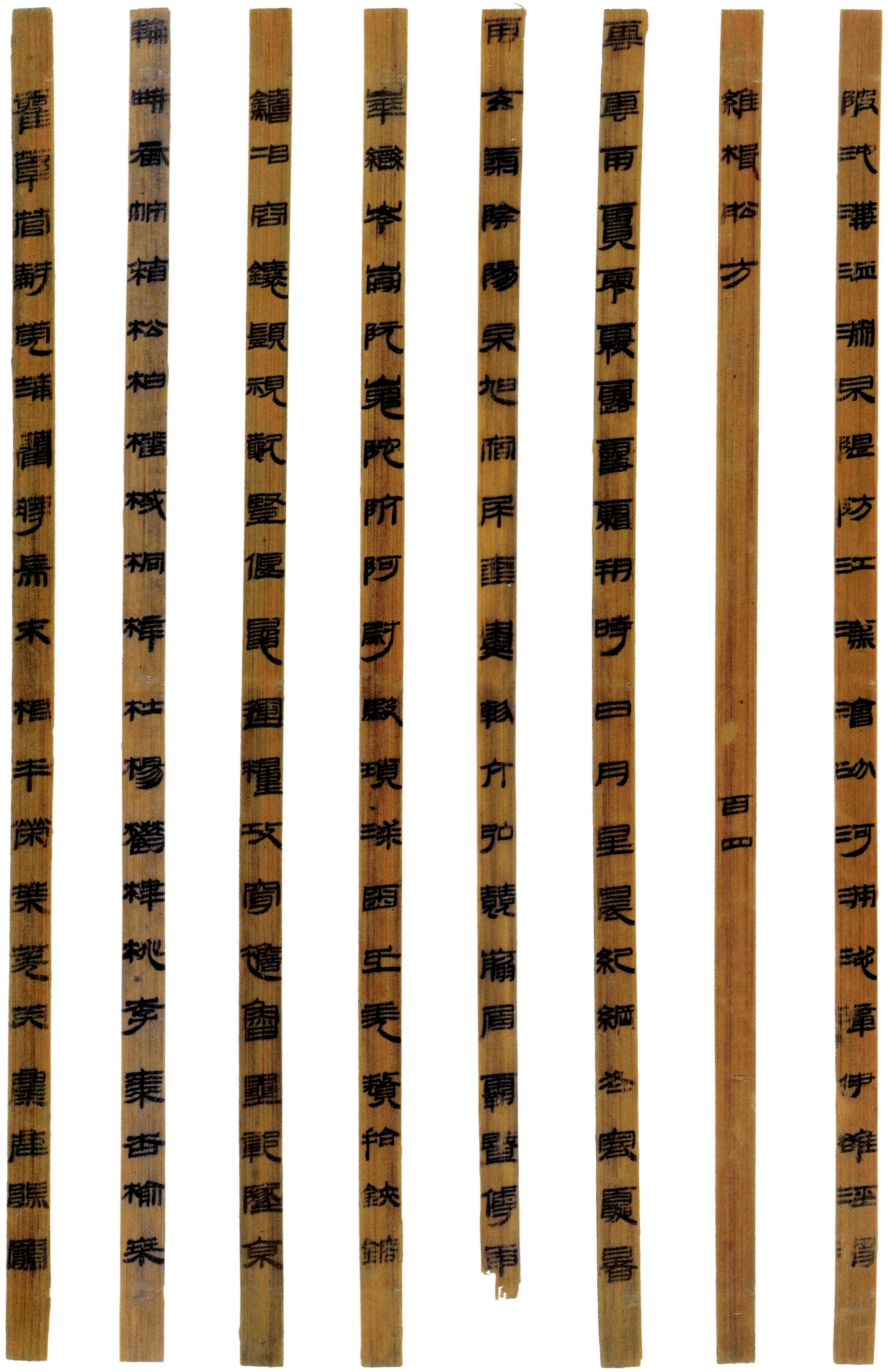

五七　五八　五九　六〇　六一　六二　六三　六四

六五 六六 六七 六八 六九 七〇 七一 七二

七三 七四 七五 七六 七七 七八 七九

禄 寬 惠 善 志 桀 紂 迷 惑 宗 幽

不 識 寂 肆 宜 獲 得

一

寶 勳 向 尚 馮 奕 青 北 係 孫

褒 俗 貌 鷙 吉 忌 瘛 痒 癰 痤

二

疢 痛 遬 欬 毒 藥 醫 工 抑 按

啟 久 嬰 但 揞 援 何 竭 負 戴

三

谿谷阪險丘陵故舊長緩

肆延渙奐若思勇猛剛毅

四

便疌巧亟景桓昭穆豊盈

爨戴嬛荅蜎黑娩娒款餌

五

戲叢奢掩顯顧重該悉起

臣僕發傳約載趣遽觀望

六

行步駕服逋逃隱匿往來

眄睞百五十二

七

漢漢兼天下海內并廁胡無

嚵類菹醢離異戎翟給賨

八

兼百越貢織飭端脩鑴變大

制裁男女蕃殖六畜逐字

九

顫𩪘觭嬴骩㬰左右勢悍

驕裾誅罰貲耐丹勝誤乳

一〇

圄奪侵試胡貉離絶冢章

棺柩巴蜀筡竹筐篋籢笥

一一

閭閈錯躄葆堂據趌等祱䞈

隝闉鈐鐫閏悝騁虧刻柳

一二

錯 諎 肆 郘 鄙 祁 紂 鐔 幅 芒 隒

偏 有 泫 沄 孃 姪 髮 弟 經 臬

一三

鴟 煦 窅 閣 泠 寵 【遏】 包 穗 稍

苦 姎 挾 貯 施 褎 狄 署 賦 賓

一四

狤 鶩 騀 謷 贛 害 輟 感 甄 瞉

燔 窯 秅 秭 麻 荅 瞉 蘖 鞠 □

一五

猜常衮土橘蘇葽苞麈埃

爂風婺鬟寡擾嫛歎嬈嫸

一六

嫺嬌范麀帗帴裘褐毯屨

幋袍鷊汩冉愁焦𩟁

一七

䶑娭齺齞齧繞黜勠弄鬏

券契筆研筭篰鞠窡訏窬

一八

艖 籥 陘 沙 遮 泄 沓 訽 鏠 鍵

蘽 總 納 韔 戀 槖 箳 墳 鬑 獑

一九

飫 猒 然 稀 丈 衺 牒 膠 竊 鮒

鮮 鰖 鱣 鮪 鯉 鮂 犪 犻 羭 羓

二〇

羒 犖 羜 羔 冤 暑 暖 通 坐 斝

謏 求 蒙 閻 堪 沉 燎 灼 煎 炮

二一

餟 斟 掇 謍 謖 觬 聊

（此斷簡可與簡二三綴連。簡二二、二三亦當一併綴於簡六六下）

二二

【漏】 鼛 級 約 筦 綒

二三

莎 茘 萚 蕁 蓬 蒿 蒹 葭 薇 薛

莪 蔞 蘿 蘽 薊 荼 薺 芥 萊 荏

二四

茱臾蓼蕪果蓏茄蓮桼栗

瓠瓜堅穀擥繳饒飽粪餘

二五

肸齏尼睆餽餓鎌餔

百廿八

二六

幣幣帛差獻請謁任辜禮節

揖讓送客興居雗雒鴃誰

二七

帛雉兔鳥烏䳭雛芸卵棽菫

菮菹猑獺鴝㱿貖駒貂狐

二八

蛟龍虫蛇黿鼉鼈魚陷阱

鍡釣罾笱罘罝毛䰾觳矰

二九

收繳縈紆汁洎流敗槖臭

腑胆貪欲資貨羡溢跂臾

三〇

頑祏棫師鰥寡特孤

百廿八

三一

悝頯勃醉酟趬文窣窔差費

歙酺細小貧窶乞匄貰捈

三二

歠潘閒簡鼙鼓歌醵盨婜

裹媐鄭舞炊竽覢捐婏嫿

三三

柳櫟檀柘柱橈枝枎瓦蓋

焚樓晋溉懮杅端直準繩

三四

媌噲菁萃姣窔娃嫔啜啗

黎樝粉黱脂膏鏡籥比疏

三五

鬉髦鬍搣須鬏髮膚瘅熱

疥厲瘕痹癰疽旃翳簦笠

三六

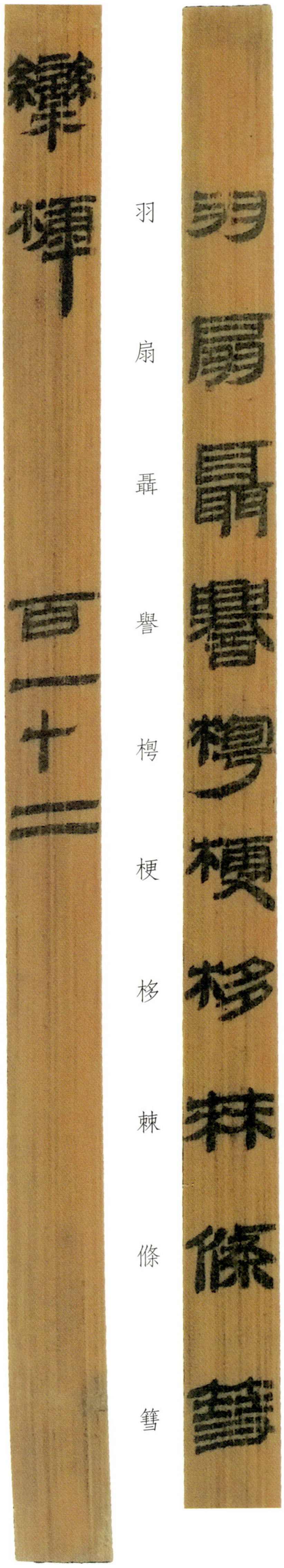

羽扇聶譽㮮梗栘梀條篲

欒榑 百一十二

三七

貘廣麃欻朖罕

三八

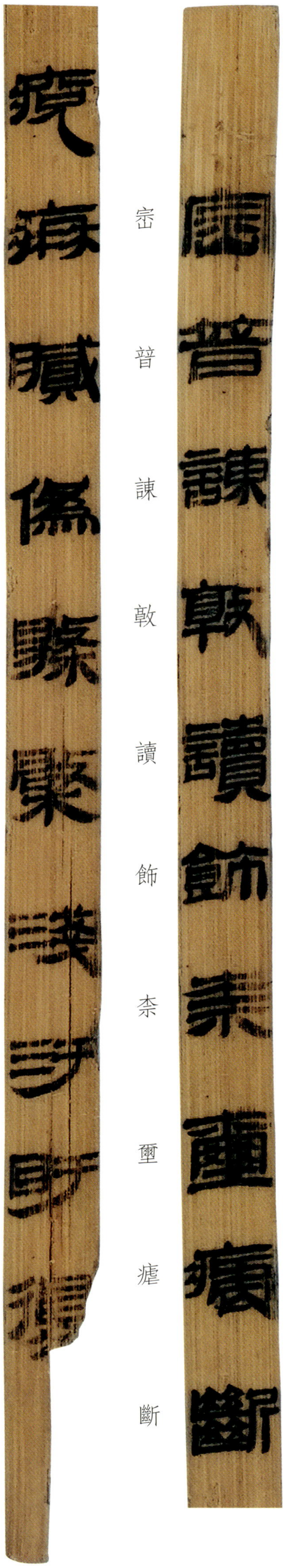

宻普諫敦讀飾柰垔瘧斷

痥痵膩僞槃槩淺汙盱復

三九

娓骰轡娱鑾喊趍恚魁移

姊再篝暈輯解妜婞點媿

四〇

磐嫛嬬媞頪壞蠉虢慮序

戊讙癟效姰臥滫雒鸗赽

四一

賫賫購件妖羕樵杪柴箸涎

縞給勸怖槈桂某枏旱蠸

四二

購 窦 椅 姘 鮭 戾 弇 焉 宛 郃 籆

埒 畦 狛 賜 溓 縈 鼊 緤 屡 庳

四三

铻 域 邸 造 殔 縠 殂 者 倏 騎

滜 沮 決 議 篇 稽 媿 欺 蒙 期

四四

耒 旬 緳 氏

百 卌 四

四五

顓顓頊祝融柖榣奮光顥豫

録恢彴隋愷褢鄢鄧析酈

四六

項宛鄳鄂鄕閔衞竈趕縢先

登慶陳蔡宋衛吴邢許莊

四七

建武牴觸軍役嘉臧貿易

買販市旅賈啇䚡屡賁達

四八

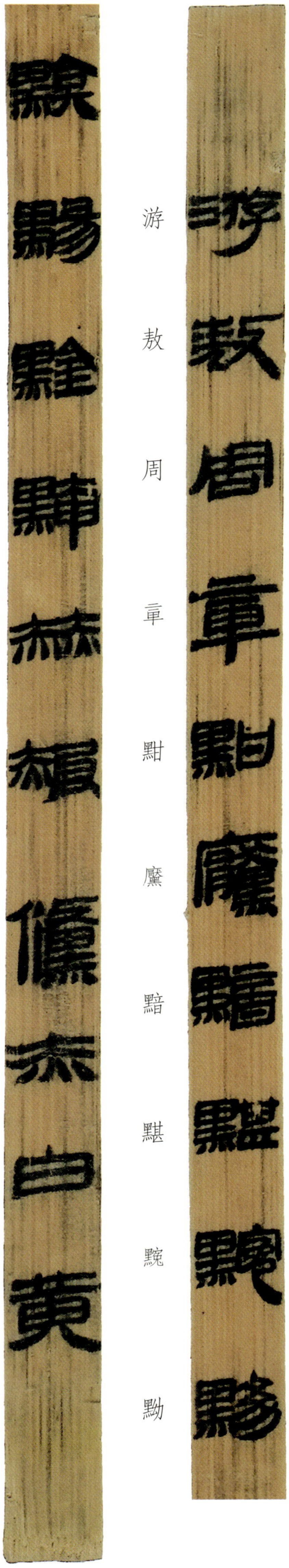

游敖周章黚黶黯黮黦黝

黭⿰黑昜黅黤赫赧儵赤白黄

四九

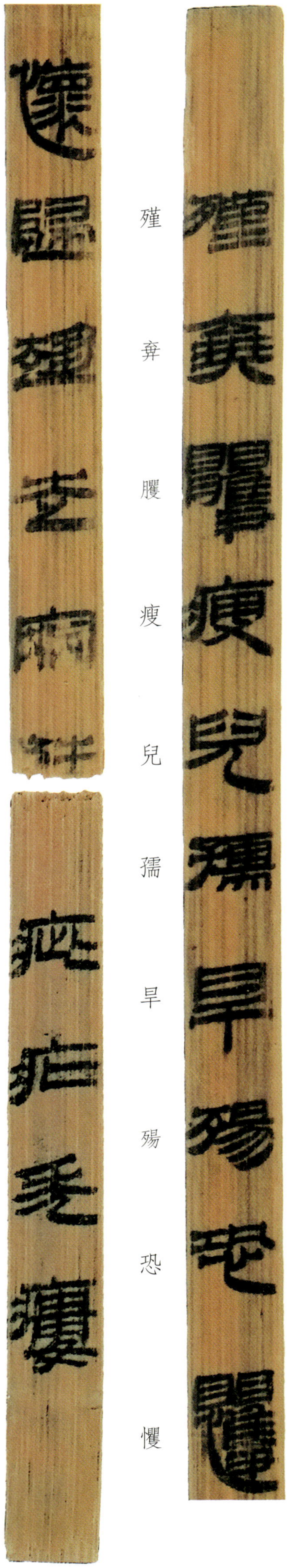

殣弃臞瘦兒孺旱殤恐懼

懷歸趨走病【狂】疵疕禿瘻

五〇

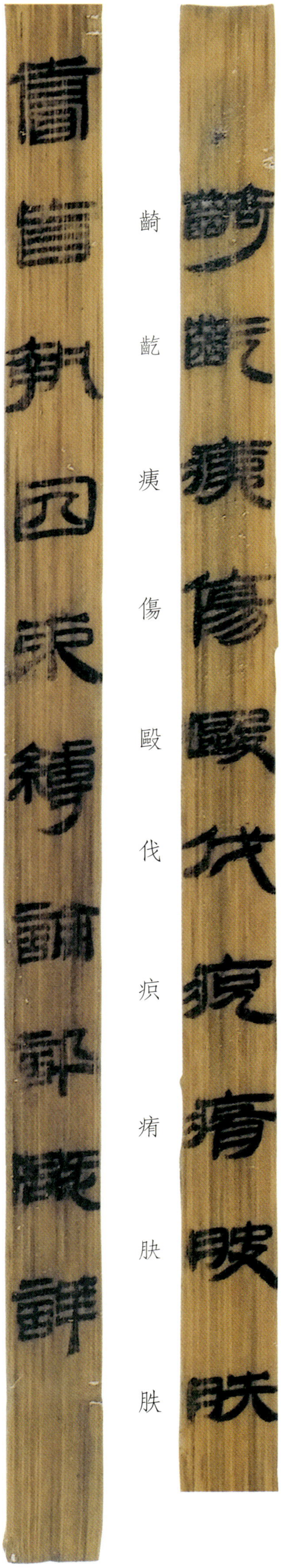

齮齕痍傷毆伐疻痏胅胅

睛盲執囚束縛論訊既詳

五一

卜 筮 卝 占 祟 在 社 場 寇 賊

盜 殺 捕 獄 問 諒 百 卌 六

五二

室 室 宇 邑 里 縣 鄙 封 彊 徑 路

衢 術 街 巷 垣 蘠 開 閉 門 閭

五三

宇 闕 廷 廟 郎 廄 層 屋 内 窻 牖

户 房 桴 樀 棖 梐 柱 枅 橋 梁

五四

屏 図 廬 廡 亭 庑 陛 堂 庫 府

廥 廏 囷 窖 廩 倉 【桶】 概 參 斗

五五

犀 犛 豺 狼 貙 貍 麈 豻 麢 㚖

麐 麠 䲨 鵠 鳧 鴈 鳩 鴞 鴽 鳹

五六

陂 池 溝 洫 淵 泉 隄 防 江 漢

澮 汾 河 泲 泓 漳 伊 雒 涇 渭

五七

維楫船方

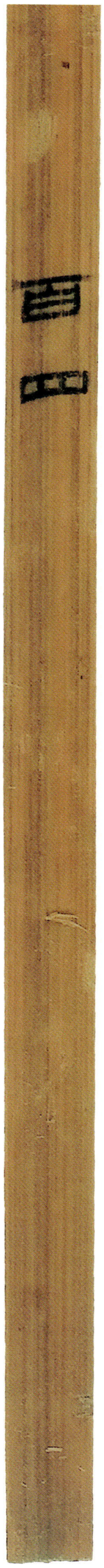

百四

五八

雲雲雨實零霰露雪霜玥時

日月星晨紀綱冬寒叜暑

五九

雨玄氣陰陽杲旭宿尾奎婁

軫亢弘兢翦眉霸暨傅庚

六〇

崋巒岑崩阬嵬陀阮阿尉

駁瑣漆卤氏羌贅拾鋏鎔

六一

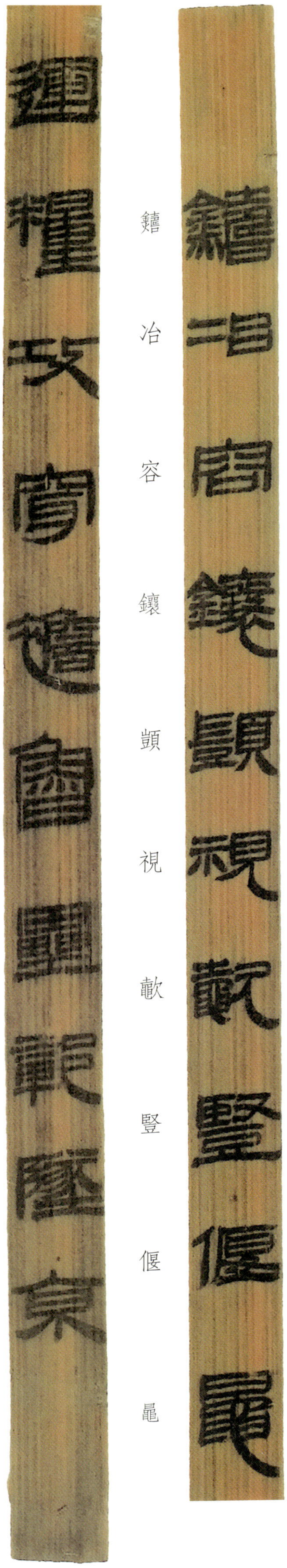

鏄冶容鑲顗視歓豎偃鼂

運糧攻穿襢魯壘郭墜京

六二

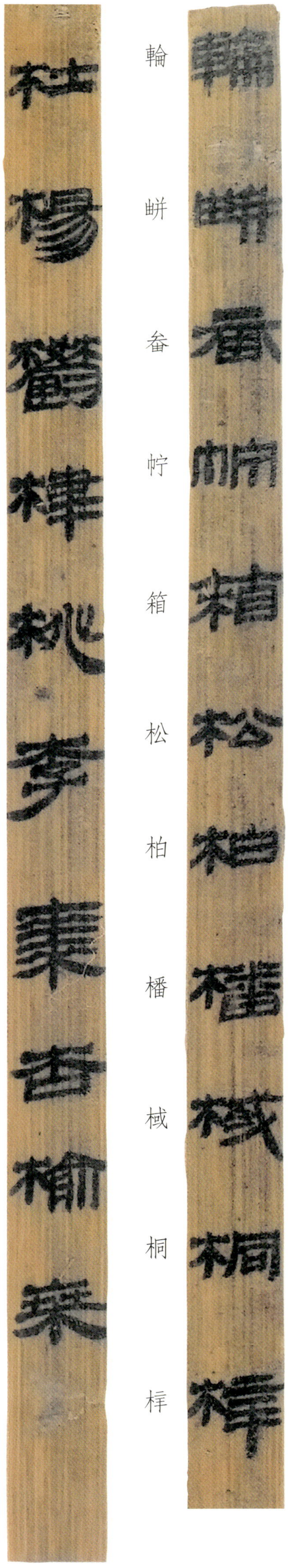

輪畊畚㡰箱松柏橎棫桐梓

杜楊鬱棣桃李棗杏榆桒

六三

藿葦菅蔚莞蒲藺蔣耑末

根本榮葉莠英麋鹿熊羆

六四

堯舜禹湯顡印【趮螷瞵盼】

□

六五

狗獳麢駍媥䵊媰

六六

衛 媕 婚 瞀 魁 鉅 圜 艫 與 瀕

庚 請 百五十二

六七

鶡 鶡 雉 牝 牡 雄 雌 俱 鳴 屆 寵

趯 急 邁 徙 覺 驚 豣 漢 僂 繚

六八

雉 頗 科 樹 莖 稉 稰 姪 娣 叚 耤

合 冥 踝 企 瘟 散 頳 犺 播 耕

六九

婁 顧 娑 孅 婠 婈 眇 靖 姑 縈

姍 膭 訏 蕢 竄 犖 罪 蠱 訟 卻

七〇

蘴 疑 齰 圄 衺 綊 糾 絣 律 丸

宂 戌 闔 踐 贔 朾 戩 烄 熱 樠

七一

蘸 火 燭 熒 嫱 嬧 窺 鬊 慝 摟

嫖 娙 樊 厭 娏 秩 私 醢 救 醒 百 廿

七二

院閡闗闟扃增增尃斯
七三

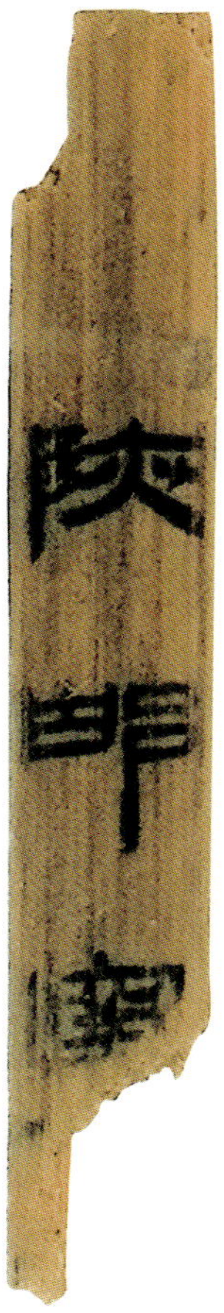
陜邮宮
七四

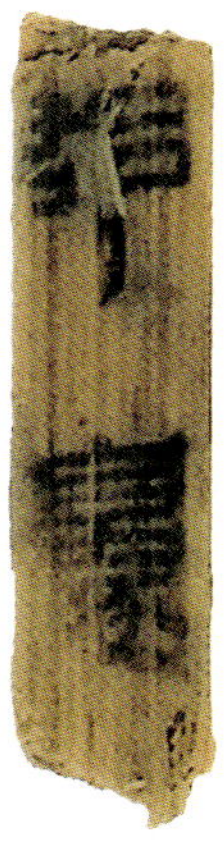
【郡邊】
七五

茝蚼掔陬□雋陼郝郅

七六

百廿八

邑□□□噴唫

七七

走□走□壴□

七八

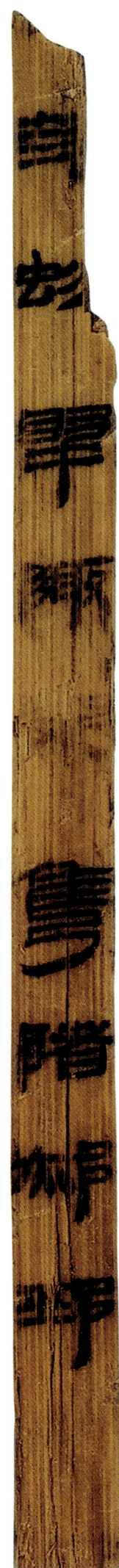

□【渠 波】□

七九

紅外圖版

祿宽宽香毛栞駃迷慝宗幽
不壽寑肄匃事擘

冤勸向尚瘲炙青北俤孫
冤俉貌管省毛慝瘅癃痙

亦痛逮冘妻藥醫工柎㹇
啟入嬰但柜撀何垢臭戴

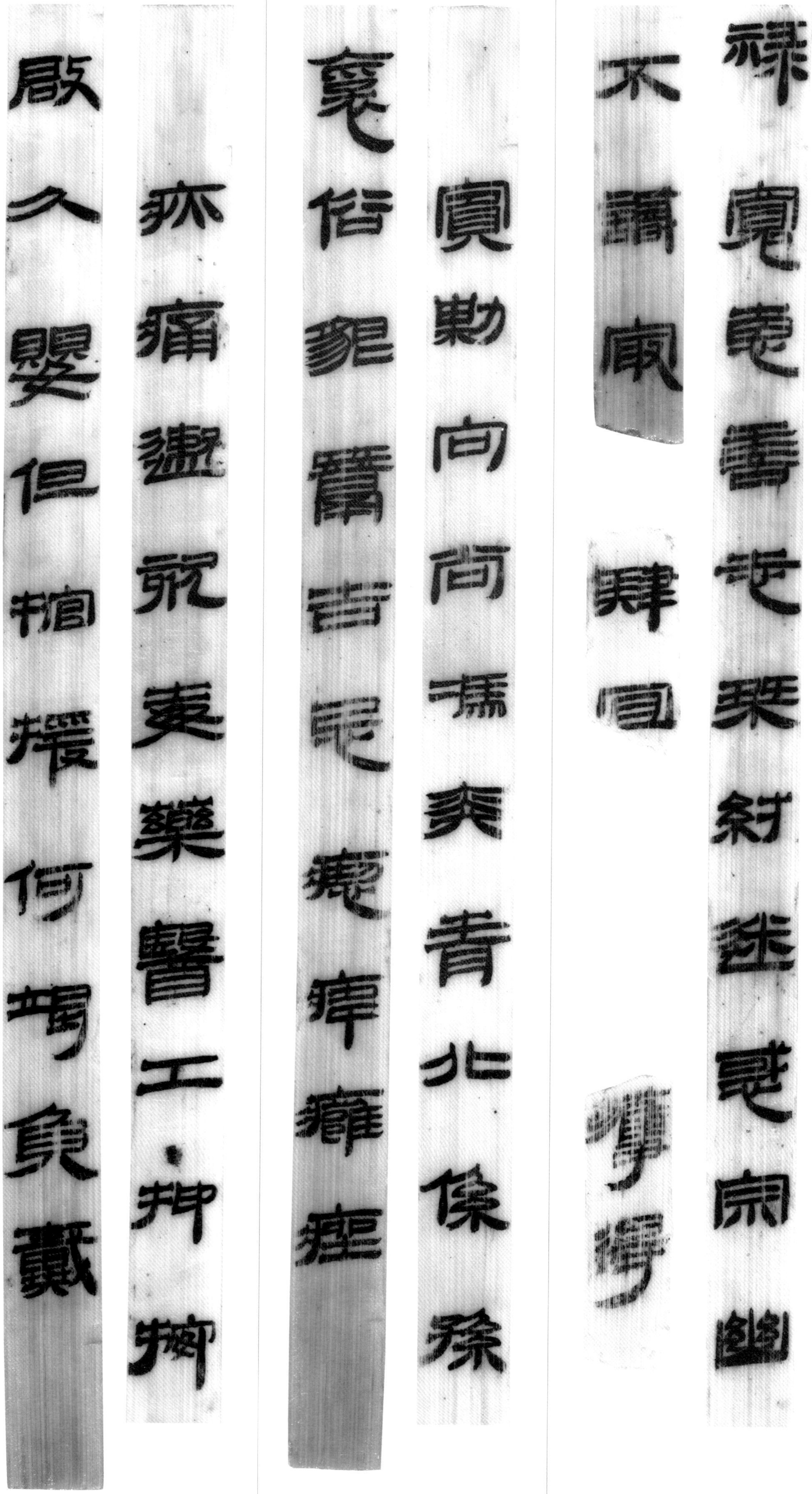

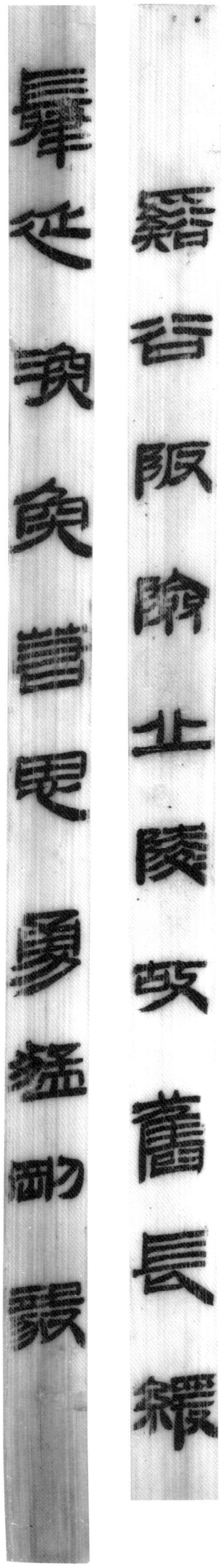

四

五

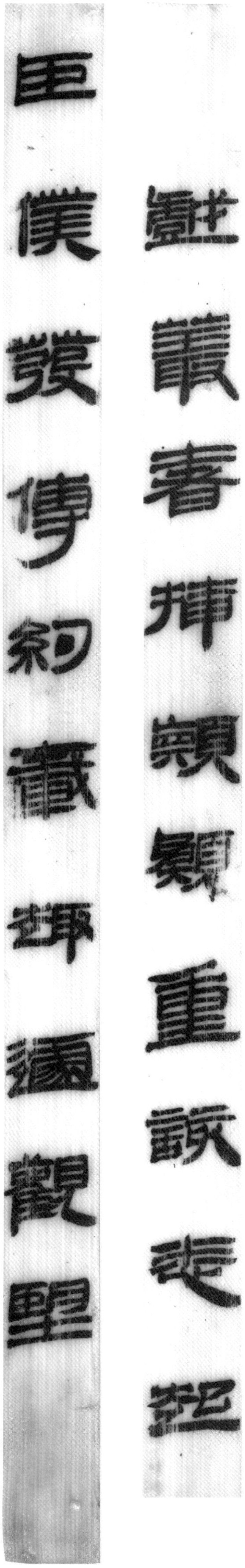

六

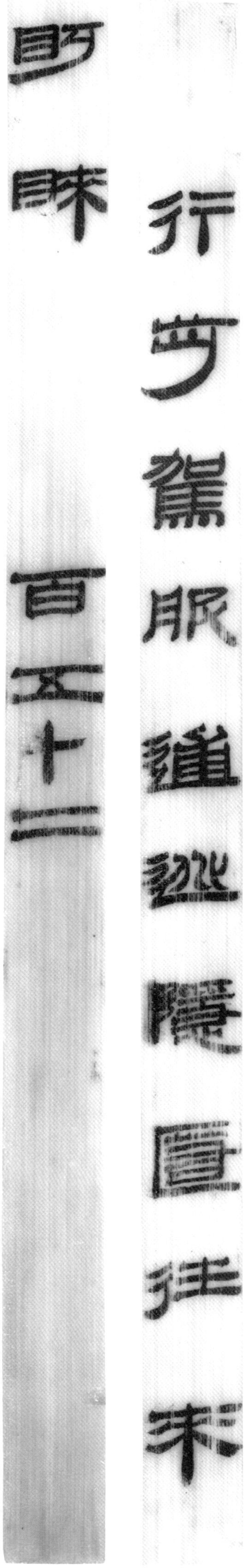

七

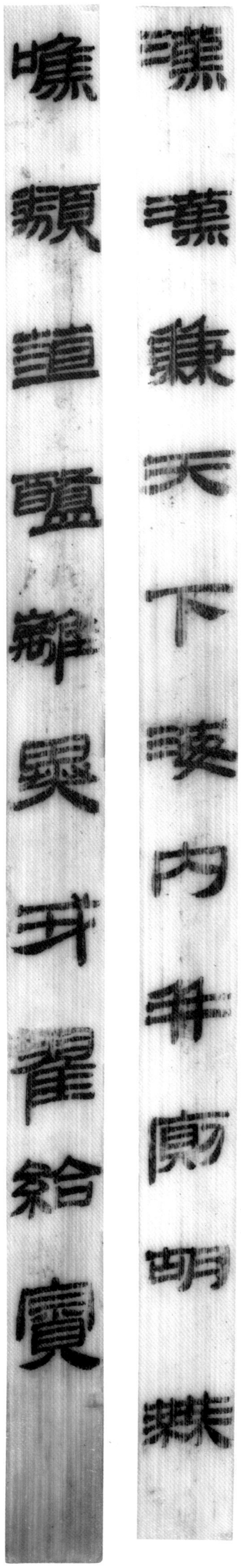

八

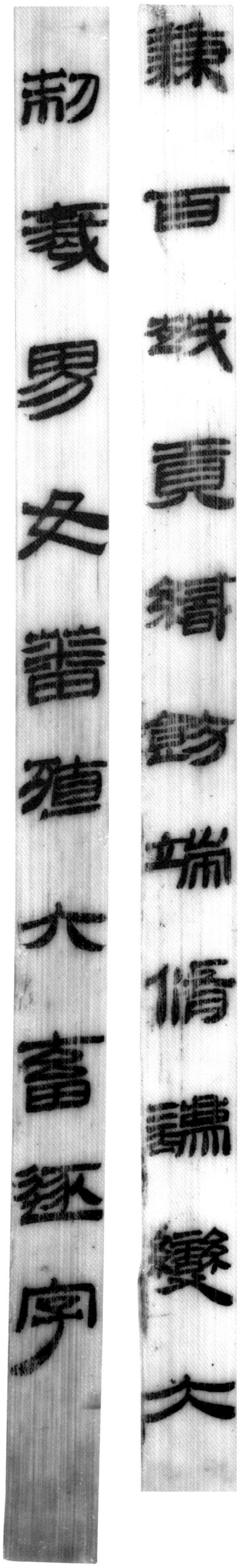

九

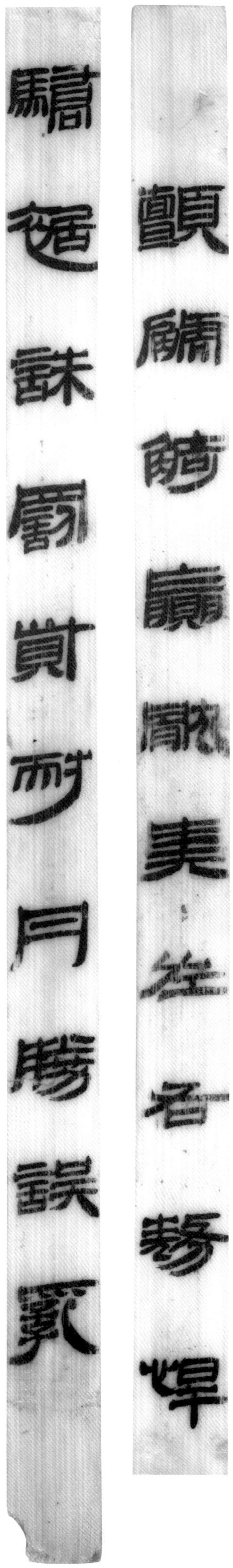

一〇

一一

一二

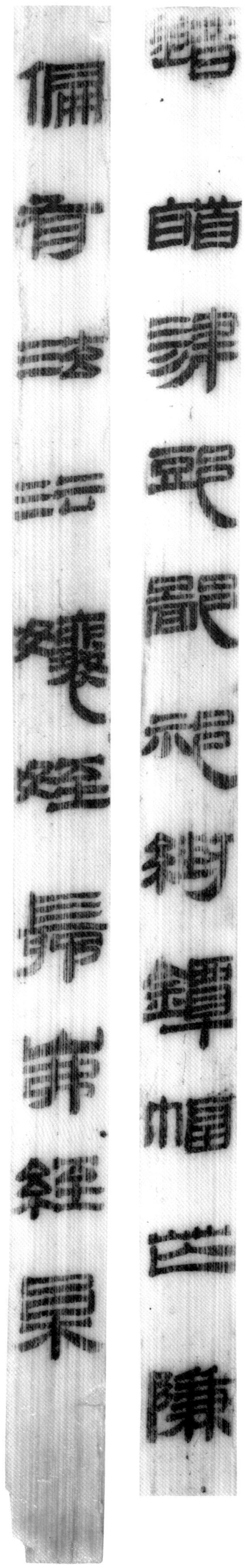

一三

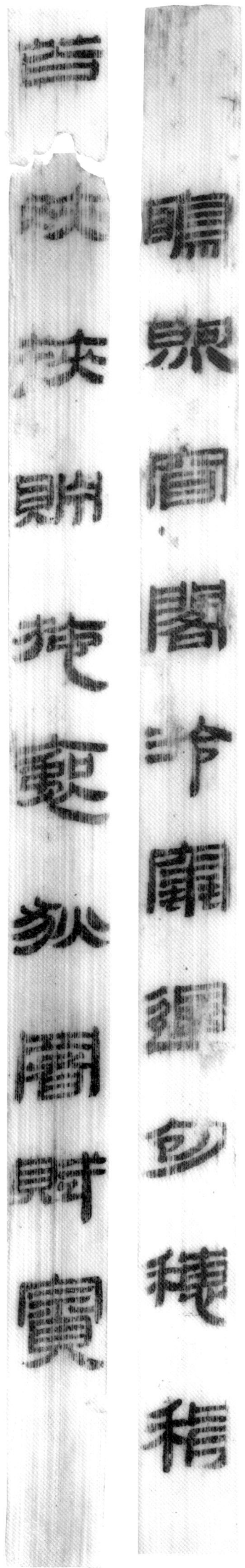

一四

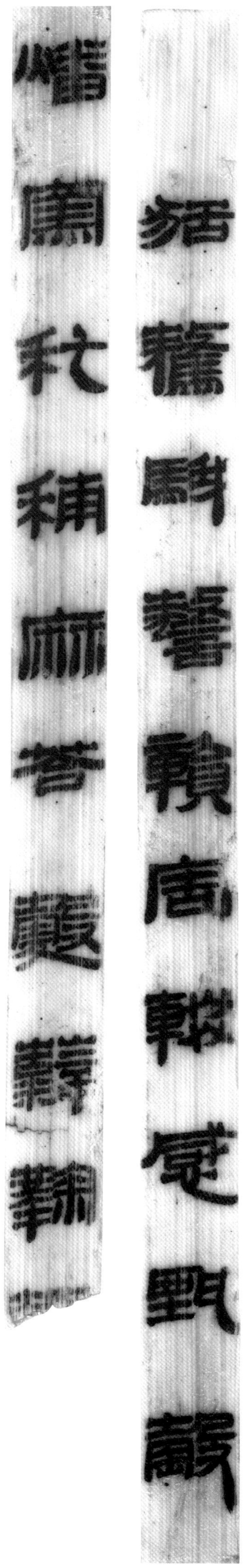

一五

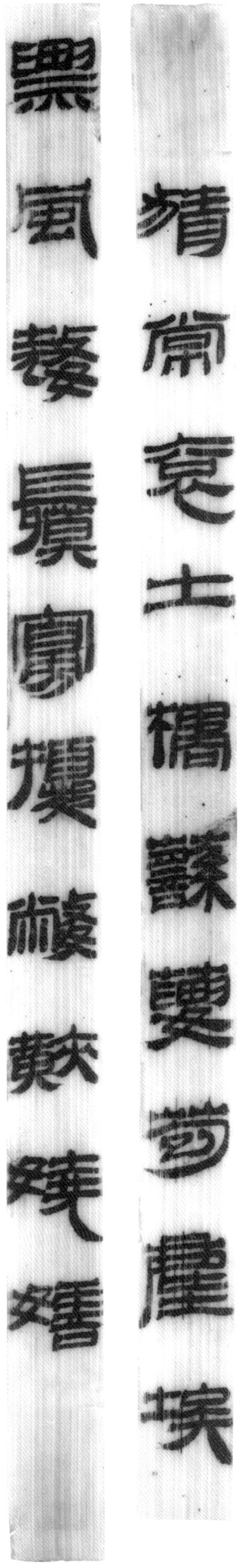

一六

一七

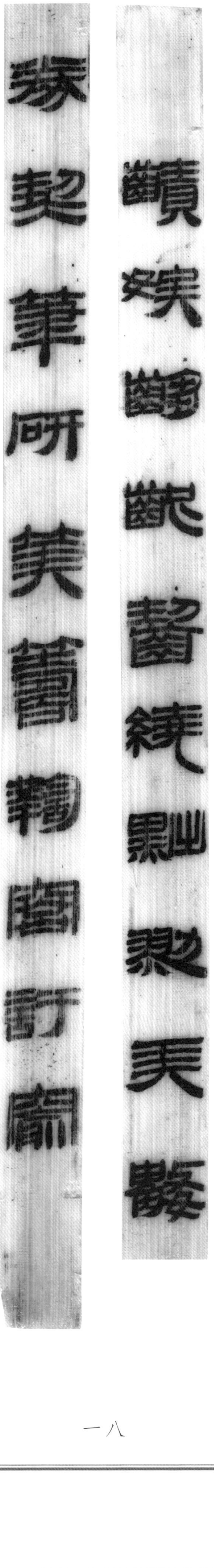

一八

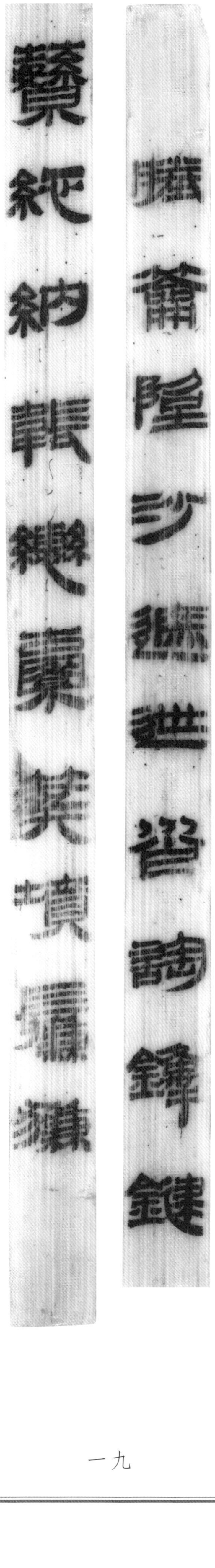

一九

二〇

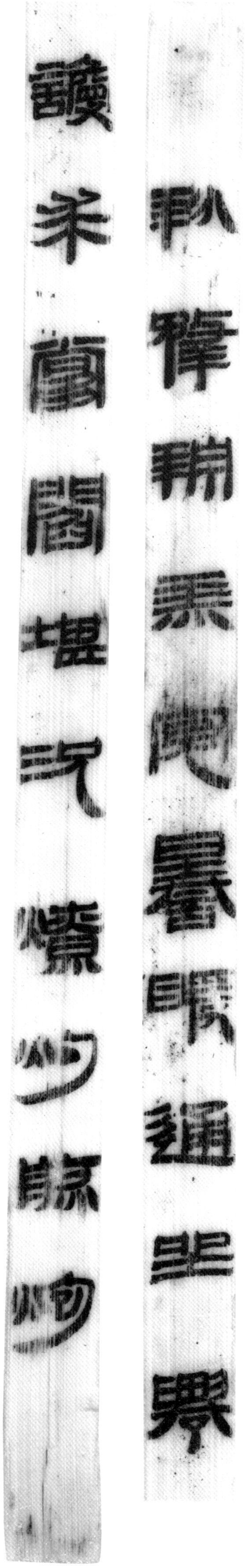

二一

二二

二三

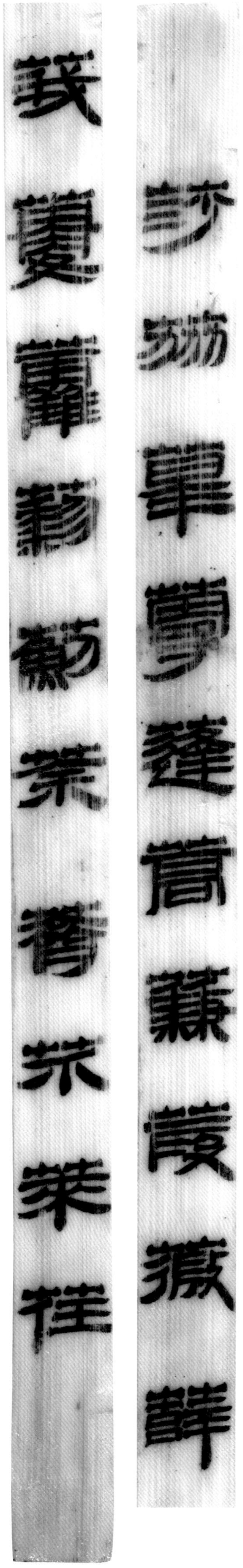

二四

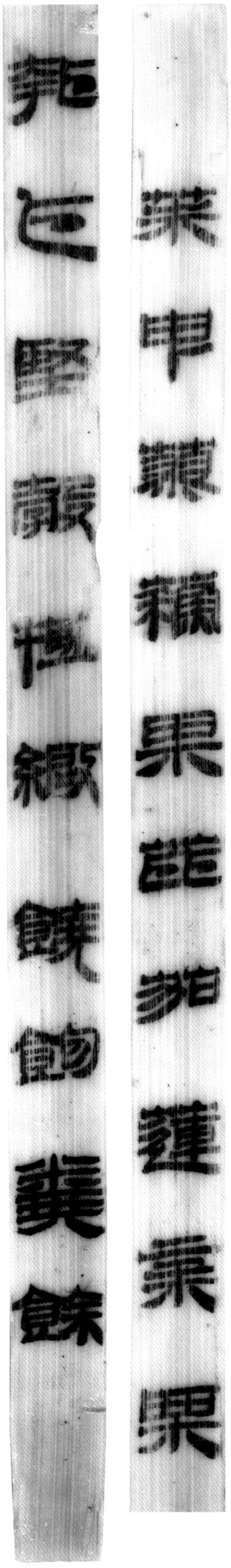

二五

二六

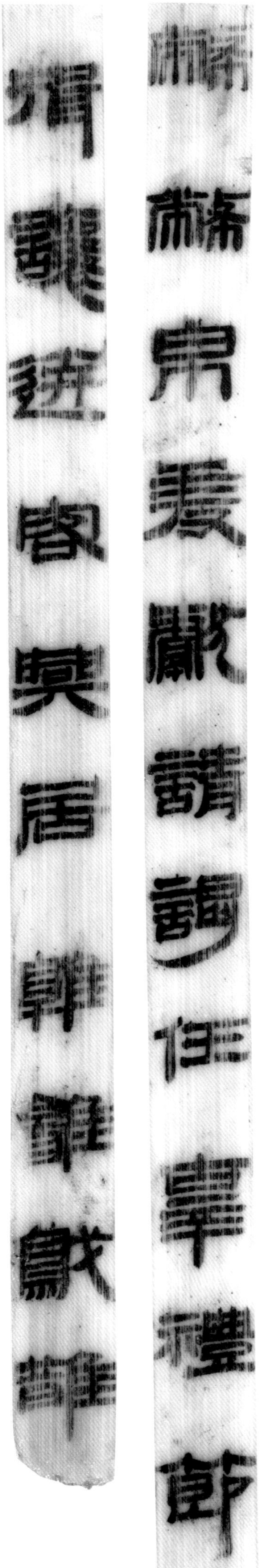

二七

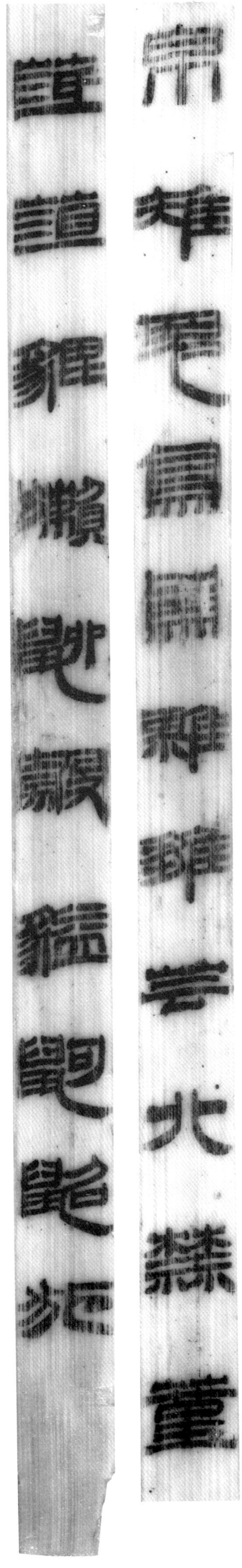

二八

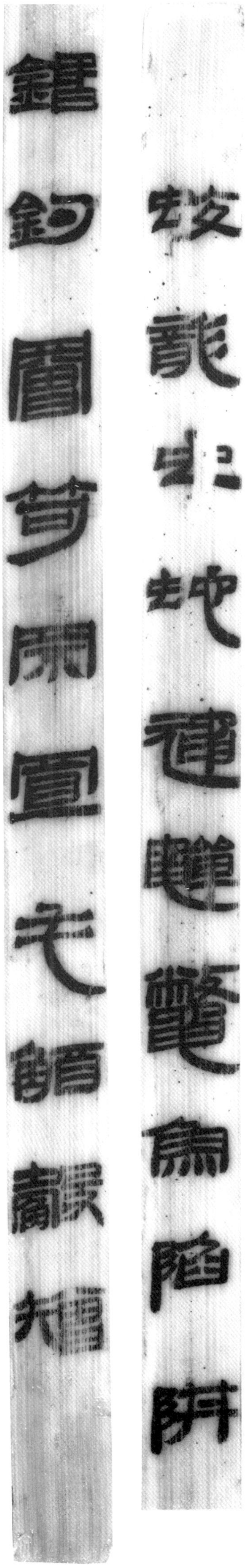

二九

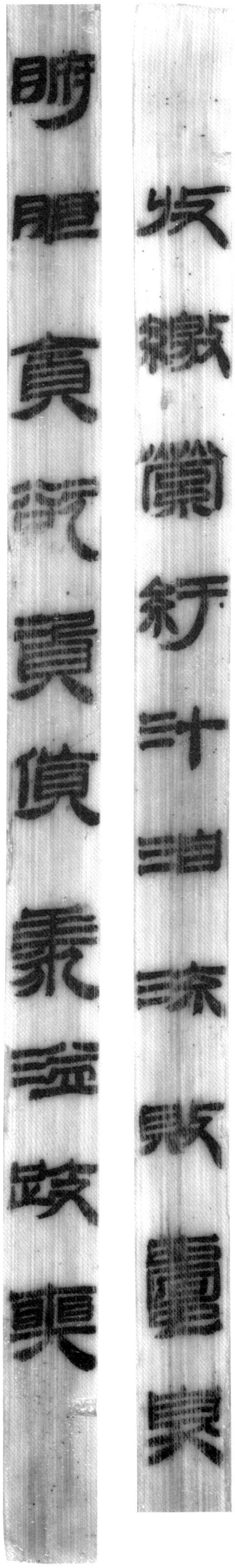

三〇

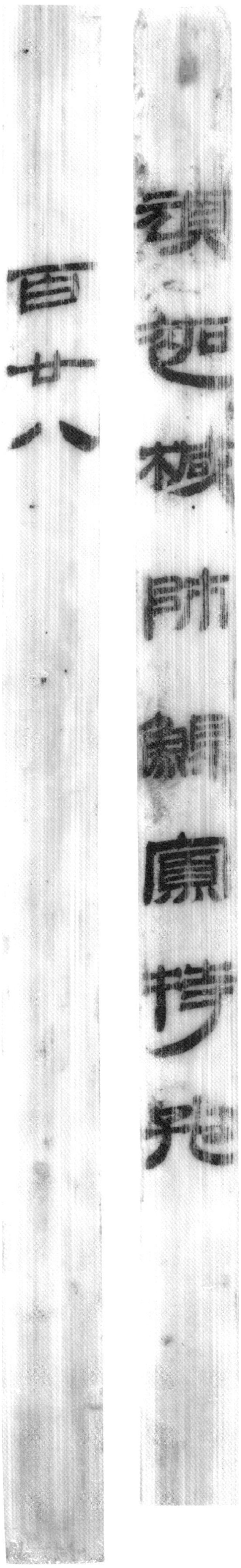

三一

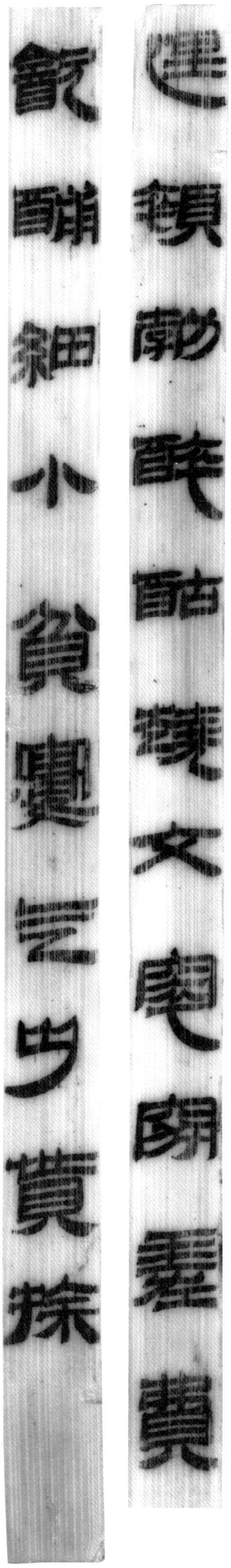

三二

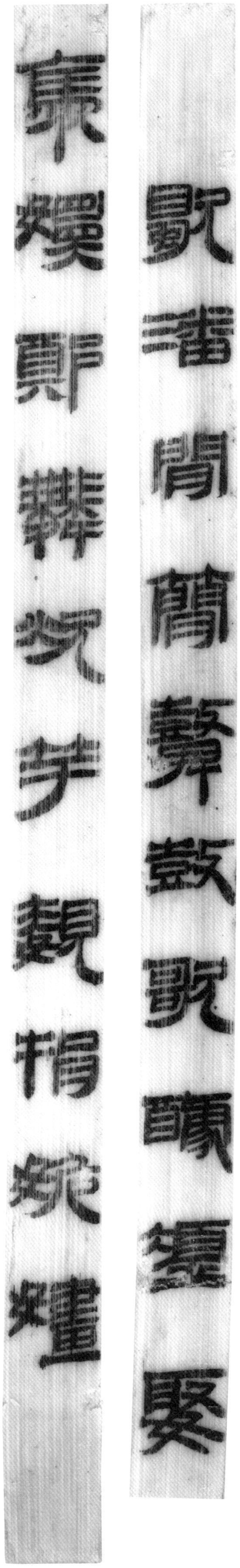

三三

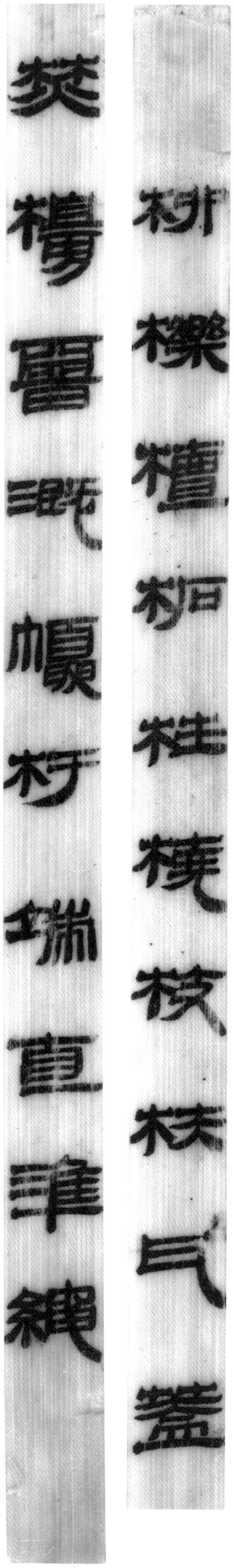

三四

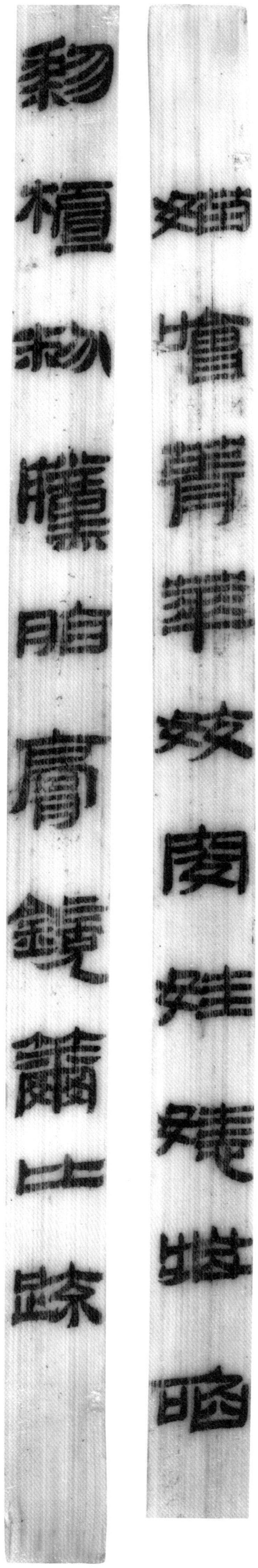

三五

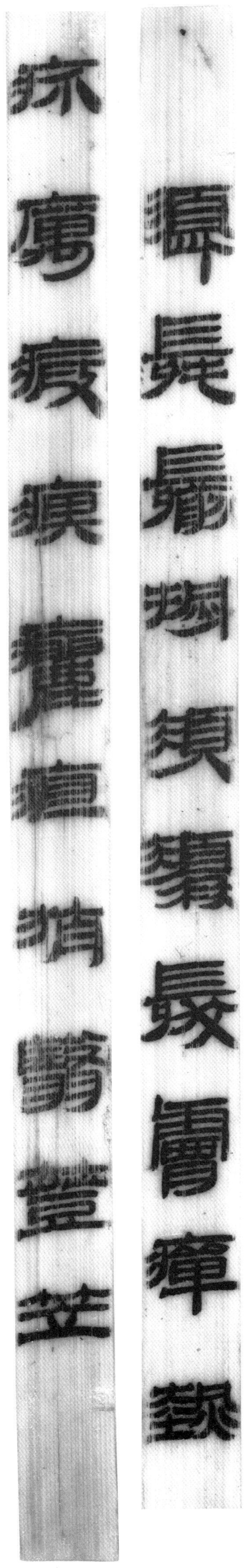

三六

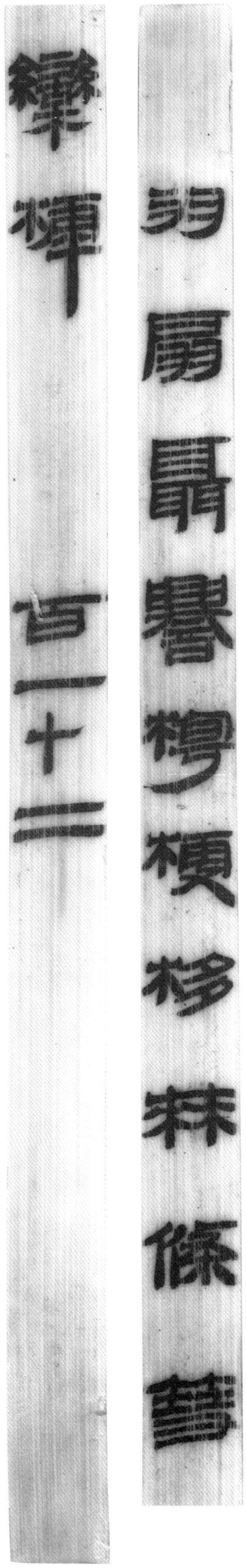

三七

三八

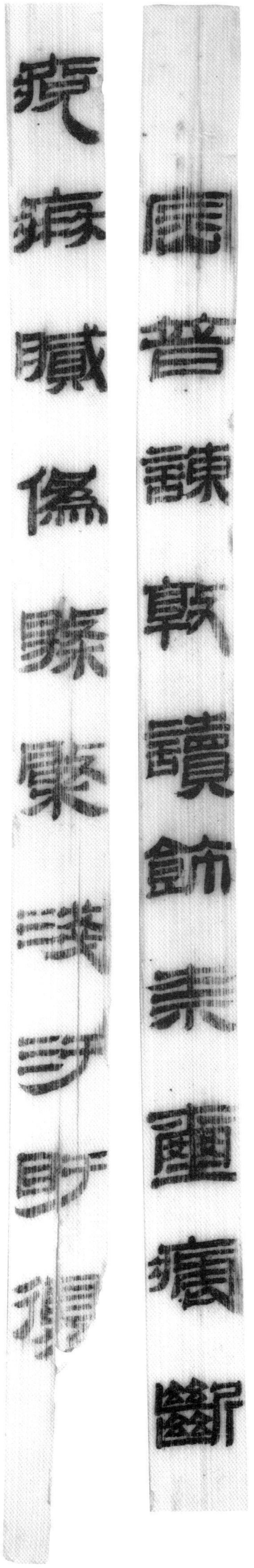

三九

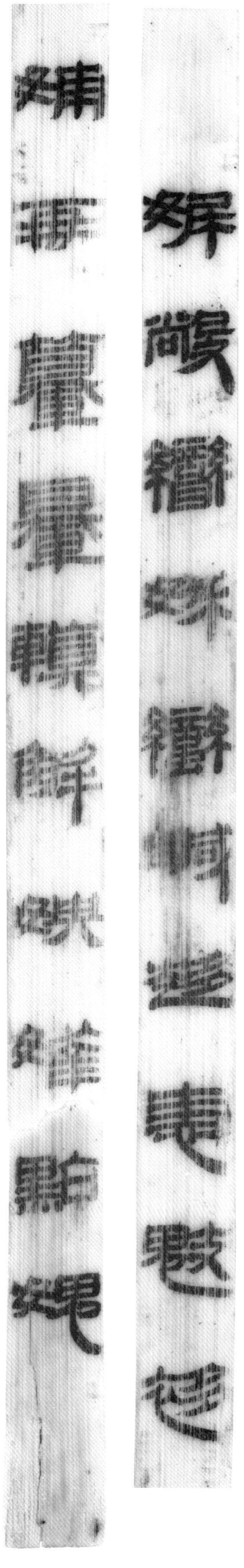

四〇

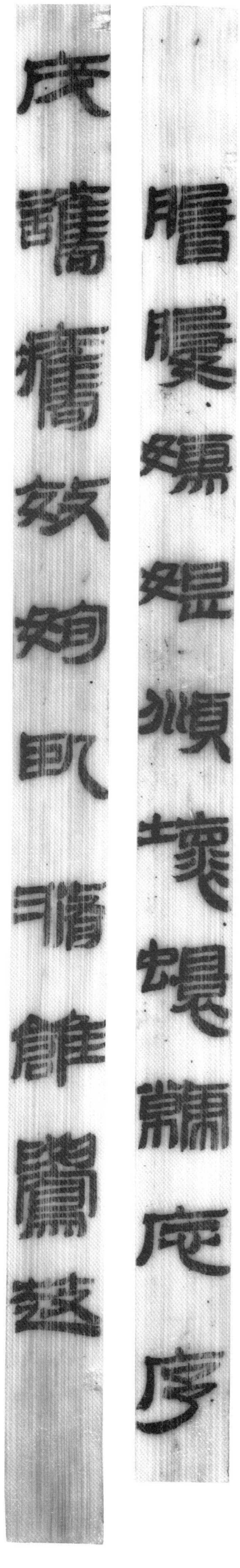

四一

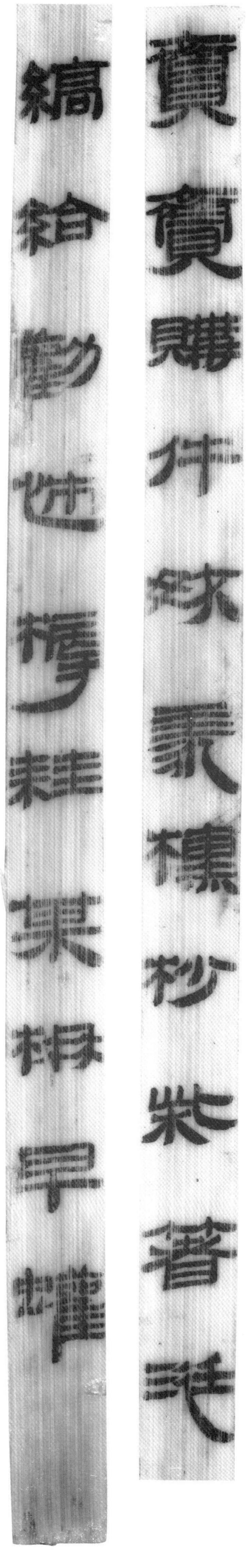

四二

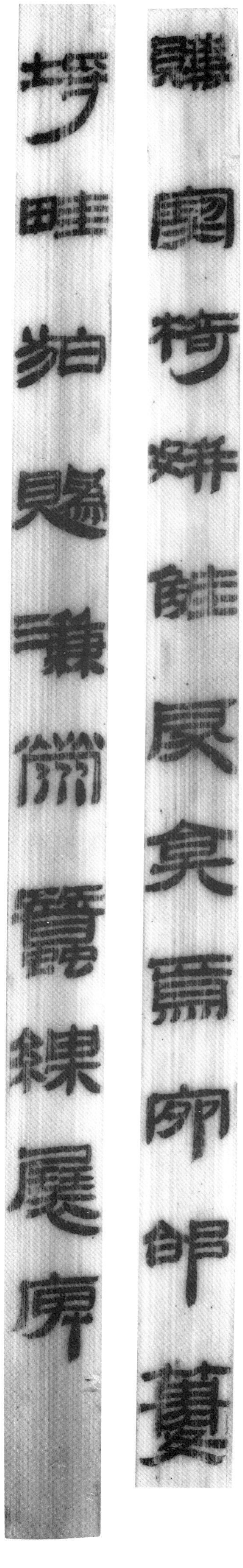

四三

槫域毕連拜藏殂普候騎

諱組決讓備稻巍斯篆期

未旬縣生

百一十四

顥顥祝戠櫟奮光顥豫

錄逐伯隆竈罷觀斯觀

豈慶陳襲宋衛吳柜許莊

現　辈羌鼍閱儒僮輝縢光

四七　四六　四五　四四

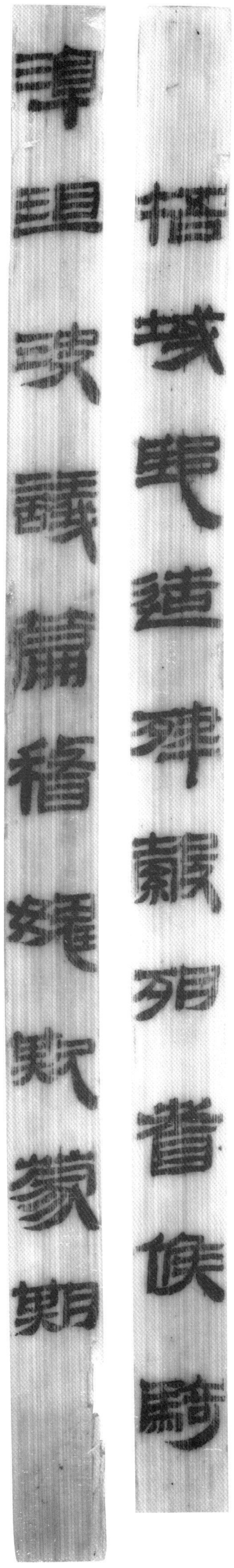

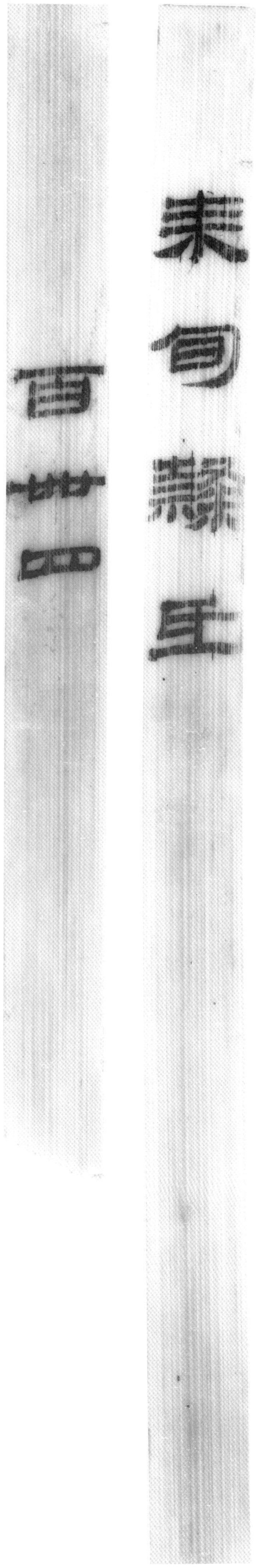

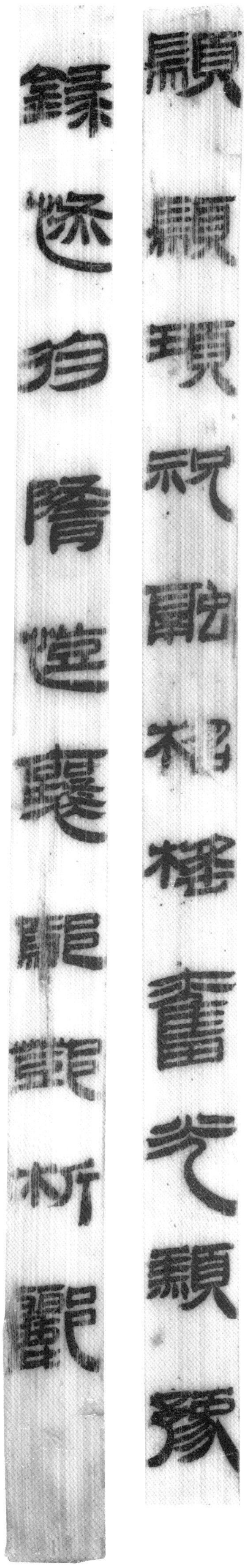

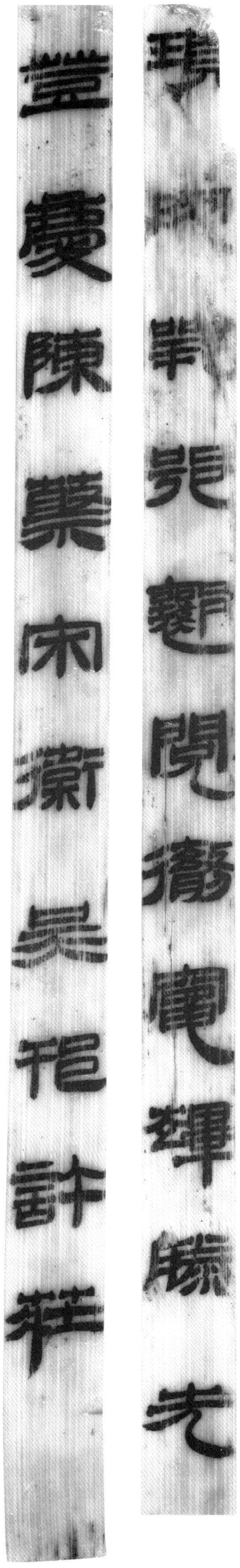

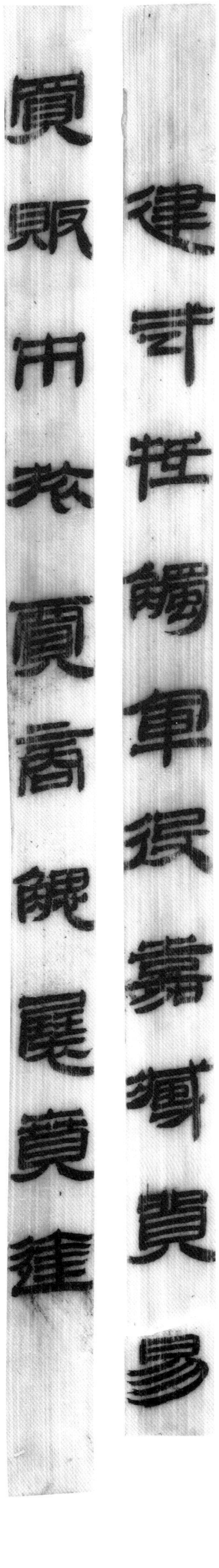

四八

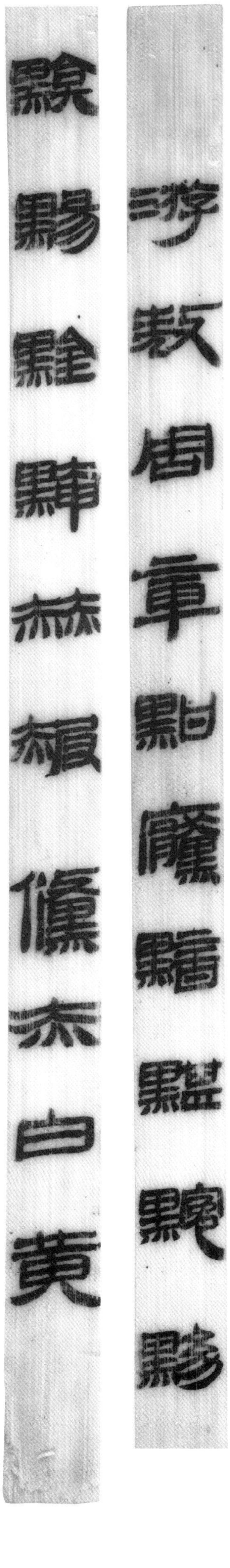

四九

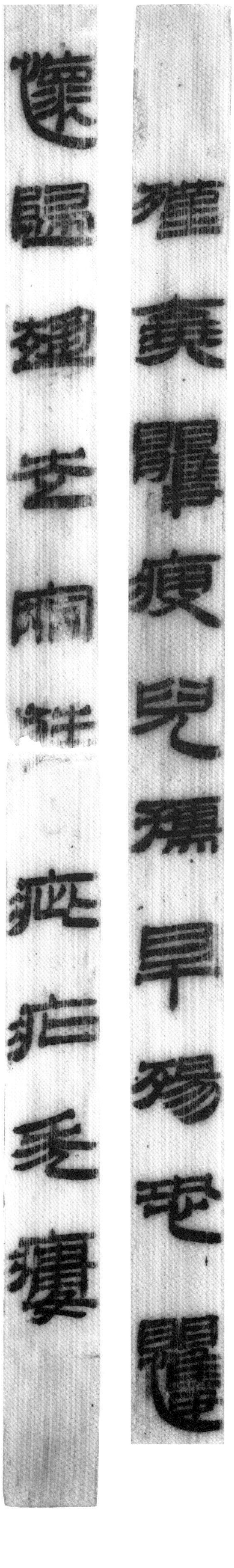

五〇

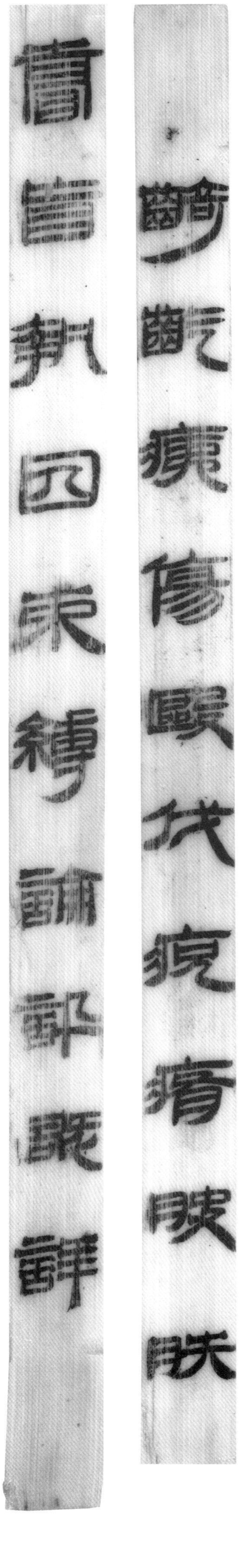

五一

唐廡囷閻廩倉　栝㮣久

犀國盧廉宵宅陸堂庫府

尸屖桴箭棓樫枊橋梁

兮藏廷朝節廄層屋冄寙

衝術茶埴橋闕開門閭

室室宇皀里縣罷封疆徑錄

溫瓶捕獵閭錄　百廿六

卜㚡州白崇主社塲頹獻

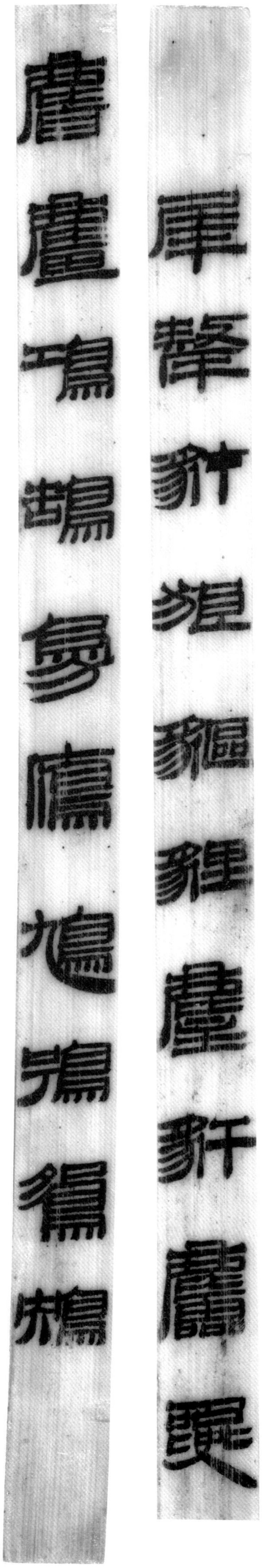

五六

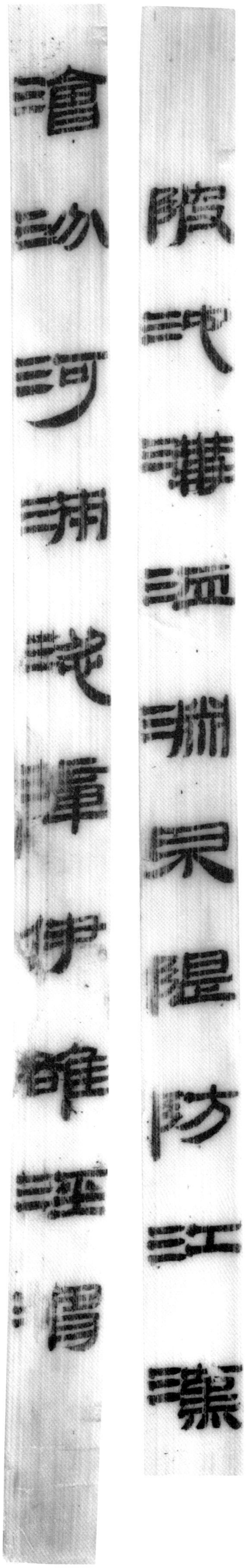

五七

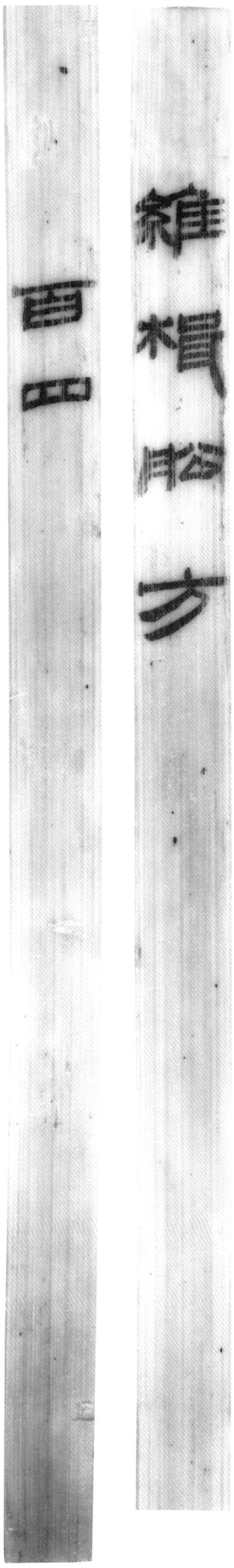

五八

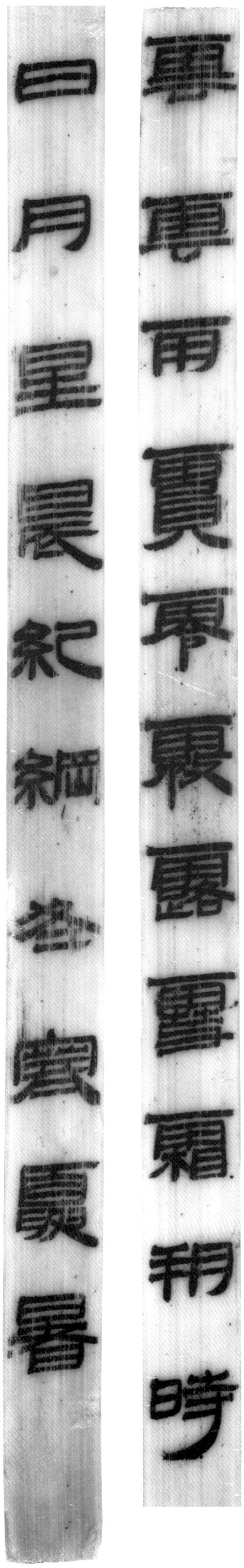

五九

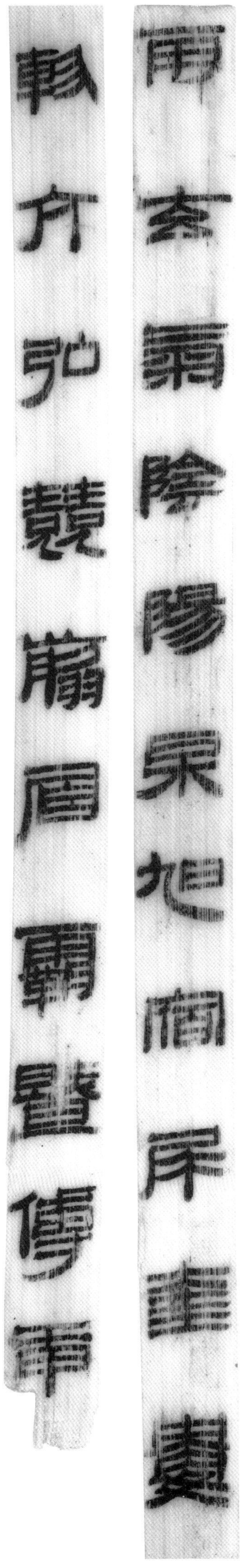

六〇

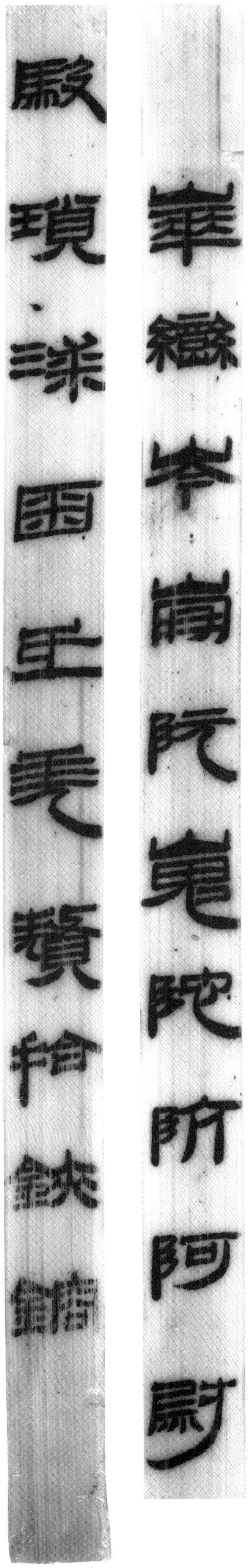

六一

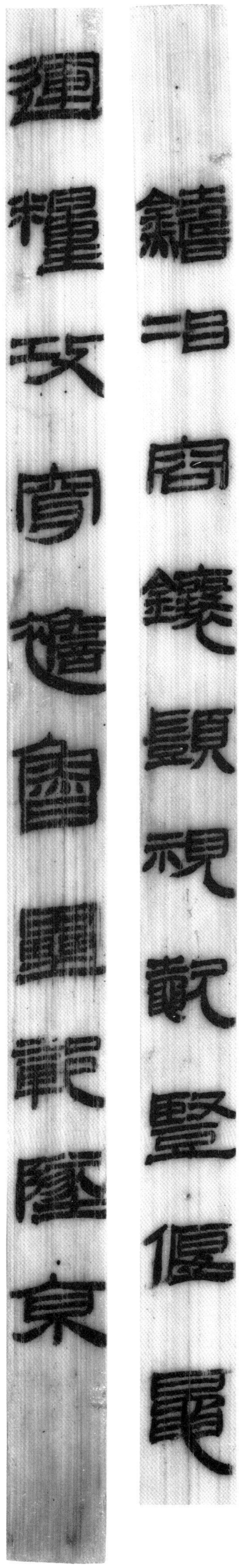

六二

六三

六四

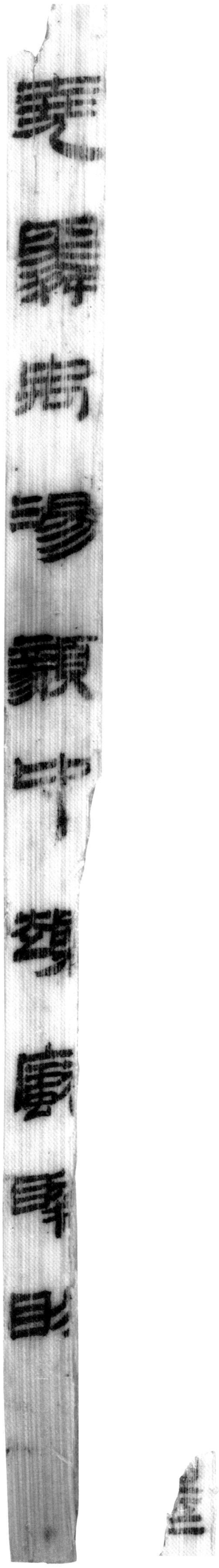
六五

六六

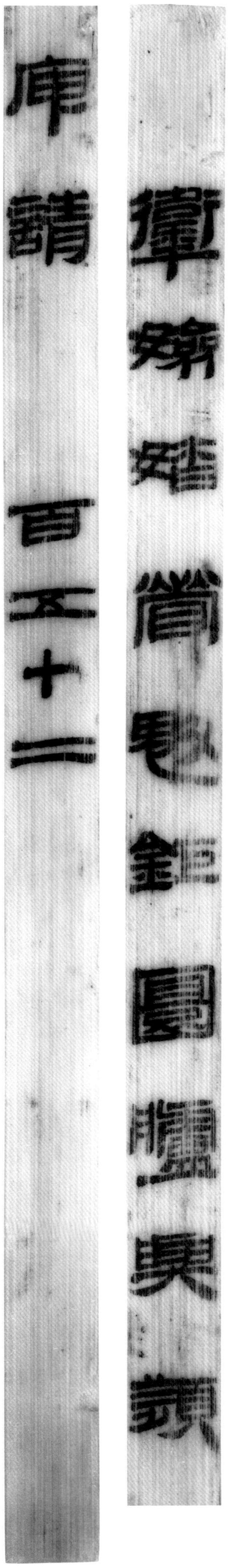

六七

六八

六九

七〇

七一

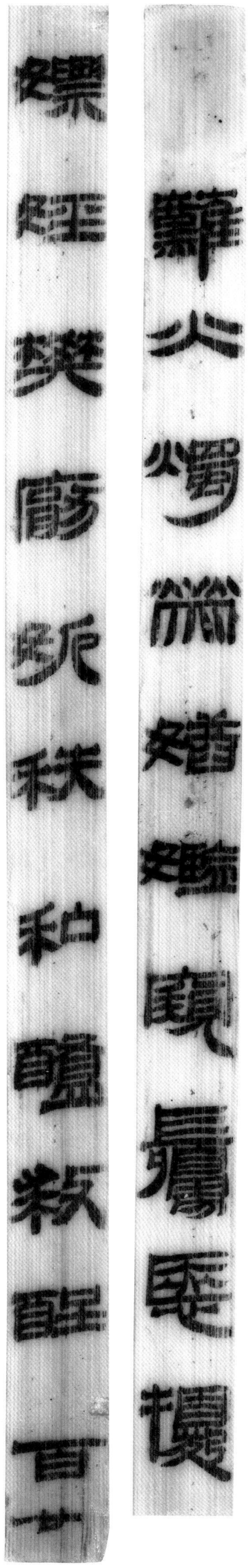

七二

七三

七四

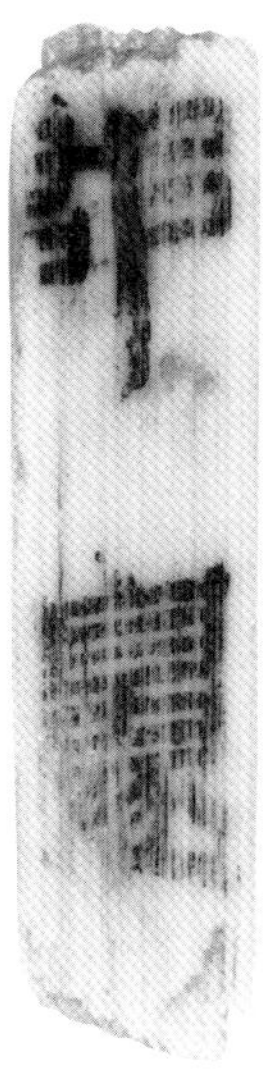

七五

七六

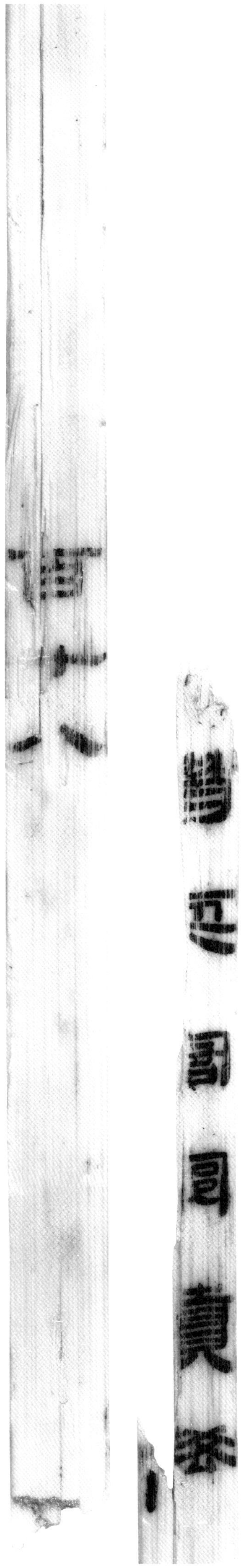

七七

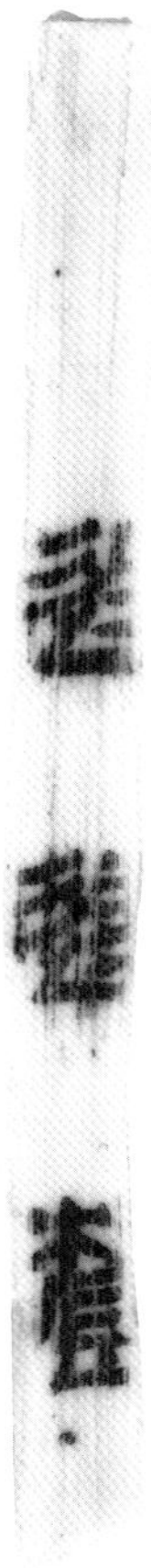

七八

七九

簡背劃痕示意圖

二四 二五 二六 二七 二八 二九 三〇 三一 三二 三三

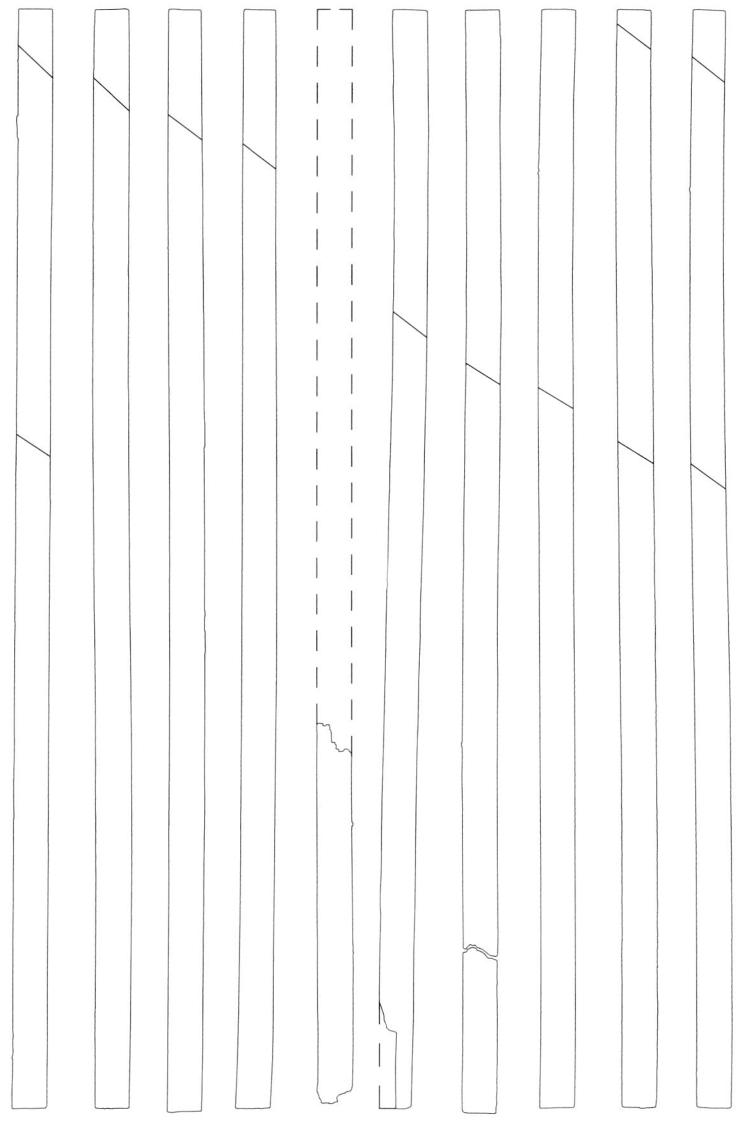

三四 三五 三六 三七 三八 三九 四〇 四一 四二 四三

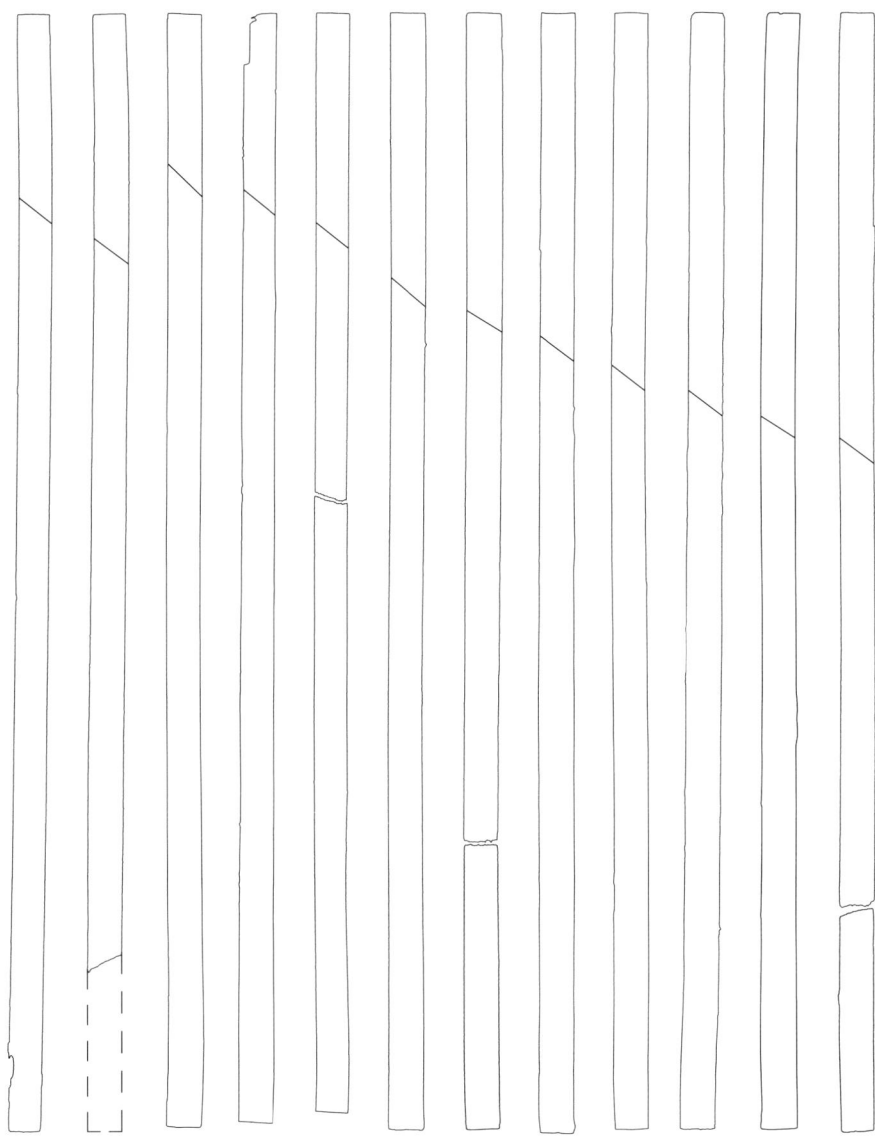

四四 四五 四六 四七 四八 四九 五〇 五一 五二 五三 五四 五五

五六 五七 五八 五九 六〇 六一 六二 六三 六四 六五 六六 六七

六八
六九
七〇
七一
七二
七三
七四
七五
七六
七七
七八
七九

蒼頡篇 釋文 注釋

說明

北京大學藏西漢竹書《蒼頡篇》現存完整竹簡五十三枚，殘斷竹簡三十四枚。經綴合後，得整簡六十三枚，另餘殘簡十八枚（其中有兩枚簡僅末字殘或缺），合計八十一枚。完整簡長三〇·三至三〇·四厘米，寬〇·九至一·〇厘米。其寬度比北大藏漢簡其他諸簡略寬。竹簡原有三道編繩，現上、下接近兩端處及中部的簡面右側均可見三角形契口，契口附近往往保存有編繩的痕迹。簡背有劃痕，其形狀均爲自簡左上端或接近簡左上端處向右下斜行，其一個單元大約跨十七八枚簡，其末簡劃痕截止處距簡端十三厘米左右。此篇竹書存完整字一千三百一十七字（内含重複的標題字十五，重複出現字七，章末標明字數的字未計）、殘字二十（其中部分可據殘存筆畫辨識），合計一千三百三十七字。其字形多數略呈長方形或方形，筆道渾厚，撇末多作圓筆，捺則尾部略有波磔，收筆微出尖。字體具隸書筆意而又多保留小篆之字形結構。每枚完整的簡寫滿有正文二十個字。

北大藏漢簡《蒼頡篇》與此前發現出土的幾種《蒼頡篇》一樣，在篇章結構上有共同點：皆爲四字一句，兩句一押韻，即第二句句末一字押韻；全篇按韻部分章；各章多數爲單韻，少數以音近的兩個韻部合韻。

除以上三點外，北大藏漢簡《蒼頡篇》由於簡數較多，保存相對較好，故在篇章結構上有如下情況是前所未知的：其一，同一韻部可有若干章。其二，每章皆以開頭的兩個字爲標題，並在前兩枚簡正面近頂端由右向左書寫作爲標題的兩個字。這種書寫標題的方法，亦見於出土的秦簡，例如雲夢睡虎地秦簡《日書》中的篇題「土忌」（日甲一二九背、一三〇背），荊州沙市周家臺秦簡中的篇題「此（觜）巂」（簡二二五、二二六）。其三，各章均在文末標明該章字數。現存標明字數的章末簡有十一枚，所標字數，多者「百五十二」，少者「百四」（即一百零四），由此可知各章字數均在一百以上，且字數多不相同。

北大藏漢簡《蒼頡篇》可以被編入各韻部的字數（含重複的標題字）以及各韻部中可知的章名爲：

之職合韻部：二百一十二字。「□禄」、「漢兼」章屬此韻部。

之部：四十二字。「闊錯」章屬此韻部。

幽宵合韻部：三十九字。

幽部：一百一十八字。

魚部：二百五十七字。「幣帛」、「□悝」章屬此韻部。

支脂合韻部：二十字。

支部：八十二字。「賫購」章屬此韻部。

脂部：二十四字。

陽部：三百七十七字。「顓頊」、「室宇」、「雲雨」、「□輪」章屬此韻部。

耕部：一百四十三字。「鶡雉」章屬此韻部。

未知韻部：二十四字。

以上各韻部中，之、幽、宵、魚、支、脂部均爲陰聲韻，職部爲入聲韻，陽、耕部爲陽聲韻。其中之、職爲陰入對轉；幽、宵則爲旁轉。諸韻部排列之順序亦即爲北大藏漢簡《蒼頡篇》整理本簡文各韻部的順序，所依照的是王力《漢語史稿（修訂本）》（中華書局，二〇〇一年）上册所擬上古韻部表。之所以如此做，是因爲該簡册在歸屬北大時已散亂，原有簡序已無法確知。在目前無其他可供排序參考的資料之情況下，只能暫採取此種方式排序。

北大藏漢簡《蒼頡篇》未見一九三〇年、一九七二年至一九七四年發現的居延漢簡《蒼頡篇》以及一九七七年發現的玉門花海漢簡《蒼頡篇》中可能屬於其首章的「蒼頡作書，以教後嗣，幼子承詔，謹慎敬戒」的簡文。由以上三種簡本可知，此《蒼頡篇》的首章應屬之、職部合韻。有鑒於此，故亦將之、職合韻作爲北大藏漢簡《蒼頡篇》的首章韻部。而之、職部在上述王力《漢語史稿》的上古韻部表中也恰是排在前兩位的韻部。當然，秦漢《蒼頡篇》各韻部的實際排序方式，還有待於今後新出土文獻資料的發現才能得知。

在確定押韻字所屬韻部時，主要根據陳復華、何九盈《古韻通曉》（中國社會科學出版社，一九八七年），同時參考了郭錫良《漢字古音手册》（商務印書館，二〇一一年）。

北大藏漢簡《蒼頡篇》現存簡文諸章多數已不完整，所缺字數不等。簡文尚完整的章有屬陽部韻的「顓頊」章，殊爲珍貴。此外，屬之、職合韻的「□禄」章，僅缺首枚簡。

屬同一韻部的各章内簡的綴連，以及章與章之間的綴連，均首先利用了簡背劃痕。從綴連的實際情況看，一般相鄰的簡其背部劃痕也是相連的，但也有在個別情況下，依據簡文内容應該相連的簡，其背部劃痕有一枚簡距離的間斷，例如陽部韻的「顓頊」章中，簡四八與四九，依照簡背劃痕，中間應有一枚簡的間隔，但依簡文（參考阜陽雙古堆漢簡《蒼頡篇》文），二簡實應相接。此種情況表明，不排斥有個別簡因書寫錯誤而被剔出的可能。

北大藏漢簡《蒼頡篇》的釋文，因考慮到此書係教育學生識字用的字書，有其特殊性，而在不同時段行用的此書的不同文本正反映了當時通行的標準字形，故在將簡文字體用楷書筆法隸定時，即用了近於「嚴式」的做法，目的只是希望客觀表現這個簡本行用時期的漢隸字形特徵，以符合其字書的性質。

這一簡本的注釋，在各韻部釋文前，用單獨一行注明了所屬韻部，以清眉目。在各韻部内採取分章注釋的方法，即將注釋文字置於各章釋文之後。凡保留有章題的，均將章題單起一行，排在各章釋文之前。

注釋除了對部分文字從字形演變及異體字的角度作扼要的考證與説明外，主要是對《蒼頡篇》四字一句中，文字之間字義存在的聯繫，特別是前兩個字之間與後兩個字之間各自更爲密切的字義關係，作必要的分析與解釋。

注釋中主要參考的其他《蒼頡篇》文本如左：

（一）文物局古文獻研究室、安徽省阜陽地區博物館阜陽漢簡整理組《阜陽漢簡〈蒼頡篇〉》，《文物》一九八三年第二期（按：此文後附有阜陽雙古堆漢簡《蒼頡篇》摹本）。又見《阜陽雙古堆漢墓出土簡牘〈蒼頡篇〉》，收入《中國簡牘集成》第十八册，河北省、安徽省（上）卷，敦煌文藝出版社，二〇〇五年。

（二）張存良、吴葒《水泉子漢簡初識》，《文物》二〇〇九年第十期。

（三）張存良《水泉子漢簡七言本〈蒼頡篇〉蠡測》，《出土文獻研究》第九輯，中華書局，二〇一〇年。

（四）胡平生《水泉子簡〈蒼頡篇〉討論記録》，復旦大學出土文獻與古文字研究中心網，二〇一〇年一月十七日。

至於北大藏漢簡《蒼頡篇》的篇章結構和句式，其與出土的其他《蒼頡篇》文本之間的差别，以及由北大藏漢簡《蒼頡篇》所引發的若干思考等，我們在《北大藏漢簡〈蒼頡篇〉的新啟示》一文中作了探討，已收於本書「附録」中，僅供讀者參考，並懇請方家指正。

此次再印，從不動版面起見，僅修訂了部分字釋與相關注釋，兼及個别簡的綴連。在修訂中參考了以下諸位先生的大作：李家浩《北大漢簡〈蒼頡篇〉中的「秭」字》（《出土文獻研究》第十六輯，二〇一七年），胡平生《讀北大漢簡〈蒼頡篇〉札記》（《出土文獻研究》第十五輯，二〇一六年），福田哲之、白雨田《北京大學藏漢簡〈蒼頡篇〉的綴連復原》（《出土文獻與古文字研究》第八輯，二〇一九年），蘇建洲《北大簡〈蒼頡篇〉釋文及注釋補正》（《出土文獻與傳世典籍的詮釋》，中西書局，二〇一九年），崔慶會《北大漢簡〈蒼頡篇〉簡二三補釋——兼談「互」字的來源及其分化》（《出土文獻》第十五輯，二〇一九年），齊繼偉《秦簡「冗」「内」「穴」辨誤——兼論秦至漢初隸書的規範化問題》（《古漢語研究》二〇一八年第三期）。此外，還參考有張存良、王寧、白軍鵬、張傳官、周飛、鞠煥文、抱小等先生在復旦大學出土文獻與古文字研究中心網站上的意見。限於體例，未能逐一注明出處，謹在此致衷心感謝。

之、職合韻部*

* 在本韻部內，押之部韻的字，依次有：志、忌、欬、久、戴、舊、思、餌、該、載、睞，裁、字、右、耐、柩、笥。押職部韻的字，依次有：識、得、北、亟、戴、服、廁、異、織、試。

□禄

禄　寬惠善志[一]。桀紂迷惑[二]，宗幽不識[三]。寂□肄宜[四]，□□獲得[五]。一

賓勦向尚[六]，馮奕青北[七]。係孫褭俗[八]，貌鬻吉忌[九]。瘛瘲癰痤[一〇]，二

疢痛遬欬[一一]。毒藥醫工[一二]，抑按啟久[一三]。嬰但捪援[一四]，何竭負戴[一五]。三

谿谷阪險[一六]，丘陵故舊[一七]。長緩肆延[一八]，渙奐若思[一九]。勇猛剛毅[二〇]，四

便疌巧亟[二一]。景桓昭穆[二二]，豐盈爨戠[二三]。嬛蓉蜎黑[二四]，婏姆款餌[二五]。五

戲叢奢掩[二六]，顯顯重該[二七]。悉起臣僕[二八]，發傳約載[二九]。趣遽觀望[三〇]，六

行步駕服[三一]。逋逃隱匿[三二]，往來眄睞[三三]。　百五十二　七

[一]　寬，《説文》：「屋寬大也。从宀，莧聲。」《禮記·表記》：「子曰：以德報怨，則寬身之仁也。」鄭玄注：「寬，猶愛也。」惠，即「恵」字。《説文》：「惠，仁也。从心，从叀。」《國語·周語中》記劉康公答王問「魯大夫孰賢」語中有：「寬肅宣惠，君也。」韋昭注：「惠，愛也。」又《禮記·內則》：「擇於諸母與可者，必求其寬裕慈惠，溫良恭敬，慎而寡言者，使爲子師。」是亦以「寬裕」、「慈惠」相聯繫，爲講人之性情義近詞也。善，《説文》：「吉也。」《莊子·徐无鬼》「人不以善言爲賢」，成玄英疏：「善，喜好也。」《荀子·非相》「凡人莫不好言其所善」，楊倞注：「所善，謂己所好尚也。」《爾雅·釋言》「庶幾尚也」，邢昺疏：「尚，謂心所希望也。」志，《説文》：「意也。」《論語·述而》「志於道」，皇侃疏：「志者，在心向慕之謂也。」

[二]　迷惑，《玉篇》：「迷，惑也，亂也。」《説文》「迷，或也」，即「惑也」；又言「惑，亂也」，故「迷惑」即「迷亂」。《楚辭》宋玉《九辯》「中瞀亂兮迷惑」、「然中路而迷惑兮」，「迷」亦訓「誤」、「錯」，「惑」亦訓「疑」、「怪」。

〔三〕 宗，《説文》：「尊祖廟也。」幽，《説文》：「隱也。」《玉篇》：「幽，不明也，深遠也，微也。」《詩經·魯頌·閟宫》「閟宫有侐」，朱熹《詩集傳》：「閟，深閉也。宫，廟也。侐，清靜也。」又，「宗幽」或指周幽王，宗，宗周也。

不識，即不能辨别，不能認識。蓋接「宗幽」而言。「不識」亦見《周禮·秋官·司刺》：「壹宥曰不識，再宥曰過失，三宥曰遺忘。」「宥」是寬恕之意。鄭玄注引鄭司農云：「不識，謂愚民無所識，則宥之。」又謂：「識，審也。不審，若今仇讎當報甲，見乙，誠以爲甲而殺之者。」

〔四〕 冣，即「冣」字。《説文》：「冣，積也。从冖，从取。」段玉裁注曰：「冣與聚音義皆同。與冃部之『最』音義皆别。《公羊傳》曰：『會猶冣也。』何云冣之爲言聚。……《史記·殷本紀》『大冣樂戲於沙丘』，冣一作聚。……至乎南北朝，冣最不分。……顧野王《玉篇》冖部無冣，而冃部有最，云『齊也，聚也』。……是以冣之義爲最之義。」朱駿聲《説文通訓定聲》：「冣，積也。从冖从取，會意，取亦聲。與最字義皆别，字亦作寂，作䆮。……六朝以後皆譌作最。」「積」即積聚穀物。「冣」下一字缺，據阜陽雙古堆簡《蒼頡篇》知應是「穀」字。

穀，《説文》：「續也，百穀總名。从禾，𣪊聲。」

肆，《詩經·邶風·谷風》：「有洸有潰，既詒我肄。」毛傳：「肄，勞也。」

〔五〕 宜，《説文》作「宐」，謂「所安也」。《玉篇》：「宜，當也，所安也。」朱駿聲《説文通訓定聲》引《蒼頡篇》：「宜，得其所也。」

此句前兩字缺，據阜陽雙古堆簡《蒼頡篇》應是「益就」。《説文》：「益，饒也。从水、皿，皿益之意也。」《玉篇》：「益，加也。」引申爲利益、益處。《論語·顔淵》「如殺無道以就有道」，何晏《集解》引孔安國曰：「就，成也。」成，成功也，立也。「就」亦訓「即」、「終」、「歸」。《鬼谷子·捭闔》：「益損、去就、倍反，皆以陰陽御其事。」

獲得，《玉篇》：「得，獲也。」《説文》：「得，行有所得也。」

〔六〕 賓，《説文》：「所敬也。」《國語·楚語上》：「其不賓也久矣。」韋昭注：「賓，服也。」「服」，服事也。《漢書·地理志上》「三百里内戛服」，顔師古注：「言服者，謂有役則服之耳。」

勳，即「勳」字。《説文》：「勳，勞也。《春秋傳》曰：『安用勳民。』」《左傳》宣公十二年「無及於鄭而勳民」，杜預注：「勳，勞也。」「服」與「勞」皆有勞力、服役之義。

向，《説文》：「北出牖也。从宀，从口。」即向北的窗户。朱駿聲《説文通訓定聲》：「古宫室北墉無户牖，民間或有之，命之曰向。《詩·七月》『塞向墐户』，毛傳：『出北牖也。』《韓傳》：『北向窻也。』散文則凡牖亦得曰向。」並曰：「轉注爲向背之向。」《孫子兵法·軍爭》「高陵勿向」，杜牧注：「向者，仰也。」「仰」即舉首向上也。

尚，《説文》：「曾也。」段玉裁注：「曾，重也。尚，上也。皆積累加高之意，義亦相通也。」《玉篇》：「尚，上也。」又，《儀禮·大射》「兼諸弦面鏃適次」，鄭玄注：「面，猶尚也。」賈公彦疏：「謂鏃向上。」胡培翬《正義》曰：「尚，與向通。」

〔七〕 馮，《左傳》昭公五年：「今君奮焉，震雷馮怒。」杜預注：「馮，盛也。」

奕，《説文》：「大也。从大，亦聲。《詩》曰『奕奕梁山』。」《詩經·大雅·韓奕》：「奕奕梁山，維禹甸之。」毛傳：「奕奕，大貌。」《廣雅·釋訓》：「奕奕，盛也。」

青，《周禮·考工記》：「畫繢之事雜五色，東方謂之青。」《爾雅·釋天》：「春爲青陽。」《説文》：「東方色也。」《玉篇》：「東方色。四時，春爲青陽。」

北，《説文》：「乖也，从二人相背。」《玉篇》：「北，方名。」

〔八〕 係孫，《爾雅·釋詁上》：「係，繼也。」《説文》：「孫，子之子曰孫。从子，从系。系，續也。」段玉裁注：「釋孫从系之意，糸部曰：繼者，續也，系猶繼也。」

褎，《説文》：「衣博裾。从衣，㒒省聲。」通作「葆」。《禮記·禮器》「不樂葆大」，鄭玄注：「葆之言褎也。」《吕氏春秋·盡數》「是之謂五藏之葆」高誘注：「葆，安也。」「葆」亦通「保」，有「安」、「守」之義。

俗，《説文》：「習也。」《玉篇》：「習安也。」《周禮·大司徒》：「六曰以俗教安。」即保其舊俗以安民。

〔九〕 貇，秦漢簡牘中「貌」多寫作「貇」。如北大藏西漢簡《妄稽》有「顔色容貇，美好夸（姱）麗」，「姑咎（舅）胃（謂）妄稽：壐（爾）不自量，壐（爾）貇可以懼彪（魅）」，「笑胃（謂）周春：『來與我相貇。』」「貇」皆當讀爲「貌」。在《説文》中，「貌」是「皃」之籀文。《禮記·儒行》：「禮節者，仁之貌也。」賈公彦疏：「言禮義撙節是仁儒之外貌。」段玉裁《説文解字注》：「凡容言其内，皃言其外。」

鬵，《説文》：「大釜也。一曰鼎大上小下若甑曰鬵。从鬲，兓聲。讀若岑。」《玉篇》：「鬵，釜屬。」《詩經·檜風·匪風》：「誰能亨魚，溉之釜鬵。」毛傳曰：「鬵，釜屬。」同音字有「潛」，《爾雅・釋言》：「潛，深也。」《方言十》：「潛，沈也。」《廣雅・釋詁》：「潛，隱也。」此其義與「貌」有「外表」義正相反。

吉，《説文》：「善也。」《詩經・召南・摽有梅》「迨其吉兮」，朱熹《詩集傳》曰：「吉，吉日也。」

忌，《説文》：「憎惡也。」《國語・晉語三》記丕鄭之子豹謂秦穆公曰晉君「而忌處者」，韋昭注：「忌，惡也。處者，國中大夫也。」《禮記・祭義》「忌日之謂也」，鄭玄注：「忌日，親亡之日。」朱駿聲《説文通訓定聲》曰：「惡其日之不祥，故曰忌。」

［一〇］ 瘛，《説文》：「小兒瘛瘲病也。从疒，恝聲。」《玉篇》：「癡也，小兒瘛瘲病也。」瘛瘲：即癲癇；俗名羊角瘋。

痵，《説文》謂爲「籀文癃省」，並曰：「癃，罷病也。」王念孫《廣雅疏證》認爲癃病即足不能行。段玉裁注則認爲：「罷者，廢置之意。……凡廢疾皆得謂之罷癃也。」

癰，即「癰」字。《説文》：「癰，腫也。从疒，雝聲。」《玉篇》：「癰，癰腫也。」

痤，《説文》：「小腫也。从疒，坐聲。」《玉篇》：「癤也。」

［一一］ 疢，《説文》：「熱病也。」《詩經・小雅・小弁》「疢如疾首」，鄭玄箋：「疢，猶病也。」《左傳》襄公二十三年記臧孫曰：「季孫之愛我，疾疢也。孟孫之惡我，藥石也。美疢不如惡石。」是「疢」、「疾」爲同義字連用。

痛，《説文》：「病也。」《玉篇》：「病也，傷也。」

遫，《説文》：「速，疾也。从辵，束聲。遫，籀文从欶。」《玉篇》：「速，疾也，召也。」通「嗽」。《玉篇》：「嗽，咳嗽也。」

欬，《説文》：「屰氣也。从欠，亥聲。」段玉裁注：「《周禮・疾醫》『冬時有嗽上氣疾』，注曰：『嗽，欬也。上氣，逆喘也。』按：嗽本亦作欶。欶者含吸也。含吸之欲其下而氣乃逆上，是曰欬。許書以欶定嗽，口部無嗽，俗又作瘶。《蒼頡篇》齊部謂瘶曰欬。」「欬」字通「咳」。《玉篇》：「欬，上欶也。」

［一二］ 毒，字从生，从母。秦漢簡牘文字「生」或譌成「士」。《説文》：「毒，厚也。害人之艸，往往而生。」《方言》卷三：「凡飲藥傅藥而毒，……自關而西謂之毒。」

藥，《説文》：「治病艸。」

醫，《説文》：「治病工也。」

工，《説文》：「巧飾也。象人有規榘，與巫同意。」《玉篇》：「工，官也，善其事。」

［一三］ 抑，即抑字。《説文》：「归，按也。从反印。抑，俗从手。」

按，《説文》：「下也。」段玉裁注：「以手抑之使下也。」「抑按」亦即按摩。《素問・異法方宜論》「其治宜導引按蹻」，王冰注：「按，謂抑按皮肉。」

啟，馬王堆漢墓帛書《脈法》：「用砭（砭）啟脈（脈）者必如式。」「啟脈」，魏啟鵬認爲即開脈之穴孔而瀉之。馬繼興認爲即刺破血管。

久，通「灸」。《説文》：「久，從後灸之。」《儀禮・士喪禮》「冪用疏布久之」，鄭玄注：「久，讀爲灸，謂以蓋塞鬲口。」「久」讀作「灸」，在出土的醫簡中更爲多見，如馬王堆漢墓帛書《足臂十一脈灸經》：「諸病此物者，皆久（灸）泰（太）陽温（脈）。」「啟久（灸）」連言則見北大藏漢代醫簡：「百五十九・治傷其肌穜不可啟久（灸）者以三斗水煮白茝大本五善抒之三濆（沸）抒濟之。」（簡二七九七）

［一四］ 嬰，《説文》：「賏，頸飾也。从二貝，會意。」《漢書・蒯通傳》「嬰城固守」，顔師古注引孟康曰：「嬰，以城自繞。」《文選》謝靈運《述祖德詩》「而不纓垢氛」李善注：「纓，繞也。」

但，《説文》：「裼也。从人，旦聲。」「但」可讀作儃，《説文》：「儃，儃何也。从人，亶聲。」段注曰：「儃何，或當作儃回。」《楚辭》屈原《惜誓》「固儃回而不息」，王逸注：「儃回，運轉也。」「儃」與「邅」通。屈原《離騷》「邅吾道夫崑崙兮，路脩遠以周流」，王逸注：「邅，轉也。楚人名轉曰邅。」引申爲迴轉盤旋。《九歌・湘君》：「駕飛龍兮北征，邅吾道兮洞庭。」

捾，《説文》：「搯也。从手，官聲。一曰援也。」

援，《説文》：「引也。从手，爰聲。」援爲匣母元部字，捾爲影母月部字，匣、影聲母極近，元、月陽入對轉。

［一五］ 何，《説文》：「儋也。从人，可聲。」《玉篇》：「何，克負也。」《小爾雅・廣言》：「任也。」經傳多以「荷」爲之。

竭，《説文》：「負舉也。从立，曷聲。」王念孫《廣雅疏證》：「竭與揭通，凡物之上舉者皆謂之揭。……舉物謂之揭，負物亦謂之揭。」

負，《玉篇》：「擔也，置之於背也。違恩忘德也。或作偩。」《釋名·釋姿容》言：「負，背也，置項背也。」

戴，即「戴」字。《説文》：「戴，分物得增益曰戴。」《玉篇》：「戴，奉也，在首也，事也。」《釋名·釋姿容》：「戴，載也，載之於頭也。」《禮記·郊特牲》「載冕璪」，陸德明《釋文》：「本作戴。」

〔一六〕 谿，《説文》：「山瀆無所通者。」《吕氏春秋·察微》「使治亂存亡若高山之與深谿」，高誘注：「有水曰澗，無水曰谿。」《爾雅·釋水》：「水注川曰谿。」《玉篇》：「谿，與溪同。」由典籍所載，知谿是山間狹窄的流水道，有水或無水，通川或不通川。

谷，亦指山間低窪的流水道。《説文》：「谷，泉出通川爲谷。」《玉篇》：「谷，水注谿也。」《詩經·小雅·十月之交》：「高岸爲谷，深谷爲陵。」

阪，《説文》：「坡者曰阪。一曰澤漳，一曰山脅也。」《玉篇》：「阪，陂也，山脅也，險也。」

險，《説文》：「阻難也。从𨸏，僉聲。」《玉篇》：「險，高也，邪也，惡也，難也，危也，阻也。」

〔一七〕 丘，《説文》：「土之高也，非人所爲之。」《廣雅》云：「小陵曰丘。」

陵，《詩經·小雅·天保》：「如山如阜，如岡如陵。」毛傳：「大阜曰陵。」即大土山。引申爲墳墓，秦以後則專指帝王墳墓。

故，《説文》：「使爲之也。从攴，古聲。」即原因。段玉裁注：「今俗云原故是也。」《左傳》昭公三年「豐氏故主韓氏」，杜預注：「故，猶舊也。」

舊，今作「舊」，本鳥名。《説文》：「舊，雖舊，舊留也。从萑，臼聲。鵂，舊或从鳥，休聲。」借作「久」，又借作「新舊」之「舊」。亦訓「故」，《玉篇》：「舊，故也。」《論語·泰伯》：「故舊不遺，則民不偷。」

〔一八〕 長，《説文》：「久遠也。」《易經·夬》「終不可長也」，孔穎達疏：「長，延也。」

緩，《説文》：「緩，繛也。从素，爰聲。緩，緩或省。」繛，省作「綽」，緩也，寬也。《玉篇》：「緩，遲緩也。」

肆，《説文》：「極陳也。从镸，隶聲。」引申爲延緩。《玉篇》：「肆，次也，陳也，緩也。」

延，《説文》：「長行也。」《玉篇》：「進也，長也。」

按：本句此四字皆有於空間、時間伸展之意。

〔一九〕 涣，《説文》：「流散也。从水，奐聲。」《詩經·鄭風·溱洧》：「溱與洧，方涣涣兮。」毛傳：「涣，水盛貌。」

奐，《漢書·韋賢傳》韋玄成作詩自劾責有句曰：「既耇致位，惟懿惟奐。」顔師古注：「奐，盛也。」與「涣」通。

若思，《禮記·曲禮上》：「毋不敬，儼若思。」鄭玄注：「儼，矜莊貌。人之坐思貌必儼然。」孔穎達疏：「若，如也；思，計慮也。」又，若，如也；思，讀如斯（參見俞樾《群經平議·周易二》）。「若思」，即「如此」也。

此句或可承上句語義，言「涣涣之流水，其狀長緩肆延，緜延不絶也」。

〔二〇〕 勇，《左傳》昭公二十年：「知死不辟，勇也。」《論語·爲政》：「見義不爲，無勇也。」《玉篇》：「勇，果決也。」《莊子·列禦寇》「壯麗勇敢」，成玄英疏：「勇，猛也。」

猛，《説文》：「健犬也。从犬，孟聲。」《玉篇》：「健也，嚴也，害也。」

剛，《説文》：「彊斷也。」《玉篇》：「剛，强也。」

毅，即「毅」。《説文》：「毅，妄怒也。一曰有決也。」段玉裁注曰：「凡氣盛曰妄。」《文選》袁宏《三國名臣序贊》「正而不毅」，劉良注：「毅，剛也。」《大戴禮記·四代》：「剛毅犯神妨於政。」

〔二一〕 便疌，「疌」通「捷」。《説文》：「便，安也，人有不便更之。从人更。」「便」有「捷」意，即敏捷、迅速。《莊子·應帝王》「猨狙之便」。《爾雅·釋獸》：「猱、蝯，善援。」郭璞注：「便攀援。」《釋文》曰：「便謂便捷也。」《淮南子·兵略訓》：「虎豹便捷，熊羆多力。」

巧，《説文》：「技也。从工，丂聲。」《玉篇》：「巧，巧技也，好也。」

亟，即「亟」字。《説文》：「亟，敏疾也。」亦訓「急」。字通作「極」。
按：本句此四字均有行動、做事快捷之義。

[二二] 景，《説文》：「光也。从日，京聲。」《詩經·小雅·車舝》「景行行止」，鄭玄箋：「景，明也。」《説文》：「晷，日景也。」又《詩經·大雅·公劉》「既景迺岡」，朱熹《詩集傳》：「景，考日景以正四方也。」以上「景」讀作「影」。

桓，《説文》：「亭郵表也。从木，亘聲。」「郵」即驛站。徐鍇《説文解字繫傳》：「亭郵立木爲表，交木於其端，則謂之華表，言若華也。古者十里一長亭，五里一短亭，郵過也，所以止過客也。表雙立爲桓。」《後漢書·律曆志上》「以比日表」，劉昭注：「表，即晷景。」又《大戴禮記·王言》：「上者，民之表也。」孔廣森《補注》：「表，建木以測影者。」皆是「景」、「表」字義相聯繫之例。

昭，《説文》：「明也。从日，召聲。」

穆，《説文》：「禾也。从禾，㣎聲。」段玉裁注：「凡言穆穆、於穆、昭穆，皆取幽微之義。」《詩經·周頌·清廟》「於穆清廟」，朱熹《詩集傳》：「穆，深遠也。」《國語·魯語上》記宗有司曰「明者爲昭，其次爲穆」。

按：「昭」、「穆」典籍多連用，主要指上下兩代直系親屬。春秋時秦有桓公（前六〇三—前五七七在位）、景公（前五七六—前五三七在位）先後即位。這裏以「景」、「桓」二字相連，或與此二公有關。但此句下二字爲「昭穆」，「景桓」如作「桓景」方合昭穆。故二字的選擇未知是否與桓、景二公有關。此句四字相聯，亦可能是以桓之「表」義與「景」（影）的關係比同昭、穆。

[二三] 豊，應是「豐」之省變。《説文》：「豐，豆之豐滿者也。从豆，象形。」

盈，《説文》：「滿器也。从皿夃。」

爨，《説文》：「齊謂之炊爨。」《周禮·天官·亨人》「職外内饔之爨亨煮」，鄭玄注：「爨，今之竈。」《左傳》宣公十五年「折骸以爨」，杜預注：「爨，炊也。」是「爨」用作名詞，指竈；用作動詞，同於炊。

戠，即「熾」字。《説文》：「熾，盛也。从火，戠聲。」

[二四] 嬛，《説文》：「材緊也。从女，瞏聲。《春秋傳》曰：嬛嬛在疚。」所引《春秋傳》見《左傳》哀公十六年公誄孔子文。「嬛嬛」今作「煢煢」。《玉篇》：「嬛嬛然，亦孤特也。」「嬛」也有「輕麗皃」之義，見《廣韻》。

莟，字不見《説文》，通「咎」。《説文》：「咎，災也。从人，从各，各者相違也。」《爾雅·釋詁下》：「咎，病也。」「咎」可假作「疚」。咎爲見母幽部字，疚爲見母之部字，之、幽二部旁轉，故「咎」通「疚」。《詩經·周頌·閔予小子》「嬛嬛在疚」，毛傳：「疚，病也。」鄭玄箋：「嬛嬛然孤特在憂病之中。」「莟」本爲草名。《玉篇》：「莟，草名。其實似瓜，食之治瘧，又云白莟草，食之不飢也。」

[二五] 蜎，《説文》：「蜎也。从虫，肙聲。」《爾雅·釋魚》：「蜎，蠉。」郭璞注：「井中小蛣蟩，赤蟲，一名孑孓。」即蚊子幼蟲。《詩經·豳風·東山》：「蜎蜎者蠋，烝在桑野。」毛傳：「蜎蜎，蠋貌，桑蟲也。」「蜎蜎」是蟲類蠕動爬行之狀。同音字「駽」，《説文》：「青驪馬也。从馬，肙聲。」《詩經·魯頌·有駜》曰「駜彼乘駽」，毛傳曰：「青驪曰駽。」「驪」是深黑色的馬，「青驪」則是黑毛中夾雜有青毛的馬。見《爾雅·釋畜》邢昺疏引孫炎説。

婏，即「婉」字。《説文》：「婉，宴婉也。从女，冤聲。」《玉篇》：「婏，音鴛，婉，娩美也。」「婏」、「婉」均影母元部字，「婏」當可讀作「婉」。《詩經·齊風·猗嗟》「清揚婉兮」，毛傳：「好眉目也。」「婉」亦有柔順之義，《左傳》昭公二十六年：「姑慈而從，婦聽而婉。」《禮記·昏義》「教以婦德、婦言、婦容」，鄭玄注：「婦容，婉娩也。」陸德明《釋文》引《詩箋》云：「婉娩，貞順貌。」

娒，《説文》：「女師也。从女，每聲。讀若母。」《玉篇》：「娒，同姆。」《禮記·内則》「姆教婉娩聽從」，鄭玄注：「姆，婦人五十無子，出不復嫁，以婦道教人，若今時乳母也。」此字在英國國家圖書館藏削柿本《蒼頡篇》三四三八簡作「冒」。「冒」爲明母幽部字，「娒」爲明母之部字，之、幽皆陰聲韻而旁轉，故「冒」、「娒」音近可通。

款，《說文》：「意有所欲也。」段玉裁注曰：「古款與窾通用。窾者，空也。款亦訓空。空中則有所欲也。」

餌，《說文》：「鬻，粉餅也。从鬻，耳聲。餌，鬻或从食，耳聲。」《廣雅·釋詁三》：「餌，食也。」《孫子·軍爭》：「銳卒勿攻，餌兵勿食。」此「餌」爲引誘之意。字亦通「誀」，《廣雅·釋詁一》：「誀，誘也。」

〔二六〕戲，《說文》：「三軍之偏也。一曰兵也。从戈，䖒聲。」《左傳》桓公五年「先偏後伍」，杜預注引《司馬法》曰：「車戰，二十五乘爲偏。」此「偏」亦稱「前拒」。《左傳》昭公元年：「偏爲前拒。」「戲」亦讀作「麾」，《史記·高祖本紀》「四月，兵罷戲下」，張守節正義曰：「戲音麾。」並引許慎注《淮南子》云：「戲，大旗也。」亦指稱大將之旗。凡軍事活動均以旗聚合，指揮軍衆，見《周禮·夏官·大司馬》。

蕞，應即《說文》「蘽」字。《說文》：「蘽，艸叢生皃。从艸，叢聲。」簡文此字似當解爲「从艸，冣聲」，「冣」是「叢」的簡省形。「蘽」可讀作「叢」。《說文》：「叢，聚也。从丵，取聲。」《希麟音義》卷四「叢林」注引《字書》曰：「凡物之聚曰叢也。」此「聚」義與以上「戲」讀作「麾」，即大旗用以聚衆之義相合。

奢，《說文》：「張也。」《論語·八佾》「禮，與其奢也，寧儉」，皇侃疏：「奢，侈也。」

掩，「說文」：「斂也。小上曰掩。」《史記·司馬相如列傳》引《子虛賦》「掩薄草渚」，正義曰：「掩，覆也。薄，依也。言或依草渚而遊戲也。」《左傳》昭公二十七年「吳公子掩餘」，《史記·刺客列傳》作「公子蓋餘」。

〔二七〕顚，即「顛」字。《說文》：「顛，頂也。从頁，真聲。」

顯，《說文》：「顛頂也。从頁，㬎聲。」《玉篇》曰同「顖」。

重，《說文》：「厚也。」《玉篇》：「重，疊也。」

該，《說文》：「軍中約也。从言，亥聲。」字與「陔」通。《說文》：「陔，階次也。」《漢書·郊祀志》記武帝「令祠官寬舒等具泰一祠壇，祠壇放亳忌泰一壇，三陔」，顏師古注曰：「陔，重也，三陔，三重壇也。」

〔二八〕悉，《說文》：「詳盡也。」《玉篇》：「悉，盡也，詳也，審也，和也。」

起，《說文》：「能立也。从走，巳聲。」段玉裁《說文解字注》：「起本發步之稱，引伸之訓爲立。」《左傳》昭公二十六年「王起師于滑」，杜預注：「起，發也。」「悉起」即全部徵發。

〔二九〕發，《說文》：「射發也。从弓，癹聲。」《呂氏春秋·季春紀》「陽氣發泄」，高誘注：「發泄，猶布散也。」

傳，《說文》：「遽也。从人，專聲。」朱駿聲《說文通訓定聲》：「按以車曰傳，亦曰馹；以馬曰遽，亦曰驛。皆所以達急速之事。」此「傳」爲傳達之意。「傳」另有留傳、流傳之意，《莊子·山木》「人倫之傳」，陸德明《釋文》：「傳，事類可傳行也。」「發」、「傳」在「布散」上有字義之聯繫。

約，《說文》：「纏束也。从糸，勺聲。」《莊子·盜跖》「吾日與子訟於無約曰」，成玄英疏：「約，謂契誓也。」契誓、契約之辭亦稱「載辭」。《周禮·春官·大史》「凡邦國都鄙及萬民之有約劑者藏焉」，鄭玄注：「約劑，要盟之載辭及卷書也。」

〔三〇〕載，即「載辭」之「載」。《爾雅·釋詁下》：「載，言也。」邢昺疏：「載者，載于簡策之言也。」

趣，《說文》：「疾也。从走，取聲。」《玉篇》：「趣，趨也，遽也。」

遽，《說文》：「傳也。一曰窘也。」《玉篇》：「遽，急也，疾也，卒也。」

〔三一〕望，即「朢」，从「土」不从「壬」，屬異體字。

駕，《說文》：「馬在軛中。从馬，加聲。」段玉裁注曰：「駕之言以車加於馬也。」

服，《說文》：「用也。一曰車右騑，所以舟旋。从舟，𠬝聲。」《詩經·鄭風·大叔于田》：「兩服上襄，兩驂鴈行。」鄭玄箋：「兩服，中間夾轅者。」即四馬之車，居中駕轅的兩馬。故「服」亦有「駕」義。《楚辭》宋玉《九辯》：「驥不驟進而求服兮。」朱熹《集注》曰：「服，駕車也。」

〔三二〕逋，《說文》：「亡也。从辵，甫聲。」《尚書·費誓》「臣妾逋逃」，孔穎達疏曰：「逋，亦逃也。」

隱，《説文》：「蔽也。」《玉篇》：「隱，不見也，安也，度也，匿也。」

匿，《説文》：「亡也。」《玉篇》：「匿，陰姦也，亡隱也。」

[三三] 盯，即「眄」字。《玉篇》曰「眄」字「秦語俗作盯」。《説文》：「眄，目偏合也。一曰衺視也。秦語。从目，丏聲。」《方言》卷二：「自關而西秦晉之間曰眄。」《史記・鄒陽列傳》：「按劍相眄。」

睞，《説文》：「目童子不正也。」即眼睛瞳仁不正，引申爲旁視。《文選・古詩十九首》之十六「眄睞以適意，引領遥相睎」，吕延濟注：「眄睞，邪視也。」

漢兼

漢　漢兼天下，海内并廁[一]。胡無噍類[二]，菹醢離異[三]。戎翟給賨[四]，八

兼　百越貢織[五]。飭端脩𤅊[六]，變大制裁[七]。男女蕃殖[八]，六畜逐字[九]。九

顫䑀觭贏[一〇]，骫奊左右[一一]。勢悍驕裾[一二]，誅罸貲耐[一三]。丹勝誤乳[一四]，一〇

圄奪侵試[一五]。胡貉離絶[一六]，冢章棺柩[一七]。巴蜀筡竹[一八]，筐篋籢笥[一九]。一一

[一] 兼，《説文》：「并也。」漢瓦當文字有「漢并天下」。

海内，其意與「天下」同。《戰國策・秦策一》：「今欲并天下，凌萬乘，詘敵國，制海内。」

廁，《玄應音義》卷二五「可廁」注引《蒼頡篇》曰：「廁，雜也。」亦即兼存並容。

此言「漢兼天下」，秦代時原文應是「秦兼天下」。《史記・秦始皇本紀》記秦始皇二十六年「秦王初并天下，……丞相綰、御史大夫劫、廷尉斯等皆曰：『……今陛下興義兵，誅殘賊，平定天下，海内爲郡縣……』」又記秦始皇二十八年立泰山刻石，其辭曰：「二十有六年，初并天下，罔不賓服。」同年，又立琅邪刻石，其銘亦曰：「維秦王兼有天下，立名爲皇帝，乃撫東土，至于琅邪……」列侯、倫侯、丞相、五大夫等，「議於海上，曰：『……今皇帝并一海内，以爲郡縣，天下和平……』」。

[二] 胡，陳寅恪《五胡問題及其他》：「五胡謂五外族。胡本匈奴（Huna）去na著Hu，故音譯爲胡。後始以之通稱外族。」（此文收入《陳寅恪集・講義及雜稿》，三聯書店，二〇〇一年）。

噍，《説文》：「齧也。从口，焦聲。」《漢書・高帝紀上》記項羽「曾攻襄城，襄城無噍類，所過無不殘滅」，顔師古注：「無復有活而噍食者也。」

類，《玉篇》：「獸名，種類也。」

[三] 菹醢，即「菹醢」。《説文》：「菹，酢菜也。」「醢，肉醬也。」《儀禮・士昏禮》：「菹醢四豆。」《楚辭》屈原《離騷》：「后辛之菹醢兮，殷宗用而不長。」指商紂王菹醢其臣民，殷商國祚因而不長。甘肅水泉子漢簡《蒼頡篇》曰「□蘸離異毋入刑」。故「菹醢離異」，應承上句而言，指將「胡」剁成像肉醬一樣，使其離散。

[四] 翟，即「狄」。

給，《玉篇》：「供也，備也，足也。居及切。」

賨，《説文》：「南蠻賦也。」《文選》左思《魏都賦》：「賨幏積墆，琛幣充牣。」吕向注：「賨，南夷税名。」《玉篇》：「蠻賦也，税也。」

〔五〕百越，《吕氏春秋・恃君覽》「揚漢之南，百越之際」，是「百越」見於史籍最早的記載。《漢書・地理志》臣瓚曰：「自交趾至會稽七八千里，百粵雜處，各有種姓。」秦始皇二十五年滅楚之後，降越君，置會稽郡。三十三年統一南越、西甌地區後，建南海郡、桂林郡、象郡。

〔六〕織，《説文》：「作布帛之總名。」《玉篇》：「織文錦綺之屬。」

飭，《説文》：「致堅也。」《詩經・小雅・六月》「戎車既飭」，毛傳：「飭，正也。」《國語・吴語》「周軍飭壘」，韋昭注：「周，繞也；飭，治也。」《史記・秦始皇本紀》記秦始皇二十八年立琅邪刻石，曰：「維二十八年，皇帝作始。端平法度，萬物之紀。」「匡飭異俗，陵水經地。」又記秦始皇二十九年立之罘刻石，其辭曰：「大聖作治，建定法度，顯箸綱紀。」

端，《説文》：「直也。从立，耑聲。」《國語・晉語七》「知程鄭端而不淫」，韋昭注：「端，正也。」學者多認爲此「端」字有「正」義，在秦代是用來代「政」字的，亦即避秦始皇名諱，這是很可能的。「飭政」即整治政事之義。「飭」或作「飾」。《史記・李斯列傳》：「陰脩甲兵，飾政教。」飾屬書母職部，飭屬透母職部，但同屬職部字的「弋」及从「弋」（或从「式」）得聲字，聲母分佈在透母、喻母、定母，也有在書母的，所以「飾」、「飭」古似亦通用。

脩，通作「修」。《吕氏春秋・季夏紀・音律》：「夷則之月，修法飭刑，選士厲兵。」

𤅊，即「灋」，今作「法」。

〔七〕變大，「變」即「變」字。「大」與「變」相連，其義似當爲《吕氏春秋・勿躬》之「神合乎大一」，高誘注：「大，通也。」「變大」即「變通」，《易經・繫辭上》：「化而裁之謂之變，推而行之謂之通。」《易經・繫辭下》：「變通者，趣時者也。」「趣時」即「趨時」。甘肅水泉子漢簡《蒼頡篇》有「變大制裁好衣服」句。

制裁，「裁」即「裁」字。「制」義爲裁衣，《詩經・豳風・東山》：「制彼裳衣。」《説文》：「制，裁也。从刀，从未。」「裁，制衣也。」引申爲製作，又引申爲斷、裁斷。《禮記・王制》「凡制五刑」，鄭玄注：「制，斷也。」《禮記・樂記》「治定制禮」，孔穎達疏：「制是裁斷。」《説文》另有「製」字，曰：「製，裁也。从衣，从制。」後多用於具體製作。

「變大制裁」句位於此章開頭的若干陳述句式内，上接「飭端脩𤅊」句，亦當是講兼併天下後成功治理社會之政績。

〔八〕蕃殖，《左傳》僖公二十三年：「男女同姓，其生不蕃。」《國語・越語下》：「五穀睦熟，民乃蕃滋。」

〔九〕逐，《説文》：「追也。」《左傳》昭公元年「諸侯逐進」，杜預注：「逐，猶競也。」《漢書・食貨志下》「以與匈奴逐爭其民」，顔師古注：「逐，競也。」亦可引申爲相從、陸續之意。

「逐」亦有「交配」之義。《集韻》：「逐，牝牡合也。」

字，《説文》：「乳也。从子在宀下，子亦聲。」「字」有「生子」之義。《玉篇》：「字，養也，生也。」《山海經・中山經》：「其上有木焉，……其實如蘭，服之不字。」郭璞注：「字，生也。」《漢書・嚴安傳》有「六畜遂字」，顔師古注：「遂，成也。」疑此「遂」應作「逐」字讀。馬王堆帛書《周易・泰蓄》「九三：良馬遂，利根貞」、《既濟》「婦亡其發，勿遂」、《乖》「初九：悬亡，亡馬勿遂」，「遂」在今本中均作「逐」。張政烺先生《馬王堆帛書〈周易〉經傳校讀》（收入李零等整理《張政烺論易叢稿》，中華書局，二〇一〇年）於上引《既濟》、《乖》之「遂」下皆括注爲「逐」，在《泰蓄》「良馬遂」之「遂」下注曰：「帛書常以遂爲逐。此處似遂字義長。」上引今本《周易》中的「逐」字，在上海博物館藏楚竹書《周易》中皆作「由」。逐爲定母覺部字，由爲喻母幽部字，二字聲母均舌音，極近，而幽、覺爲陰入對轉，故「由」可以讀作「逐」。但「遂」是邪母物部字，與「由」音不可通。由此可知，上引《周易》文字中今本作「逐」應是對的，「遂」則是因字形相近而混用。《嚴安傳》「六畜遂字」，應從簡文改作「六畜逐字」。

〔一〇〕顫，《説文》：「頭不正也。从頁，亶聲。」《玉篇》：「又顫動也。」

觽，即「觭」。《説文》：「觭，角傾也。从角，虒聲。」

觭贏，《爾雅・釋畜》：「觭，角一俯一仰。」郭璞注：「牛角低仰。」邢昺疏：「言傾攲也。」遂亦有偏頗之意。《周禮・考工記・弓人》「撟幹欲孰於火而無贏」，鄭玄注：「贏，過孰也。」觭贏，亦作「奇贏」。《漢書・食貨志》記鼂錯《論貴粟疏》曰：「而商賈大者積貯倍息，小者坐列販賣，操其奇贏，日游都市，乘上之急，所賣必倍。」顔師古注：「奇贏，謂有餘財而畜聚奇異之物也。一説，（字）（奇）謂殘餘物也。」

〔一一〕骫㚇，《説文》：「骫，骨耑骫㚇也。」「㚇，頭衺，骫㚇態也。」段玉裁注：「骫㚇者，謂屈曲之狀。」

左，《説文》：「手相左助也。」

右，皋陽雙古堆漢簡《蒼頡篇》作「宥」，《説文》：「宥，寬也。从宀，有聲。」「宥」通「右」，《左傳》僖公二十五年「命之宥」，洪亮吉詁：「右、宥、侑古字皆通也。」「左右」即「佐佑」，義爲佑助、扶持、輔翼。又，《大戴禮記·立言》「昔者舜左禹而右皋陶」，王聘珍《解詁》引《尚書大傳》曰：「左曰輔，右曰弼。」

［一二］ 敖，《説文》：「健也。从力，敖聲。讀若豪。」皋陽雙古堆簡《蒼頡篇》此字作「慜」，通作「慠」。《類篇》：「慠，倨也。」

悍，《説文》：「勇也。」《吕氏春秋·處方》「少不悍辟」，高誘注：「兇也。」《漢書·梁懷王劉揖傳》「彭離驕悍」，顔師古注：「悍，勇也。」「勢悍」義同「驕悍」。

驕，即「驕」。《説文》：「驕　馬高六尺爲驕。」即言馬高大貌，亦可泛指雄壯。《論語·述而》「富而無驕」，邢昺疏：「傲逸爲驕。」

裾，《説文》：「衣裒也。」指衣服之前襟。通作「倨」，《説文》：「倨，不遜也。」《左傳》襄公二十九年「直而不倨」，杜預注：「倨，傲也。」是「驕倨」亦即「驕傲」。睡虎地秦簡《爲吏之道》：「倨驕毋人，敖悍㚄暴。」其中「倨驕」、「敖悍」與本句詞語同。

［一三］ 誅，《説文》：「討也。从言，朱聲。」《韓非子·姦劫弑臣》：「而聖人之治國也，賞不加於無功，而誅必行於有罪者也。」引申爲懲罰。《禮記·雜記下》「不敢辟誅」，鄭玄注：「誅，猶罰也。」《荀子·仲尼》「文王誅四」，楊倞注：「誅者，討伐殺戮之通名。」

貲，《説文》：「小罰以財自贖也。从貝，此聲。漢律，民不繇，貲錢二十二。」

耐，《説文》：「罪不至髡也。」《後漢書·光武帝紀下》「耐罪亡命」，李賢注：「耐者，輕刑之名。」

［一四］ 勝，即「勝」。

乳，即「亂」字譌變形成的異體。秦漢簡牘文字中「亂」所从「𤔔」有多種變體。丹勝誤亂，皋陽雙古堆簡《蒼頡篇》此句作「政勝誤亂」，學者或認爲「政勝」之「政」，原文當因避秦始皇名諱爲另一字，此則由漢初抄寫者改回。「丹」與秦始皇名「政」（或「正」），在字音字義上均難聯繫，但北大簡本章與雙古堆簡在上文中均有「飭端脩灋（法）」句。「端」，學者或認爲即是避秦始皇名諱而以之代「政」。「丹」、「端」聲韻並同，均端母之部字，故也可能是因爲在同章上文「飭端脩灋（法）」句中，「端」已代「政」使用過了，作爲字書，爲避免一字之重出，故又用與「端」音同的假借字「丹」來代替「端」，實際皆是爲了代「政」。甘肅水泉子漢簡《蒼頡篇》有「丹勝誤亂有所惑」句，「有所惑」應是概括前四字之大意，是一種意近的解釋。「丹」代「政」，「政」字有刑法、法律之義。如《禮記·王制》「齊其政」，鄭玄注：「政謂刑禁。」《禮記·樂記》「禮樂刑政」，孔穎達疏：「政，法律也。」而「勝」則有「過」、「盡」之義。如《禮記·樂記》：「樂勝則流，禮勝則離。」孔穎達疏：「勝猶過也。」《孟子·梁惠王上》：「不違農時，穀不可勝食也。」趙岐注：「勝，盡。」因此「政勝」之意，應是言「刑法用過了頭」，亦即濫用刑法。下邊的「誤亂」自然可以理解爲是講「政勝」造成的後果。此句與上下兩句在字義上是相協調的，與甘肅水泉子漢簡文「丹勝誤亂有所惑」之「有所惑」所概括的語義亦相合。

［一五］ 圄，即監牢，亦即囹圄，引申爲囚禁。《説文》：「圄，守之也。从囗，吾聲。」《玉篇》：「禁囚也。」《左傳》宣公四年：「圄伯嬴于轑陽而殺之。」

奪，即「奪」字。《説文》「奪」字「又」上作「奞」，从大从隹。本簡「奪」字上部似非从「大」，而是从木。「奪」字西周金文作（奪壺），亦非从「大」，當爲簡文所本。可見簡文所隸定之小篆字形與《説文》小篆字形有别。《説文》：「奪，手持隹失之也。从又，从奞。」《慧琳音義》卷二十九「奪心」注引《蒼頡篇》云：「奪，强取也。」「圄（圉）奪」見《漢書·貨殖傳》：「篡弑取國者爲王公，圉奪成家者爲雄桀。」《楚辭·離騷》：「澆身被服强圉兮，縱欲而不忍。」王逸注：「强圉，多力也。」是「圉」與「强」有相近字義。「圉奪」即用强力奪取。

侵，即「侵」字，其右旁作「㚘」應是「𡬅」之形變，殆由「𡬅」而「㚘」（見張守中編撰《張家山漢簡文字編》，文物出版社，二〇一二年，二三三頁），又由「㚘」而「𠬶」而「㐬」。馬王堆帛書中「侵」字亦多作「侵」形，惟《春秋事語》「侵」作「㑴」形（參見陳松長編著《馬王堆簡帛文字編》，文物出版社，二〇〇一年，三三三頁）。《説文》：「侵，漸進也。」《管子·七臣七主》「侵主好惡反法以自傷」，尹知章注：「越法行事謂之侵。」

試，假借爲「弑」。《漢書·五行志下》「受命之臣專征云試」，顔師古注曰：「一説試與弑同，謂欲弑君。」《説文》「弑」字在「殺」部，云：「弑，臣殺君也。」《釋名·釋喪制》：「下殺上曰弑。」

［一六］ 胡貉，「貉」是對北方少數民族之蔑稱。《説文》：「貉，北方豸種。从豸，各聲。孔子曰貉之爲言惡也。」《史記·匈奴列傳》「趙襄子踰句注，而破并代以臨胡貉」，索隱曰：「貉即

滅也。」《文選》揚雄《羽獵賦》「胡貉之長」，李善注引《周禮》「職方掌九貉」之鄭司農注曰：「北方曰貉。」

〔一七〕 離絶，「離」即別離、分散，「絶」即截斷。「離絶」是義近詞連用。《戰國策·秦策四》「則是我離秦而攻楚也」，高誘注：「離，絶也。」《史記·秦始皇本紀》：「乃使蒙恬北築長城而守藩籬，卻匈奴七百餘里，胡人不敢南下而牧馬，士不敢彎弓而抱怨。」此所云「卻匈奴」似爲本句所言「胡貉離絶」之背景。

冢，簡文此字所从「冖」右邊有磨損。「冢」即「冢」字。西周金文冢字作□（曶壺）、□（趞簋）、□（多友鼎），字實从豭。侯馬盟書「冢」字作□（六七·一）、睡虎地秦簡作□（一五），「豭」均省作「豕」。小篆作□。《説文》：「冢，高墳也。从勹，豖聲。」冢，或即《説文》「冡」字異體。《説文》曰：「冡，覆也。」《説文》於「冖」亦訓「覆也」，義近。

章，即「𩫏」字。《説文》：「𩫏，度也，民所度居也。」《玉篇》：「今作郭。」朱駿聲《説文通訓定聲》：「𩫏，外城也。」段玉裁《説文解字注》：「城𩫏字今作郭，郭行而𩫏廢矣。」《説文》又有「𣞤」字，曰：「𣞤，葬有木𩫏也。从木，𩫏聲。」今作「槨」。

棺，《説文》：「關也，所以掩尸。从木，官聲。」「棺」、「關」均見母元部字，《説文》所云是聲訓。

柩，《説文》：「棺也。从匚，从木，久聲。」《玉篇》：「柩，尸在棺曰柩。」

〔一八〕 筡，《説文》：「折竹笢也。从竹，余聲。讀若絮。」「笢，竹膚也。从竹，民聲。」《廣雅·釋草》「其表曰笢」，王念孫《疏證》曰：「笢，竹外青皮也。」亦即竹篾。又《玉篇》：「筡，竹中空也，亦析竹。」《方言》卷十三：「析竹謂之筡。」

〔一九〕 筐篋，《詩經·召南·采蘋》「維筐及筥」，毛傳：「方曰筐。」《急就篇》卷三「簁箄箕帚筐篋簍」，顔師古注：「筐，亦筥屬也，筥圓而筐方。篋，長笥也，言其狹長篋篋然也。」

籢，《説文》：「鏡籢也。从竹，斂聲。」《玉篇》：「《列女傳》云置鏡籢中。」字亦作「匳」，即盛鏡器。《慧琳音義》卷二十二引《慧苑音義》「花奩香篋」注曰：「奩，字又作籢。」是「籢」亦通「奩」，盛物之器。

笥，《説文》：「飯及衣之器也。从竹，司聲。」朱駿聲《説文通訓定聲》：「竹器之方而有蓋者皆曰笥。」

之部*

* 在本韻部内，押之部韻的字依次是：等、悝、鄙、有、枲。

闊錯

闊　闊錯楚葆〔一〕，党據趌等〔二〕。祱祂隝闉〔三〕，鈐鏅閏悝〔四〕。騁虧刻枊〔五〕，一二

錯　䁠肆邛鄙〔六〕。祁緂鐔幅〔七〕，芒陝偏有〔八〕。泫沄孃姪〔九〕，髳茀絰枲〔一〇〕。一三

〔一〕 闊，《説文》：「疏也。从門，活聲。」《爾雅·釋詁上》：「闊，遠也。」邢昺疏：「闊者，相疎遠也。」錯，段玉裁《説文解字注》：「謂以金措其上也。」通「遣」，即交錯，《詩經·小雅·楚茨》「獻醻交錯」。

躛，同「蹴」。《説文》：「蹴，躡也。从足，就聲。」《孟子·告子上》「蹴爾而與之」，朱熹《集注》：「蹴，踐踏也。」又有「踢」義。「躛」通作「蹵」，均清母覺部字。《説文》：「蹵，迫也。」有促近、逼急之義。案：「躛」字右下有=號，應非重文符號，其用意未明。

葆，《説文》：「艸盛皃。从艸，保聲。」通作「保」。《墨子·備城門》「葆離鄉老弱國中及也大城」，孫詒讓《閒詁》曰：「葆，亦與保通，謂保守也。」亦訓「安」、「安守」。

本句四字中，「闊」與「錯」，「葆（保）」與「躛（蹵）」字義均相背。

［二］ 歨，《説文》：「歫也。从止，尚聲。」「歫，止也。从止，巨聲。」段玉裁注：「許無拒字，歫即拒也。」按：「歨」訓「歫」，「歫」有「止」義。《詩經·鄘風·相鼠》「人而無止」，毛傳曰：「止，所止息也。」《爾雅·釋詁下》：「安，止也。」邢昺疏：「安，休止也。」此字義與下文「據」訓「安也」可相聯繫。「歫」爲群母魚部字，「據」爲見母魚部字，聲母極近而同韻，故可通。

據，《説文》：「杖持也。从手，豦聲。」段玉裁注：「謂倚杖而持之也。……或作据。」《左傳》僖公五年「神必據我」，杜預注：「據，猶安也。」又，《大戴禮記·曾子制言上》「行無據旅」，孔廣森《補注》：「據，安也。」

趀，即「趚」，亦即「趚」字。「趚」字所从「庌」，後隸變作「斥」，故字今亦寫作「趚」。《説文》：「趚，距也。从走，庌省聲。」「距」通「拒」，相抵也，抗也，違也。

等，《説文》：「齊簡也。」《漢書·郊祀志上》「與黄帝時等」，顏師古注：「等，固也。」亦訓「比」，訓「類」。

［三］ 稅，《説文》：「贈終者衣被曰稅。从衣，兑聲。」

通「蜕」，《説文》：「蜕，蛇蟬所解皮也。从虫，捝省。」

虵，即「虵」。此類似於「軏」通常寫作「軏」。《國語·吴語》「爲虵弗摧」，韋昭注：「虵，小蛇。」

隖，《説文》：「小障也，一曰庳城也。」即村落周邊之壁壘。

闉，《説文》：「城内重門也。从門，垔聲。《詩》曰：『出其闉闍。』」《詩經·鄭風·出其東門》：「出其闉闍，有女如荼。」毛傳：「闉，曲城也。」孔穎達疏：「是門外之城，即今之門外曲城是也。」亦即甕城。

［四］ 鈐鏞，即「鈐鏞」。《説文》：「鈐，鈐鏞。大犂也，一曰類相。从金，今聲。」《玉篇》：「鏞，犂轄也。」

閏，多指閏月，即《説文》所云「餘分之月」。《廣雅·釋詁一》：「潤，益也。」王念孫《疏證》：「餘分之月謂之閏。」是以「益」釋「閏」。「閏」同「潤」，《易經·繫辭上》：「潤之以風雨。」

悝，《説文》：「啁也。从心，里聲。」《玉篇》：「悝，憂也，悲也，疾也。」「悝」、「貍」均來母之部字，可通。「霾」則从雨，貍聲。《爾雅·釋天》：「風而雨土爲霾。」《詩經·邶風·終風》「終風且霾」，朱熹《集傳》曰：「霾，雨土蒙霧也。」

［五］ 騁，《説文》：「直馳也。从馬，甹聲。」《左傳》襄公二十六年「而騁告公」，杜預注：「騁，馳也。」

虧，《説文》：「氣損也。」有「損」、「減」等字義。

按：「騁」有狂奔、飛奔之義。「虧」則可讀作「騫」。虧爲溪母歌部字，騫爲溪母元部字，歌、元爲陰陽對轉。《詩經·小雅·天保》「如南山之壽，不騫不崩」，毛傳：「騫，虧也。」《文選》張衡《西京賦》「鳳騫翥於甍標」，李善注引《説文》：「騫，飛貌也。」是「騫」、「騁」有字義上的聯繫。又，「騁」有「縱」義，《莊子·天地》「時騁而要其宿」，成玄英疏曰：「騁，縱也。」「虧」則通作「詭」。《史記·齊太公世家》「長衛姬生無詭」，《左傳》僖公十七年作「無虧」。《詩經·大雅·民勞》有「無縱詭隨」句。

刻，《説文》：「鏤也。从刀，亥聲。」《爾雅·釋器》：「金謂之鏤，木謂之刻。」从「亥」得聲字在之部或職部，二部陰入對轉，聲母多分佈在見、溪母或匣母。「刻」爲溪母職部字，「核」爲匣母職部字，音近可通。《漢書·司馬遷傳贊》：「其文直，其事核。」顏師古注：「核，堅實也。」《素問·五常政大論》「其實濡核」，王冰注：「核，中堅者。」

枊，即「枊」字。《説文》：「枊，馬柱。从木，卬聲。一曰堅也。」

又《廣雅·釋詁四》：「刻，又爲高。」《孔子家語》記孔子弟子有顏刻，字子驕，《史記·仲尼弟子列傳》則作「顏高」。「枊」可讀作「卬」或「仰」。《廣韻》：「卬，高也。」《荀子・賦》「印印兮天下之咸蹇也」，楊倞注：「印印，高貌。」《詩經・小雅・車舝》：「高山仰止。」《漢書・溝洫志》：「高印之田。」

〔六〕　䭫，即「䭫」字。《說文》：「䭫，下首也。从首，旨聲。」《玉篇》：「䭫，苦禮切。《周禮・大祝》『辨九拜，一曰䭫首』，玄曰『首至地』，今作稽。」按：「稽」字即今「稽」，所从「旨」作「旨」，與簡文左邊「旨」作「旨」形同。

津，《說文》：「水渡也。从水，𦘔聲。」即「津」字，「水渡」即「渡口」，《說文》「津」的古文作「𣵀」。「津」亦有潤澤之意。《周禮・地官・大司徒》：「二曰川澤……其民黑而津。」鄭玄注：「津，潤也。」

與「䭫」同爲从「旨」得聲字有「脂」，《說文》：「脂，戴角者脂，無角者膏。从肉，旨聲。」即動物油所凝成之膏。其性肥澤，與「津」有「潤」義可相聯繫。

〔七〕　郖，《說文》：「弘農縣庾地。从邑，豆聲。」朱駿聲《說文通訓定聲》：「在今河南陝州靈寶縣，有郖津。字亦作浢。《穆天子傳》：『天子自賓軨乃次于浢水之陽。』《水經注》亦作浢。」从「豆」得聲字有「豎」，《說文》：「豎立也。从臤，豆聲。」《周禮・天官・內豎》「內豎倍寺人之數」，鄭玄注：「豎，未冠者之官名。」又引申爲鄙稱，《史記・留侯世家》：「漢王輟食吐哺，罵曰：『豎儒，幾敗而公事！』」又《漢書・酈食其傳》記酈食其初見沛公時，沛公罵曰：「豎儒！」顔師古注：「言其賤劣如僮豎。」

鄙，《說文》：「五酇爲鄙。从邑，啚聲。」《玉篇》：「鄙，小國，去都遠，鄙陋又不慧也。」引申爲鄙賤、鄙視諸義。《論語・子罕》：「有鄙夫問于我，空空如也。」邢昺疏：「言設有鄙賤之夫來問于我，其意空空然。」《左傳》昭公十六年：「我皆有禮，夫猶鄙我。」杜預注：「鄙，賤也。」

祁，《說文》：「太原縣。从邑，示聲。」《史記・孝文本紀》「祁侯賀爲將軍」，正義引《括地志》：「并州祁縣城，晉大夫祁奚之邑。」地在今山西祁縣東南。

紨，《說文》：「枲履也。从糸，封聲。」即麻鞋。字亦作「綦」。《急就篇》卷二「屐屩綦麤羸窶貧」，顔師古注：「綦，圓頭掩上之履也。」

「祁」爲群母脂部字，「祈」爲群母微部字，脂、微皆陰聲韻而旁轉，二字可通。故「祁」可讀作「祈」。《穆天子傳》卷五「飲于留祈」，《太平御覽》卷二十六引作「祁」。又「丰」爲滂母東部字，「紨」、「封」爲幫母東部字，是「封」、「丰」聲母相近而韻同，「祈封」即可讀作「祈丰」。「丰」義近同於「豐」。《廣雅・釋詁一》：「封，大也。」王念孫《疏證》曰：「封之言豐也。」如是，即亦可證成「祈封」有祈求豐收之意。此外，《詩經・小雅・大田》曰「興雨祁祁」，「祁」有「盛」義，亦與「封」有「豐」義相合。

鐔，《說文》：「劍鼻也。从金，覃聲。」《釋名・釋兵》曰：「（劍）其旁鼻曰鐔。鐔，尋也，帶所貫尋也。」鐔、尋皆邪母侵部字。《釋兵》此是聲訓。「尋」亦是長度單位。《說文》：「尋，繹理也。……度人之兩臂爲尋，八尺也。」《詩經・魯頌・閟宮》：「是斷是度，是尋是尺。」毛傳：「八尺爲尋。」《方言》卷一：「尋，長也。」

幅，《說文》：「布帛廣也。从巾，畐聲。」《玉篇》：「幅，布帛廣狹。」《詩經・商頌・長發》「幅隕既長」，毛傳：「幅，廣也。」《漢書・食貨志下》：「布帛廣二尺二寸爲幅。」

〔八〕　芒，《說文》：「草耑。从艸，亡聲。」《玉篇》：「芒，稻麥芒也。」引申爲兵器之鋒刃，例如刀劍類兵器之邊刃與尖端。此義後亦有專字作「鋩」。

隒，《說文》：「崖也。从阜，兼聲。讀若儼。」段玉裁注：「今俗語謂邊曰隒。」《詩經・秦風・蒹葭》「在水之湄」，毛傳：「湄，水隒也。」孔穎達疏：「湄，水之岸也。」亦即水之邊際臨岸處。隒有「邊」義，與「芒」可指兵器邊刃之義有聯繫。

偏，《說文》：「頗也。从人，扁聲。」《尚書・洪範》「無偏無陂」，僞孔傳：「偏，不平；陂，不正。」引申爲「邊」、「側」之意，如《左傳》隱公十一年：「鄭伯使許大夫百里奉許叔以居許東偏。」又引申爲佐助之意，《左傳》襄公三十年「且司馬、令尹之偏」，杜預注：「偏，佐也。」有，與「右」、「佑」通，有佑助之義。《詩經・大雅・大明》：「保右命爾，燮伐大商。」毛傳：「右，助。」

〔九〕　泫沄，《說文》：「泫，湝流也。从水，玄聲。」《詩經・小雅・鼓鐘》：「鼓鐘喈喈，淮水湝湝。」毛傳：「湝湝猶湯湯也。」指水勢盛大之貌。《說文》：「沄，轉流也。从水，云聲。讀若混。」段玉裁注：「凡从云之字，皆有回轉之意。」「泫」爲匣母真部字，「沄」爲匣母文部字，真、文皆陽聲韻而旁轉，故「泫沄」爲雙聲疊韻聯緜詞，即水流翻騰之貌。《文選》張衡《思玄賦》：「揚芒熛而絳天兮，水泫沄而涌濤。」

孃，即「孃」。《玉篇》：「孃，母也。」「孃」、「娘」韻皆屬陽部，孃屬日母，娘屬泥母，但从「襄」得聲字亦多分佈在泥母，故「孃」通「娘」，即稱母親。

姪，《爾雅・釋親》：「女子謂晜弟之子爲姪。」《儀禮・喪服》：「傳曰：姪者何也，謂吾姑者，吾謂之姪。」《釋名・釋親屬》：「姑謂兄弟之女爲姪。姪，迭也，共行事夫，更迭進御也。」

〔一〇〕　髳，《說文》：「髳或省。漢令有髳長。」段玉裁注：「髳即髳字，而羌髳字衹从矛。」《說文》：「髳，髮至眉也。从髟，敄聲。」通作「髦」。

弟，《說文》：「山脅道也。从山，弗聲。」《爾雅・釋詁下》：「覭髳，茀離也。」郭璞注：「謂草木之叢茸翳薈也。茀離即彌離，彌離猶蒙蘢耳。」

絰，《說文》：「喪首戴也。从糸，至聲。」《玉篇》：「麻帶也。」《儀禮・喪服》「苴絰、杖、絞帶」，鄭玄注：「麻在首、在要皆曰絰。……要絰象大帶。」即服喪期間繫在頭上或腰間的麻帶。

枲，《說文》：「麻也。从木，台聲。」《玉篇》：「枲，麻也，有子曰苴，無子曰枲。」所以「枲」是不結籽之麻。《儀禮・喪服》：「牡麻者，枲麻也。」按：牡麻無實者也，夏至開花，榮而不實，亦曰夏麻。

幽宵合韻部*

* 在本韻部內，押幽部韻的字依次是：包、褎，押宵部韻的字依次是：嫪、窔。

鴟煦窅閣[一]，泠竁【過】包[二]。穗稍苦妭[三]，挾貯施褎[四]。狄署賦賨[五]，一四

猛鶩駭嫪[六]。贛害轂感[七]，甄殼熢窔[八]。秏秭麻荅[九]，毇蘖鞠□[一〇]。一五

[一] 鴟，《說文》：「目孰視也。从目，鳥聲。讀若雕。」鴟、雕、鵰均端母幽部字。故「鴟」可讀作「雕」、「鵰」。《文選》王延壽《魯靈光殿賦》「仡欺猥以鵰䀛」，李周翰注：「鵰，鳥鷙曲而目深者。」李善注：「鵰䀛，如鵰之視也。」仡，勇壯。猥，懼。䀛，直視。「鵰䀛」即如鵰以其深目而直視，因其陰森而使人恐懼。故《文選》左思《蜀都賦》有「鵰鶚鴪其陰」句。

煦，《說文》：「烝也。一曰赤皃。一曰温潤也。从火，昫聲。」是「煦」通作「眗」。昫、眗，均侯部字，「眗」聲母爲曉母，「眗」爲溪母，亦相近，故「眗」可讀作「眗」。《集韻》引《埤蒼》曰：「眗，目深皃。」字或作「瞘」、「曉」。

窅，《說文》：「深目也。从穴中目。」引申爲凹下之義。

閣，《說文》：「所以止扉也。从門，各聲。」爲插於門兩旁地下的孔洞中，防止門開後自闔的長木橛。

[二] 泠，《玉篇》：「清也。」

竁，《說文》：「穿地也。从穴，毳聲。一曰小鼠。」字可假借爲「毳」。《說文》：「毳，獸細毛也。」《禮記・内則》「羊泠毛而毳，羶」，孔穎達疏：「泠，謂毛本稀泠。毳，謂毛頭毳結。羊若如此，其肉羶氣。」孫詒讓《周禮正義》引洪頤煊曰：「泠與零同，謂毛零落而又毳結。」

「包」前一字，簡文模糊，疑是「過」字。《說文》：「過，微止也。从辵，曷聲。」《玉篇》：「過，遮也。」《玄應音義》卷一「名過」注引《蒼頡篇》：「過，遮也。」

包，《說文》：「象人裹妊，巳在中，象子未成形也。」《漢書・外戚傳・孝武李夫人傳》「包紅顏而弗明」，顏師古注引晉灼曰：「包，藏也。謂夫人藏其顏色，不肯見帝屬其家室也。」顏師古則認爲：「包紅顏者，言在墳墓之中不可見也。」

[三] 穗，即「穗」。《說文》：「采，禾成秀也，人所以收，从爪禾。穗，采或从禾惠聲。」「秀」是指穀類作物抽穗開花，《詩經・大雅・生民》：「實發實秀，實堅實好。」引申爲秀麗、美好。《詩經・小雅・大田》：「彼有遺秉，此有滯穗。」此「穗」是指植物的穗狀花實。

稍，《說文》：「麥莖也。从禾，肙聲。」段玉裁注：「麥莖花澤娟好，故曰稍。」

苫，《說文》：「蓋也。从艸，占聲。」以菅茅草履蓋屋頂。

婡，《說文》：「得志婡婡。一曰婡，息也。」「婡」爲溪母葉部字，同音字有「㔹」，藏也。此外从「盍」得聲字多在溪母葉部或匣母葉部，故「婡」與「盍」、「闔」、「蓋」均音同或音近。

〔四〕 挾，《說文》：「俾持也。从手，夾聲。」《爾雅·釋言》：「挾，藏也。」「挾」通「匣」，《說文》：「匣，械藏也。从匚，夾聲。」

貯，《說文》：「積也。从貝，宁聲。」《玉篇》：「貯，盛也，積也，福也，藏也。」

施，《說文》：「旗皃。从㫃，也聲。亝欒施字子旗，知施者旗也。」《詩經·小雅·何人斯》「我心易也」，陸德明《釋文》：「《韓詩》作施。施，善也。」

褭，即「衺」，同「衶」。《說文》：「衶，棺中縑裏也。从衣，弔聲。讀若雕。」字可讀作「弔」。《史記·孔子世家》「旻天不弔」，裴駰集解引王肅曰：「弔，善也。」

〔五〕 狄，《說文》：「赤狄本犬種，狄之爲言淫辟也。从犬，亦省聲。」《玉篇》：「北狄也。」朱駿聲《說文通訓定聲》：「按，赤當作北，从亦省者小篆之誤。」《詩經·魯頌·泮水》：「桓桓于征，狄彼東南。」鄭玄箋：「狄當作剔。剔，治也。」《廣雅·釋詁三》：「狄，敫也。」《廣雅·釋詁四》：「敫，置也。」

署，《說文》：「部署，有所网屬。从网，者聲。」徐鍇《說文解字繫傳》曰：「署，置之言羅絡之，若罘網也。」《玉篇》：「署，置也，書檢也，部署也。」

賦，《說文》：「斂也。从貝，武聲。」《玉篇》：「賦，税也。」

賨，《說文》：「南蠻賦也。从貝，宗聲。」《玉篇》：「賨，蠻賦也，税也。」揚雄《蜀都賦》：「東有巴賨，緜亘百濮。」《晉書·李特載記》：「巴人呼賦爲賨，因謂之賨人焉。」亦稱「巴賨」。按：此字亦見「漢兼」章「戎翟給賨」，此重出。

〔六〕 狧，《說文》：「犬食也。」即犬舔食也。

驁，駿馬名。《吕氏春秋·察今》：「良馬期乎千里，不期乎驥驁。」高誘注：「驁，千里馬名也。」高大猛犬則曰獒。「驁」通「謷」，《商君書·更法》：「有獨知之慮者，必見驁于民。」劉向《新序·善謀》引此句作「必見謷于民」。

䮾，《說文》：「馬摇頭也。从馬，我聲。」「馬摇頭」亦稱「駊」或「駊䮾」。《說文》：「駊，駊䮾。」朱駿聲《說文通訓定聲》曰：「駊䮾，疊韻連語。」又，《文選》揚雄《甘泉賦》「崇丘陵之駊䮾兮」，李善注：「駊䮾，高大貌也。」

謷，傲視他人。《說文》：「謷，不肖人也。从言，敖聲。」又《莊子·德充符》：「謷乎大哉，獨成其天。」成玄英疏：「謷，高大貌也。」

〔七〕 贛，即「贛」字。秦漢簡牘中，「章」字上部所从「辛」，常譌作「立」或「∇」，或寫作「二」。贛，《說文》作「贛」，云：「賜也。」朱駿聲《說文通訓定聲》云「贛」假借爲「臽」，並曰：「《書·顧命》馬、鄭、王本『爾無以釗冒贛於非幾』，馬注：『陷也。』」「贛」爲見母談部字，「陷」、「臽」並匣母侵部字，談、侵均陽聲韻而旁轉，从「臽」得聲字聲母也多在溪母，故「贛」、「陷」音近同，可通假。

害，傷害。《漢書·刑法志》：「今治獄吏欲陷害人，亦猶此矣。」

輟，《論語·微子》「耰而不輟」，何晏注：「鄭曰：『輟，止也。』」

感，《易經·彖下傳》：「咸，感也。」「感」、「咸」音近可通。《爾雅·釋詁下》：「咸，皆也。」郝懿行《義疏》曰：「咸，盡之也。」「咸」亦可讀作「緘」，《說文》：「緘，束篋也。从糸，咸聲。」《漢書·楊王孫傳》「葛藟爲緘」，顔師古注曰：「緘，束也。」緘亦有封閉之意。「咸」、「緘」均可以「皆」（盡之）與「束」義和「輟」訓「止」在字義上相聯繫。

〔八〕 甀，《說文》：「匋也。从瓦，垔聲。」段玉裁注：「匋者，作瓦器也。」即指製作陶器。《玉篇》：「甀，陶人作瓦器，謂之甀土也。」《鹽鐵論·力耕》：「使治家養生必於農，則舜不甀陶而伊尹不爲庖。」

瑴，即「瑴」。《說文》：「瑴，未燒瓦器也。从缶，㱿聲。」瓦器未燒者亦曰「坯」。

燔，《說文》：「爇也。从火，番聲。」「爇，燒也。」《禮記・禮器》「燔柴于爨」，「爨」在這裏同「竈」。竈，俗作「灶」。

窯，《說文》：「燒瓦竈也。从穴，羔聲。」燒製陶器的竈，即陶窑。

[九] 秅，《說文》：「二秭爲秅。从禾，乇聲。《周禮》曰：二百四十斤爲秉，四秉曰筥，十筥曰稯，十稯曰秅，四百秉爲一秅。」《儀禮・聘禮》：「禾三十，三秅。」鄭玄注：「秅，數名也。三秅，千二百秉。」秉，禾把。

秭，字右邊應寫作「𠂔」（參見簡五七「沛」字），此訛作「𠂔」。或曰爲「𠂔」之俗寫。《說文》：「秭，五稯爲秭。」段玉裁注：「禾二百秉也。」

麻，即「麻」。《玉篇》：「麻，枲屬也。」枲爲不結籽之大麻。又指麻的莖皮纖維。劉向《說苑・辯物》：「麻也者，何也？曰：所以爲衣也。」

荅，《說文》：「小尗也。从艸，合聲。」「小尗」即「小菽」，亦即小豆。《玉篇》：「荅，小豆也。」《漢書・貨殖傳》：「荅布皮革千石。」顏師古注：「荅布，粗厚之布也。……荅者，厚重之貌。」

《周禮・秋官・掌客》「車三秅」，鄭玄注：「秅讀爲秅秭麻荅之秅。」賈公彦疏曰：「時有秅秭麻荅之言，故讀從之。秭是束之揔名，如《詩》云『萬億及秭』，秭亦數之揔號。荅是鋪名，刈麻者數把共爲一鋪，言此者見秅爲束之揔號之意也。」所云「時有秅秭麻荅之言」，應即《蒼頡篇》中此句文字。

[一〇] 穀，即𪌉。「麦」是「麥」的俗體，見《玉篇》。《玉篇》：「𪌉，餅麴也。」《方言》卷十三：「𪌉，麴也，自關而西，秦豳之間曰𪌉。」

糵，即「蘖」字，亦即「糱」字，所从「岩」似爲「㠯」之省變。《說文》言「㠯」爲中聲，此保留了聲符中。《說文》：「糱，牙米也。从米，辥聲。」即指麥、豆類生出的芽。段玉裁注：「芽米謂之糱，猶伐木餘謂之糱，庶子謂之孽也。」

鞠，即「鞠」字，所从「革」之形作「革」，與張家山漢簡「革」字或作「革」、「革」（張守中編撰《張家山漢簡文字編》，七七頁）形近。《說文》：「鞠，蹋鞠也。从革，匊聲。」即皮革所製成的球。《史記・蘇秦列傳》：「其民無不吹竽鼓瑟，彈琴擊筑，鬭雞走狗，六博蹋鞠者。」「麴」亦从「匊」得聲。「麴」即「麯」，亦即釀酒發酵所用酒母。《呂氏春秋・仲冬》：「乃命大酋，秫稻必齊，麴糱必時。」高誘注：「大酋，主酒官也。……秫與稻必得其齊，麴與糱必得其時，則酒善也。」

幽部*

* 在本韻部内，押幽部韻的字依次是：苞、擾、麀、袍、勠、䉤，詾、橐，膠、鮋、羔、求、炮。

猜常衮土[一]，橘蘇蔓苞[二]。麈埃奥風[三]，婺鬓寡擾[四]。嫠皷嬈嬉[五]， 一六

嫺嬀范麀[六]。帗㡊裘褐[七]，毾㲪帑袍[八]。鶬汩冄愁[九]，焦䭾□□[一〇]。 一七

齇娭齺齞[一一]，齧繞黜勠[一二]。弄鬏券契[一三]，筆研筭䉤[一四]。鞫寢訐窬[一五]， 一八

[一一] 猜，《說文》：「恨賊也。从犬，青聲。」段玉裁注：「本謂犬，假借之謂人。」《方言》：「猜，恨也。」《左傳》僖公九年：「送往事居，耦俱無猜。」陸德明《釋文》：「猜，疑也。」《廣

雅·釋詁二》：「猜，懼也。」《廣韻》：「『猜』或作『倸』。」《小爾雅·廣言》：「倸，狠也。」胡承珙《義證》：「猜、倸聲近而義同。」猜、倸均清母之部字，故可通。

常，《說文》：「下帬也。从巾，尚聲。裳，常或从衣。」「衣，依也，上曰衣，下曰常。」《爾雅·釋詁上》：「典，常也。」郝懿行《義疏》：「常，《說文》以爲裳本字，經典借爲久長字。」亦引申爲經常。

「猜」與「常」相聯，二字字義之聯繫不能確知。或「猜」與「倸」通，是亦可讀作「采」。「采常」即「彩裳」。或「猜」爲清母之部字，「裁」爲從母之部字，音近同。《說文》：「裁，制衣也。」則「裁常」即「製裳」。或「載」爲精母之部字，與「猜」音亦同。《詩經·小雅·斯干》有「載衣之裳」句，「載」在此爲語詞。

哀，亦寫作「衮」。《周禮·春官·司服》「享先王則衮冕」，鄭玄注引鄭司農曰：「衮，卷龍衣也。」「衮」可讀作「蓘」，其義爲給禾苗根部培土。《左傳》昭公元年：「譬如農夫，是穮是蓘，雖有饑饉，必有豐年。」杜預注：「穮，耘也；壅苗爲蓘。」本句之「衮土」或即可讀作「蓘土」。

〔二〕 橘，《說文》：「果，出江南。从木，矞聲。」《楚辭·九章·橘頌》：「后皇嘉樹，橘徠服兮。」「后」讀作「侯」，維也。「皇」，盛大也。是言橘樹高大而盛美，適應於南國。

繇，《說文》：「艸盛皃。从艸，繇聲。」段注本作「䌛聲」。「繇」爲喻母宵部字，「柚」爲喻母幽部字。宵、幽皆陰聲韻而旁轉，故「繇」通「柚」。《說文》：「柚，條也，似橙而酢。」《爾雅·釋木》：「柚，條也。」陸德明《釋文》：「柚，或作櫾。」《尚書·禹貢》曰：「厥包橘柚。」

葽，即「葽」字，所从「要」字形近於《說文》「要」字之古文𦥔。《詩經·豳風·七月》「四月秀葽」，毛傳：「葽，葽草也。」「葽」有茂盛之意，如《漢書·禮樂志》：「豐草葽，女蘿施。」顔師古注引孟康曰：「葽，盛貌也。」

苞，茂盛之意。《詩經·小雅·斯干》：「如竹苞矣，如松茂矣。」

〔三〕 塵埃，「塵」《説文》作「𪋻」。段玉裁《説文解字注》「坱」下注：「『塵』者，鹿行土也，引伸爲飛揚之偁。」《玉篇》：「塵，塵埃。」《説文》：「埃，𪋻也。」

䙴風，「䙴」，即「票」。《説文》：「䙴，火飛也。」字通「飄」。《詩經·小雅·蓼莪》「南山烈烈，飄風發發」，「南山律律，飄風弗弗」，陸德明《釋文》：「飄，本又作票。」「飄風」多見於典籍，除幾見於《詩經》外，又如《老子》：「飄風不終朝，驟雨不終日。」《楚辭》屈原《離騷》：「飄風屯其相離兮，帥雲霓而來御。」在典籍中，「飄風」或釋作旋風，如《詩經·大雅·卷阿》「有卷者阿，飄風自南」，毛傳：「卷，曲也，飄風，迴風也。」或逕釋作羊角風，朱駿聲《説文通訓定聲》釋「飄風」曰：「盤旋而起，莊子所謂羊角。」亦有釋作狂風的，如《詩經·小雅·何人斯》「彼何人斯，其爲飄風」，毛傳：「飄風，暴起之風。」

〔四〕 嫯，《説文》：「侮易也。从女，敖聲。」侮，輕慢；易，輕易。段玉裁注曰：「今則傲行而嫯廢矣。」

鬕，《説文》：「帶結飾也。从髟，莫聲。」即繞結在髻上的帶飾。鬕，从莫聲，爲明母魚部字，从「莫」得聲的字有「漠」，爲明母鐸部字，魚、鐸爲陰入對轉。漠有冷漠、冷淡之義，《莊子·天道》：「老子漠然不應。」此義與「嫯」讀作「傲」字義可聯繫。

寡，字或寫作「寬」。《説文》：「寡，寡寡不見也。一曰寡寡不見省人。从宀，臱聲。」段玉裁認爲後一「見」字衍，注曰：「寡與臱音義皆同。《毛詩》『緜緜』，《韓詩》作『民民』，皆謂密也。即臱臱不見之意。」民、緜音近同。民屬明母真部，緜屬明母元部，真、元旁轉，故「民」通「緜」。「臱」爲幫母元部字，與「緜」音亦近同。而「宀」則更與「緜」音韻並同，故「寡」當是以「宀」爲聲符。又「臱」通「矏」，《爾雅·釋言》：「矏，密也。」

〔五〕 擾，即「擾」字。《説文》：「擾，煩也。从手，夒聲。」《漢書·武帝紀》「何紛然其擾也」，顔師古注：「擾，煩也。」「煩」爲並母元部字，其音與「臱」爲幫母元部極近。《釋名·釋言語》：「煩，繁也。」「煩」亦通「繁」，皆並母元部字。

嫳，《説文》：「易使怒也。从女，敝聲。讀若擊撆。」「易」讀作「傷」，輕慢也。《説文》：「撆，别也。从手，敝聲。一曰擊也。」《廣韻》：「嫳，輕薄之皃。」

䵸，《説文》：「赤黃也。一曰輕易人䵸姁也。从黃，夾聲。」段玉裁認爲「易」當作「傷」，注曰：「侮者，傷也；傷者，輕也。此謂輕侮人者，其狀䵸姁。」朱駿聲《説文通訓定聲》：「䵸，假借爲狎。」「狎」有戲弄之義。

嬈，《説文》：「苛也。一曰擾，戲弄也。一曰嬥也。从女，堯聲。」段玉裁注：「苛者，小艸也，引伸爲瑣碎之偁。玄應曰：苛，煩也，擾也。」

𡢃，《説文》：「好枝格人語也，一曰靳也。从女，善聲。」「枝」、「格」都有抗拒之義。「好枝格人語」即今所謂好頂嘴。靳，《左傳》莊公十一年「宋公靳之」，杜預注曰：「戲而相愧曰靳。」孔穎達疏引服虔云：「恥而惡之曰靳。」

此句四個字，均與相交時之態度與言語不善有關。

〔六〕 媚，字亦寫作「娟」。《説文》：「媚雅也。从女，閒聲。」《後漢書・馬援傳》「辭言媚雅」，李賢注：「媚雅，猶沈静也。」

嫣，即「嫣」字。《説文》：「嫣，愚戇多態也。从女，嶲聲。」《集韻》：「嫣，好皃。」

芃，《説文》：「艸也。从艸，氾聲。」又，《禮記・檀弓下》「范則冠而蟬有緌」，鄭玄注：「范，蜂也。」王充《論衡》：「蛋爲蜂液，蜂則陽物也。」

麀，《説文》：「牝鹿也。从鹿，从牝省。」

〔七〕 帔，《説文》：「一幅巾也。从巾，犮聲。讀若撥。」即廣一幅之方巾，段玉裁注：「巾廣二尺二寸，其長當亦同也。」《周禮・春官・樂師》有「帔舞」，鄭玄注引鄭司農曰：「帔舞者，全羽。」

帴，《説文》：「帬也。一曰帗也。一曰婦人脅衣。」朱駿聲《説文通訓定聲》：「帬，如今之披肩。帗者一幅巾。脅衣如今之兜肚。」

裘，皮衣。

褐，《説文》：「編枲韤。一曰粗衣。从衣，曷聲。」段玉裁注：「取未績之麻編之爲足衣，如今艸鞵之類。」典籍中多用以稱粗衣。《孟子・滕文公上》「許子衣褐」，趙岐注：「以毳織之，若今之馬衣也。或曰褐，枲衣也。一曰粗布衣也。」毳，獸之細毛；枲，麻也。

〔八〕 皯，即《説文》「𢇛」字。「巳」或即此字小篆字形所从「瓦」字訛變。段玉裁《説文解字注》「瓷」字下曰：「从皮省」，「非耳，非瓦，今隸下皆作瓦矣。」《説文》：「𢇛，羽獵韋絝。从瓷，弁聲。褰，或从衣，从朕。《虞書》曰『鳥獸褰毛』。」「瓷，柔韋也。」此「絝」指無襠套褲。《後漢書・馬援傳》「身衣羊裘皮絝」，亦作「袴」。

屨，即「屨」字。《説文》：「屨，履也。婁聲。一曰鞮也。」《方言》卷四：「屨，履也，自關而西謂之屨。」《詩經・魏風・葛屨》：「糾糾葛屨，可以履霜。」《孟子・滕文公上》曰許行「其徒數十人，皆衣褐，捆屨，織席以爲食」。捆，編織。是皮革所製履稱「鞮」。

幣，《説文》：「覆衣大巾。从巾，般聲。或以爲首鞶。」

袍，即緜袍。《詩經・秦風・無衣》：「豈曰無衣，與子同袍。」毛傳：「袍，襺也。」孔穎達疏：「純著新緜名爲襺，雜用舊絮名爲袍。」或爲長衣通稱。《急就篇》卷二「袍襦表裏曲領帬」，顔師古注：「長衣曰袍，下至足跗。短衣曰襦，自膝以上。」

〔九〕 鷮，即「鷮」。《説文》：「鷮，走鳴長尾雉也。乘輿以爲防釳，著馬頭上。从鳥，喬聲。」「鷮」通「蹻」，《説文》：「蹻，舉足行高也。」亦訓矯健。「蹻」通屩，即履也。汩，右旁有損，疑是「決」字，通「趹」。《淮南子・脩務訓》曰南榮疇「身淬霜露，敕蹻趹，跋涉山川，冒蒙荆棘，百舍重跰，不敢休息，南見老聃」，高誘注：「敕，猶著。蹻，履。趹，趣。」趣，趨，快行也。

冄，即「冉」。《説文》曰：「冄，毛冄冄也，象形。」段玉裁注：「冄冄者，柔弱下垂之皃。」通「姌」，《説文》訓「姌」爲「弱長貌」。《史記・司馬相如傳》「嫵媚姌弱」，索隱曰：「姌，細弱也。」

愁，《説文》：「憂也。」通作「掔」，《方言》卷二：「掔，細也。斂物而細謂之掔。」

〔一〇〕 焦，《説文》作「爨」，曰：「火所傷也。从火，雥聲。焦，或省。」「焦」通作「醮」，爲冠禮、婚禮中使用酒的一種儀式。《説文》：「醮，冠娶禮祭。」又《儀禮・士冠禮》：「若不醴則醮用酒。」鄭玄注：「酌而無酬酢曰醮，醴亦當爲禮。」酌，斟酒勸飲。

讎，《説文》：「猶譍也。」即應對也。《詩經・大雅・抑》：「無言不讎，無德不報。」朱熹《詩集傳》曰：「讎，答。」亦訓「匹」、「怨」，《玄應音義》卷二十三「怨讎」注引《三蒼》曰：「怨偶曰讎。」亦通「酬」，即主敬賓酒之稱，賓客敬主人曰「酢」。《戰國策・趙策一》：「著之盤盂，屬之讎柞。」此處「讎柞」即假作「酬酢」。

〔一一〕 齺，《説文》：「齒相值也。一曰齧也。从齒，責聲。《春秋傳》曰『晳齺』。」段玉裁注：「杜云：『齒上下相值也。』按：謂上下齒整齊相對。」《説文》所引《春秋傳》文見《左傳》定公九年「晳幘而衣貍製」。字通作「嫧」，《説文》曰「齊也」。《方言》卷十：「婧、嫧，鮮好也。」

娭，《説文》：「戲也。从女，矣聲。一曰卑賤名也。」《太平御覽·人事部·醜婦》引《通俗文》曰：「醜稱曰娭。」字可假借爲「嬉」，《楚辭》屈原《招魂》「懸人以娭」。蔣驥注：「娭、嬉同。」二字皆曉母之部字。「嬉」有「美」義。《慧琳音義》卷七十九「嬉戲」注引《考聲》曰：「嬉，美也。」

齺，《説文》曰：「齒搚也。一曰齰也。」搚，即折斷。《説文》：「齰，齧也。」即咬也。

齞，《説文》：「口張齒見也。从齒，只聲。」

〔一二〕齧，《説文》：「噬也。从齒，㓞聲。」亦即咬也，啃也。引申爲缺口，《淮南子·人間訓》：「劍之折必有齧。」「齧」與「乂」、「刈」音同，均疑母月部字。《廣雅·釋詁一》：「刈，斷也。」

繞，纏繞也。可假作「撓」。《國語·晉語二》記里克言於丕鄭曰「抑撓志以從君」，韋昭注：「撓，屈也。」《戰國策·魏策一》「撓楝而不辟者」，鮑彪注：「撓，折也。」

黜，《説文》：「貶下也。从黑，出聲。」《尚書·大誥序》「將黜殷」，孔穎達疏引鄭玄云：「黜，貶退也。」《國語·周語下》記伶州鳩曰：「爲之六閒，以揚沈伏，而黜散越也。」王引之《經義述聞》按：「黜讀爲屈。屈，收也，謂收斂散越之氣也。」

勠，《説文》：「並力也。从力，翏聲。」《戰國策·中山策》「勠力同憂」，高誘注：「勠力，勉力也。」亦作「戮力」。以上「黜」有退屈、收斂之義，與「勠」訓爲「勉力」，義有相背。

〔一三〕弄，《説文》：「玩也，从廾持玉。」可讀爲「筭」。《禮記·檀弓下》：「有筭，爲之節文也。」鄭玄注：「筭，數也。」即計數、計算。典籍中亦作「算」。

斀，即「數」字。《説文》：「數，計也。从攴，婁聲。」簡文此字所从得聲之「婁」字寫作斀，當本自所从隸定之小篆字形。《説文》「婁」字有古文作□，「女」上應即「角」。西周金文中「婁」字作□（是婁簋）、戰國金文作□（長陵盉），其字形爲从女𦥑聲，𦥑係雙手持角，角亦聲。簡文所从𡆧疑即由臼譌變而來。餘从角从女，仍本自西周以來字形。「婁」从𦥑，或與其字義有「繫」義相關。《公羊傳》昭公二十五年「牛馬維婁」，何休注：「繫馬曰維，繫牛曰婁。」在秦漢簡牘中「婁」字原所从臼、角均多有省變。

券，《説文》：「契也。从刀，𢍏聲。券別之書，以刀判契其旁，故曰契券。」《玉篇》：「券，契書也。」

契，《釋名·釋書契》：「刻也，刻識其數也。」《玉篇》：「契，券也。」

〔一四〕筆研，《説文》：「秦謂之筆。从聿，从竹。」《急就篇》卷四「筆研籌筭膏火燭」，顔師古注：「筆，所以書也。一名不律，亦謂之聿。研，所以研墨也。」《説文》：「研，䃺也。从石，幵聲。」「䃺」即石磨。亦用作動詞即研磨。又，「研」、「硯」均疑母元部字，二字相通，其字義亦同。《釋名·釋書契》：「硯，研也，研墨使和濡也。」作名詞用即硯臺。

筭籌，《説文》：「筭，長六寸，計歷數者。」籌，即「籌」字。《玉篇》：「籌，筭也，筴也。」二字亦連用稱「筭籌」，計數籌碼。

〔一五〕鞫，即「鞫」。《説文》無「鞫」字有「𥷚」字，曰：「窮理罪人也。」段玉裁《説文解字注》認爲此字俗作「鞫」。字作「鞠」。《詩經·小雅·小弁》：「踧踧周道，鞠爲茂草。」毛傳：「鞠，窮也。」陳奐《傳疏》：「窮猶塞也。」

窔，《説文》：「穴中見也。从穴，叕聲。」桂馥《説文解字義證》曰：「『見』當爲『皃』。」字通「窡」，《説文》：「窡，口滿食。从口，窔聲。」朱駿聲《説文通訓定聲》曰：「猶窒也。」

訏，《説文》：「詭譌也。从言，于聲。」

窬，即「窬」。《説文》：「窬，穿木户也。从穴，俞聲。」《玄應音義》卷九「穿窬」注引《三蒼》曰：「窬，門邊小竇也。」即正門邊穿牆形成的小門。「訏窬」二字相連，或即可讀作「汙窬」。《説文》：「窊，汚窬也。」「汚窬」即「汙窬」，汙，《説文》訓爲「薉也，一曰小池爲汙」，即不流動的濁水。「窬」通「竇」。窬爲喻母侯部字，竇爲定母侯部字，二字聲母極近而同韻，故可相通。竇，即空洞。所以「汙窬」即汚水坑。如桂馥《義證》所言：「汚窬，謂空竇納汚也。」本句四字，如將「訏窬」讀作「汙窬」，即皆有閉塞之意。

幐篇陧沙[一]，遮迣沓詢[二]。鏠鍵虆總[三]，納韔戀槖[四]。篺墳鬞獫[五]，　一九

〔一〕幐，字亦作「塍」。《説文》：「塍，稻中畦也。从土，朕聲。」即田埂。又訓作「隄」。《玉篇》：「幐，隄也。」《漢書·東方朔傳》「夫一日之樂不足以危無隄之輿」，顔師古注：「蘇

林曰『隄，限也』。」「隄」亦訓作「防」、「封」諸義。

籥，《説文》：「書僮竹笘也。从竹，龠聲。」字通「闟」。《説文》：「闟，關下牡也。」朱駿聲《説文通訓定聲》曰：「闟者，以直木上貫關下插地者也。」即用以關閉門的直門。

陘，《説文》：「耕以臿浚出下壚土也。一曰耕休田也。从𨸏，从土，召聲。」段玉裁注：「耕者用鍪抒取地下黑剛土謂之陘。」又，《廣雅·釋宫》：「陘，隄也。」

沙，《説文》：「水散石也。从水，从少，水少沙見。」《易經·需》：「九二，需于沙。」李鼎祚《集解》引虞翻注曰：「水中之陽稱沙也。」又荀爽注：「水中之剛故曰沙。」

又，「召」爲定母宵部字，「闟」爲喻母藥部字，定、喻相近，宵、藥陰入對轉，故「陘」、「闟」音近可通。「闟」，與「鎖」義近。「沙」、「鎖」均心母歌部字，亦相通。

［二］ 遮，《説文》：「遏也。从辵，庶聲。」即遏止、攔住。

迣，《説文》：「迾也，晉趙曰迣。」《玉篇》曰：「迣，超踰也。」雲夢睡虎地秦簡《爲吏之道》「吏有五失，一曰夸以迣」，「迣」即超踰之義，亦即説得過多。

沓，《説文》：「語多沓沓也。从水，从曰。」字亦作「譗」。《荀子·正名》：「故愚者之言，芴然而粗，嘖然而不類，諮諮然而沸。」楊倞注：「諮諮，多言也。」

詾，《説文》：「往來言也，一曰小兒未能正言也。一曰祝也。从言，匋聲。」所謂「往來言」，應即今語「話説過去，説過來」，亦屬多言。

［三］ 鏲，即「鏲」字，當讀作《説文》「𨍏」字。《説文》釋其字爲「車軸耑鍵也」。「耑」即「端」。字亦作「轄」。《詩經·邶風·泉水》「載脂載𨍏」，《小雅·車𨍏》「間關車之𨍏兮」。

虆，「緐」即「繁」字，此字从泉，緐聲，故亦即《説文》中的「虆」字。「虆」爲泉水，有「聚束」義。

總，《説文》：「聚束也。从糸，悤聲。」

［四］ 納，《説文》：「絲溼納納也。从糸，内聲。」段玉裁注：「納納，溼意。劉向《九歎》『衣納納而掩露』，王逸注：『納納，濡溼貌。』」《玉篇》：「納，内也，或作衲軜。」「内也」，即入也，亦有「接納」、「採納」之義。

韔，《玉篇》：「弓衣也。」即弓袋。

戀，即「戀」，讀同「轡」。「惠」、「軎」皆匣母質部字，故可通假。《集韻》「軎」或作「轊」。石鼓文《鑾車》「六𮈔騖騖」，「𮈔」即讀「轡」。《爾雅·釋器》「載轡謂之轙，轡首謂之革」。「轡」即繮繩。「轙」即穿繮繩的環。「轡首」即馬籠頭。

櫜，《説文》：「車上大櫜。从櫜省，咎聲。《詩》曰『載櫜弓矢』。」《左傳》昭公元年：「伍舉知其有備也，請垂櫜而入。」杜預注：「櫜，弓衣也。」

［五］ 葬，同「葬」，《説文》入茻部，曰：「葬，藏也，从死在茻中。一其中所以薦之。《易》曰：『古之葬者，厚衣之以薪。』」按《説文》「葬」之小篆字體作𦵯，所謂「一其中」即指字形中間「死」下之一横畫。段注本「薦」作「荐」，並曰：「荐，艸席也。有藉義。故凡藉於下者用此字。」

墳，《説文》：「墓也。」

鬑，《説文》：「鬋也。一曰長皃。从髟，兼聲。讀若慊。」「鬋，女鬢垂皃。」「鬢」即臉邊近耳之髮。「慊」亦可讀作「謙」，謙讓也。

獫，《説文》：「犬吠不止也。从犬，兼聲。讀若檻。一曰兩犬爭也。」

飫猒然稀［一］，**丈袤牒膠**［二］。**竊鮒鮮鰖**［三］，**鱣鮪鯉鮂**［四］。**慘犻羭羪**［五］，二〇

羒羳羜羔［六］。**冤㬅暖通**［七］，**坐𥃩譲求**［八］。**䔋閭堪況**［九］，**燎灼煎炮**［一〇］。二一

［一］ 飫，《玉篇》：「食多也。」《十三經注疏》本之《春秋左傳正義》前所附《春秋序》曰：「優而柔之，使自求之；饜而飫之，使自趨之。」孔穎達疏：「饜、飫俱訓爲飽，饒裕之意也，謂丘明富博其文，優游學者之心，使自求索其高意精華；其大義飽足學者之好，使自奔趨其深致。」

猒，即「猒」字。「猒」在兩周金文與現所見戰國楚簡及西漢簡帛文字中多从「口」，《説文》小篆从「甘」。《説文》：「猒，飽也。从甘，从肰。」《玉篇》：「猒，足也，飽也。」馬王堆帛書《繆和》「是以天下驩然歸之而弗猒（厭）也」，「猒」通作「厭」。《史記·張儀列傳》記陳軫過梁見犀首，曰：「吾請令公厭事可乎？」索隱曰：「厭者，飽也，謂欲令其多事也。」按《國語·周語中》記富辰諫周襄王曰：「狄，封豕豺狼也，不可厭也。」韋昭注：「封，大；厭，足也。」

然，《説文》：「燒也。从火，肰聲。」即「燃」字。「然」、「熯」均日母元部字，故二字可通。《淮南子·説林訓》「一膊炭熯」，《文子·上德》「熯」作「然」。《管子·霸形》「楚人燒焫熯焚鄭地」，《論衡·感虚》「熯一矩火」，「熯」皆與「然」同。參見王念孫《讀書雜志·管子第九·禁藏》。《説文》：「熯，乾皃。从火，漢省聲。」

稀，《説文》：「疏也。从禾，希聲。」通作「晞」。《説文》：「晞，乾也。从日，希聲。」《方言》卷十三：「晞，燥也。」或作「烯」，《小爾雅·廣言》：「烯，乾也。」

〔二〕丈，《説文》：「十尺也。」《荀子·儒效》：「禮者，人主之所以爲群臣寸尺尋丈檢式也。」楊倞注：「寸、尺、尋、丈，所以知長短也。」《大戴禮記·本命》釋「丈夫」曰：「丈者，長也；夫者，扶也；言長萬物也。」

衺，《説文》：「衣帶以上。从衣，矛聲。一曰南北曰衺，東西曰廣。𧝁，籀文衺从楙。」《漢書·溝洫志》：「注渭中，衺二百里。」顔師古注曰：「衺，長也。」

牒，《説文》：「札也。从片，枼聲。」段玉裁注：「厚者爲牘，薄者爲牒。牒之言枼也，葉也。」假借爲「諜」。《後漢書·張衡傳》「子長諜之」，李賢注：「諜，與牒通。」《左傳》桓公十二年「使伯嘉諜之」，杜預注：「諜，伺也。」孔穎達疏曰：「（諜）謂詐爲敵國之人，入其軍中，伺候閒隙以反報其主。」

膠，《説文》：「昵也，作之以皮。从肉，翏聲。」《方言》卷三：「膠，詐也。涼州西南之間曰膠，自關而東西或曰譎，或曰膠。」

〔三〕竊，即「竊」字。馬王堆帛書《老子》乙本前一二下「竊」字作此形。在「竊」字中，「𥤚」有可能作聲符。「竊」爲清母質部字，「𥤚」爲來母月部字，「月」、「質」均入聲韻且可旁轉，惟聲母有別，清母爲齒頭音，而來母爲舌音。但是同屬質部或月部字，聲母即有分別在舌音或齒頭音的。例如：同屬月部的字中，从「兑」得聲字，多爲透、喻、定母，但也有在清母的，如「帨」。同屬質部的字中，从「世」得聲字，多爲喻母，但也多有在心母的；从「失」得聲字，多爲喻、定母，但也有在清母的，如「柣」。所以「𥤚」在當時可能讀音近同「竊」，即「竊」从𥤚聲而讀與「竊」同。「竊」在西漢後譌變作「竊」（參見季旭昇《説文新證》，福建人民出版社，二〇一〇年，五九九、六〇〇頁）。《周禮·地官·山虞》：「凡竊木者，有刑罰。」鄭玄注：「竊，盜也。」《爾雅·釋獸》曰：「虎竊毛，謂之虦貓。」郭璞注：「竊，淺也。」又《釋獸》曰：「魋，如小熊，竊毛而黄。」

鮒，《説文》：「魚名。从魚，付聲。」《戰國策·宋衛策》：「宋所謂無雉兔鮒魚者也。」鮑彪注曰：「鮒，魚之小者。」《玉篇》：「鮒，鰿魚。」「鰿，鮒也。」又云「鰿鯽」並同「鰿」。《類篇》：「小魚也，今鯽魚。」

鱺，《玉篇》：「鮦也。」《詩經·小雅·魚麗》：「魚麗于罶，魴鱧。」毛傳：「鱧，鮦也。」即黑魚。

鰖，即「鱔」。《説文》：「鱔，魚子已生者。从魚，𡐦省聲。」

〔四〕鱣鮪鯉，《詩經·衛風·碩人》：「施罛濊濊，鱣鮪發發。」毛傳：「鱣，鯉也。鮪，鮥也。」王引之《經義述聞》曰：「鯉鱣之鱣，自是魚之小者；鱣鮪之鱣，乃是大魚之名。」《爾雅·釋魚》郭璞注：「鱣，大魚，似鱏而短鼻，口在頷下，體有邪行甲，無鱗，肉黄，大者長二三丈，今江東呼爲黄魚。」一説即鱘鰉魚。《吕氏春秋·季春紀》：「薦鮪于寢廟，乃爲麥祈實。」高誘注：「鮪魚似鱣而小。」一説即鱘魚，古亦稱「鱏」。

鰌，應即「鰌」字。酉爲喻母幽部字，酋爲從母幽部字，从「酋」得聲字也多在喻母，故「酉」、「酋」音近同可通。《爾雅·釋魚》：「鰌，似鱣，短小也。」《説文》：「鰌，鰼也。从魚，酋聲。」《爾雅·釋魚》「鰼鰌」，郭璞注：「今泥鰌。」即泥鰍，亦稱「鯢鰌」，見《莊子·庚桑楚》：「夫尋常之溝，巨魚無所還其體，而鯢鰌爲之制。」

〔五〕犙，《説文》：「三歲牛。从牛，參聲。」

犻，《説文》：「二歲牛，从牛，市聲。」《急就篇》卷三：「犙犻特犗羔犢駒。」

羭，即「羭」。《爾雅·釋畜》：「夏羊：牡，羭；牝，羖。」《説文》曰：「羭，夏羊牡曰羭。从羊，俞聲。」段玉裁注曰：「夏羊謂黑羊」。《急就篇》卷三「牂羖羯羠挑羝羭」，顔師古注：「羭，夏羊之牡也。」段玉裁《説文解字注》則認爲《説文》應作「夏羊牡曰羖」，「夏羊牝曰羭」。「羭」下一字僅餘左邊「羊」旁，疑是「羖」字。

〔六〕羒，《爾雅·釋畜》：「羊：牡，羒；牝，牂。」邵晉涵《正義》曰：「羊之白毛者，其牡名羒。」然於此有異説，如《説文》即云：「羒，牂羊也。从羊，分聲。」《玉篇》：「羒，牝羊也。」

䍧，《説文》：「六月生羔也。从羊，敄聲。讀若霧。」

羜，《説文》：「五月生羔也。从羊，宁聲。讀若煑。」《玉篇》：「未成羊。」

羔，《説文》：「羊子也。」

［七］ 冤，《説文》：「屈也。」《玉篇》：「枉曲也。」

謈，即「謈」字。《説文》：「謈，大呼自勉也。从言，暴省聲。」《廣韻》引《説文》云：「謈，大呼自冤也。」段玉裁《説文解字注》曰：「冤，各本作勉，今依《廣韻》正。自冤者，自稱己冤枉也。」《漢書·東方朔傳》：「舍人不勝痛，呼謈。」顔師古注曰：「謈，自冤痛之聲也。」

暖，《説文》：「大目也。从目，爰聲。」朱駿聲《説文通訓定聲》曰暖「疑與睅同字」。《説文》：「睅，大目也。从目，旱聲。睆，睅或从完。」暖爲曉母元部字，睆、睅均匣母元部字，曉、匣皆喉音而極近，故字可通。所謂「大目」即眼球突出。如《玄應音義》卷十九「瞳睆」注引《蒼頡篇》曰：「睆，目出皃也。」《莊子·天地》「睆睆然在纆繳之中，而自以爲得」，陸德明《釋文》引李云：「窮視貌。」「窮視」即望盡，無所不能看到。

通，《説文》：「達也。从辵，甬聲。」《玉篇》：「達也，無所不流曰通也。」

［八］ 坐，《説文》：「止也。从土，从留省，土所止也，此與留同意。」「坐」亦是法律用語，有「被罪」義。《史記·商君列傳》：「商君之法，舍人無驗者坐之。」

䙴，《説文》以「䙴」爲「𦦝」之別體。《漢書·律曆志下》「周人䙴其行序」，顔師古注：「䙴，古遷字。」「遷」有遷移、變易、變更之意，亦多指官職提升。《史記·曹相國世家》：「攻爰戚及亢父，先登。遷爲五大夫。」「遷」亦有因罪而放逐、流放之義。《史記·白起王翦列傳》：「於是免武安君爲士伍，遷之陰密。」

讂，《説文》：「流言也。从言，夐聲。」「夐，營求也。」《玉篇》：「讂，流言也，有所求也。」《急就篇》卷四「乏興猥逮詗讂求」，顔師古注：「讂，隱語也。謂偵伺官府利害，隱密其事，有所追求也。」

［九］ 𡖋，《説文》：「厚脣皃。从多，从尚。」朱駿聲《説文通訓定聲》：「𡖋，多聲。」通作「誃」、「謻」。《文選》張衡《東京賦》：「謻門曲榭，邪阻城洫。」薛綜注曰：「謻門，冰室門也。」李周翰注：「謻門，門名。」

閻，《説文》：「里中門也。从門，臽聲。壛，閻或从土。」

堪，《説文》：「地突也。从土，甚聲。」《爾雅·釋詁上》：「堪，勝也」。《廣雅·釋詁三》：「堪，盛也。」即盛受之義。

況，《説文》：「寒水也。从水，兄聲。」假借爲「貺」，訓作「賜」。又引申爲「益」，《國語·晉語一》「衆況厚之」，韋昭注：「況，益也。」「益」與「堪」訓盛受，義有相同處。

［一〇］ 燎，《説文》：「放火也。从火，尞聲。」即焚燒。亦作祭名，燒柴祭天。

灼，《説文》：「炙也。从火，勺聲。」《尚書·洛誥》：「無若火始燄燄，厥攸灼敘，弗其絶。」孫星衍疏：「灼者，《廣雅·釋詁》云『爇也』。」「爇」即燃燒。

⿱艹煎，即「煎」。《説文》：「煎，熬也。从火，前聲。」《戰國策·魏策二》：「齊桓公夜半不嗛，易牙乃煎敖燔炙，和調五味而進之。」吴師道注曰：「有汁而乾曰煎，乾煎曰熬，肉爇之曰燔，近火曰炙。」「爇」即燒，「炙」即烤。

炮，《説文》：「毛炙肉也。从火，包聲。」即將帶毛的肉塗上泥燒烤。《禮記·禮運》「以炮以燔」，鄭玄注：「炮，裹燒之也。」

簡二二、二三應接在簡六六下，歸入「耕」部。

魚部*

* 在本韻部内，押魚部韻的字依次是：葭、荼、蕪、瓜、餘、餔，辜、居、烏、菹、狐、魚、罝、紓、胆、輿，孤，酤、醐、捈、醵、竽，扶、杅、華、櫨、疏、膚、疽、譽、樗，廡。

莎茘莫蕚[一]，蓬蒿蒹葭[二]。薇薜莪蔞[三]，䕭蔾薊荼[四]。薺芥萊荏[五]，二四

[一] 莎，即莎草。《說文》：「莎，鎬侯也。从艸，沙聲。」「鎬」或作「薃」、「蒿」，《漢書・司馬相如傳上》「薜莎青薠」，顏師古注：「莎，即今青莎草。」並引張揖曰：「薜，賴蒿也。……青薠似莎而大，生江湖，雁所食。」又《玉篇》：「莎，草也，蒿雜樹也。」

茘，《說文》：「艸也。似蒲而小，根可作㕞。从艸，劦聲。」亦稱「茘挺」，又稱「馬茘草」，見《淮南子・時則訓》「茘挺出」高誘注。《玉篇》：「薜茘，香草也。」

莫，即「莫」。《說文》：「莫，葛屬，白華。从艸，臯聲。」《玉篇》：「葛，蔓草也。」

蕚，即「蔓」。《說文》：「蔓，葛屬。从艸，曼聲。」《玉篇》：「蔓，蔓延也。」《說文》亦「蔓」、「莫」二字相連。

[二] 蓬，《詩經・衛風・伯兮》「首如飛蓬」，朱熹《集傳》：「蓬，草名。其華似柳絮，聚而飛，如亂髮也。」《說文》：「蓬，蒿也。」《左傳》昭公十六年：「斬之蓬蒿藜藋。」

蒿，《爾雅・釋草》：「蒿，菣。」《詩經・小雅・鹿鳴》：「呦呦鹿鳴，食野之蒿。」毛傳：「蒿，菣也。」孔穎達疏：「陸璣云：蒿，青蒿也。荆、豫之間，汝南、汝陰皆云菣也。」香中炙啖者爲菣。亦稱「香蒿」，根、葉作青色，味芳香。

蒹，《爾雅・釋草》：「蒹，薕。」郭璞注：「薕，似萑而細，高數尺，江東呼爲蘆。」薕，荻也。《說文》：「蒹，雚之未秀者。从艸，兼聲。」「雚」即「荻」。見《漢書・貨殖傳》「雚蒲材幹」顏師古注曰「雚」即「萑」字異體。「秀」即抽穗。是「蒹」即尚未秀穗的雚，亦稱「薕」、「荻」。雚細小而實中，與中空、高大謂之「葦」者别。參見朱駿聲《說文通訓定聲》。

葭，《爾雅・釋草》：「葭，蘆。」郭璞注：「葦也。」邢昺疏：「葭，一名葦，即今之蘆也，葦之未成者。」《說文》則曰：「葭，葦之未秀者。从艸，叚聲。」是「葭」爲葦之未秀者，亦稱「蘆」。典籍「蒹」、「葭」常並稱。《詩經・秦風・蒹葭》：「蒹葭蒼蒼，白露爲霜。」

[三] 薇，《說文》：「菜也，似藿。从艸，微聲。」陸璣《毛詩草木鳥獸蟲魚疏》卷上：「薇，山菜也。莖葉皆似小豆，蔓生，其味亦如小豆。藿可作羹，亦可生食。」這裏的「藿」即指薇之苗。所云「小豆」當指赤小豆或緑豆。《爾雅・釋草》：「薇，垂水。」郝懿行《義疏》引《六書故》引項安世曰，薇即野豌豆也。

薜，《說文》：「莎也。从艸，辟聲。」即「薜」字。《史記・司馬相如列傳》之《子虛賦》曰：「其高燥則生葴菥苞茘，薜莎青薠。」集解引《漢書音義》曰：「薜，賴蒿也。莎，鎬侯也。青薠，似莎而大也。」段玉裁《說文解字注》曰：「賴蒿蓋即藾蕭。」「藾蕭」亦稱「苹」，見《爾雅・釋草》。

莪，即莪蒿，亦稱「蘿莪」，《詩經・小雅・菁菁者莪》「菁菁者莪」，毛傳：「菁菁，盛貌。莪，蘿蒿也。」《說文》：「莪，蘿莪，蒿屬。」《爾雅・釋草》：「莪，蘿。」郭璞注曰：「今莪蒿也。亦曰廩蒿。」邢昺疏引陸璣云：「莪，蒿也，一名蘿蒿，生澤田漸洳之處，葉似邪蒿而細科，生三月中，莖可生食，又可蒸，香美，味頗似蔞蒿。」

蔞，水草，即蔞蒿。《楚辭・大招》「吴酸蒿蔞」，朱熹《集注》：「蔞，蒿也，葉似艾，生水中，脆美可食。」《說文》：「蔞，艸也，可以亨魚。」

[四] 䕭字後亦作「藿」。《說文》：「䕭，尗之少也。从艸，靃聲。」段玉裁注曰：「少讀養幼少之少，《毛詩》傳曰『藿猶苗也』，是也。李善引《說文》作『豆之葉也』，與《士喪禮》注合。」故「䕭」即豆苗。又《楚辭》屈原《天問》「莆藿是營」，王逸注曰：「藿，草名。」此即指「藿香」，《文選》左思《吴都賦》「草則藿蒳豆蔻」，李善注引劉逵注云：「《異物志》曰：『藿香，交趾有之。』」

蔾，《集韻》有此字，曰：「音梨，饘也。」「饘」即粥。通作「藜」，《說文》：「藜，艸也。从艸，黎聲。」《漢書・司馬遷傳》「藜藿之羹」，顏師古注：「藜，草，似蓬也。」《史記・太

史公自序》：「藜，藿之羹。」張守節正義曰：「似藿而表赤。」《文選》曹植《七啟》「予甘藜藿」，劉良注云：「藜藿，賤菜，布衣所食。」

薊，《說文》：「芺也。从艸，魝聲。」「芺，艸也，味苦，江南食以下氣。从艸，夭聲。」又《爾雅・釋草》：「朮，山薊。」邢昺疏：「此辨薊生山中及平地者名也。生平地者即名薊，生山中者一名朮。」

荼，野菜名。《說文》：「苦荼也。从艸，余聲。」《詩經・邶風・谷風》：「誰謂荼苦，其甘如薺。」毛傳：「荼，苦菜也。」《爾雅・釋草》：「荼，苦菜。」邢昺疏曰：「此味苦可食之菜，一名荼，一名苦菜。……按《易緯通卦・驗玄圖》云：『苦菜生於寒秋，經冬歷春乃成。』《月令》孟夏『苦菜秀』是也，菜似苦苣而細，斷之有白汁，花黄似菊，堪食但苦耳。」

薺，即薺菜。《詩經・邶風・谷風》「其甘如薺」，陸德明《釋文》：「薺，菜也。」《玉篇》：「薺，甘菜也。」又指蒺藜，《說文》：「薺，蒺藜也。从艸，齊聲。《詩》曰『牆有薺』。」朱駿聲《說文通訓定聲》云：「薺即蒺藜之合音。《詩》曰『牆有薺』，毛本以『茨』爲之。」《爾雅・釋草》：「茨，蒺藜。」郭璞注曰：「布地蔓生，細葉，子有三角刺人。」

芥，即芥菜。《說文》：「芥，菜也。从艸，介聲。」《禮記・内則》：「膾，春用蔥，秋用芥。」《急就篇》卷二「芸蒜薺芥茱萸香」，王應麟《補注》引《方言》：「蕪菁，趙魏之郊謂之大芥，其小者謂之辛芥，或謂之幽芥。」亦爲草名。《左傳》哀公元年「以民爲土芥」，杜預注：「芥，草也。」《方言》卷三：「芥，草也。江淮南楚之間曰蘇，自關而西或曰草，或曰芥。」

萊，《詩經・小雅・南山有臺》「北山有萊」，毛傳：「萊，草也。」朱熹《集傳》：「萊，草名，葉香可食者也。」《説文》：「萊，蔓華也。从艸，來聲。」

荏，草名，即蘇。《方言》卷三：「蘇亦荏也。關之東西或謂之蘇，或謂之荏。」《說文》：「荏，桂荏，蘇。从艸，任聲。」徐鍇《繫傳》：「荏，白蘇也；桂荏，紫蘇也。」又大豆稱「荏菽」，《詩經・大雅・生民》：「蓺之荏菽，荏菽旆旆。」毛傳：「荏菽，戎菽也。」鄭玄箋：「戎菽，大豆也。」

茱臾蓼蘓[一]。果蓏茄蓮[二]，耒栗瓠瓜[三]。堅彀擥繳[四]，饒飽粦餘[五]。二五

肸䕭尼睆[六]，餽餓鎌餔[七]。百廿八 二六

[一] 茱臾，《說文》：「茱，茱萸，茮屬。从艸，朱聲。」「茱萸」是疊韻聯緜字，兩字皆爲侯部韻。「茮」讀作「椒」。《急就篇》卷二「芸蒜薺芥茱萸香」，顔師古注：「茱萸，似椴而大，食者貴其馨烈。」《爾雅・釋木》「椒椴醜荥」，郭璞注：「椴，似茱萸而小，赤色。」郝懿行《義疏》曰：「古人調味用椴，椒、椴同類。」古代有佩戴茱萸以辟邪之習俗。臾，通「萸」，《說文》：「萸，茱萸也。从艸，臾聲。」又《說文》：「臾，束縛捽抴爲臾。」捽，揪也。抴，拽也，拉也。

蓼，《說文》：「辛菜，薔虞也。从艸，翏聲。」辛，辛辣。《詩經・周頌・良耜》「以薅荼蓼」，毛傳：「蓼，水草也。」蓼有不同品種，《急就篇》卷二「葵韭葱𩐨蓼蘇薑」，顔師古注：「蓼有數種，葉長鋭而薄生於水中者曰水蓼，葉圓而厚生於澤中者曰澤蓼。」又《詩經・小雅・蓼蕭》「蓼彼蕭斯」，毛傳：「蓼，長大貌。」

蘓，即「蘇」字。《說文》：「蘇，桂荏也。从艸，穌聲。」亦稱「紫蘇」。《方言》卷三：「蘇、芥，草也。江淮、南楚之間曰蘇。」

[二] 果蓏，「果」、「蓏」均植物果實之稱，因植物爲木本或草本之不同而有別稱。《易經・説卦》「爲果蓏」，陸德明《釋文》引應劭云：「木實曰果，草實曰蓏。」又《說文》亦云：「蓏在木曰果，在地曰蓏。」

茄蓮，「茄」爲荷之莖；「蓮」爲荷之實，即蓮子。《爾雅・釋草》：「荷，芙蕖，其莖茄，其葉蕸，其本蔤，其華菡萏，其實蓮。」

[三] 耒栗，耒即「亲」，字亦作「榛」，蓋因二字聲旁「辛」、「秦」均屬真部韻，聲母分別爲從、心，亦極近，故二字音近同。「榛」、「栗」均樹名，其果實即榛子、栗子。《詩經・鄘風・定之方中》「樹之榛栗」，朱熹《集傳》曰：「榛、栗二木，其實榛小栗大，皆可供籩實。」《左傳》莊公二十四年：「女贄，不過榛、栗、棗、脩。」

瓠，《說文》：「匏也。从瓜，夸聲。」是瓠、匏皆同一種植物之異名。王筠《說文句讀》：「今人以細長者爲瓠，圓而大者爲壺盧，古無此別也。」朱駿聲《說文通訓定聲》：「瓠即壺盧之合音。」

〔四〕堅，《説文》：「剛也。从臤，从土。」徐鍇《説文解字繫傳》：「堅，剛土也。」

𣪘，即「𣪘」字。《説文》：「𣪘，乳也。从子，𣪊聲。」即哺乳。同音字有「轂」，从車，𣪊聲，爲車輪正中輻所湊集處。《希麟音義》卷八「轂輞」注引《説文》云：「（轂）車堅也。」《釋名·釋車》：「轂，埆也。」「埆」即「確」，亦通「塙」。埆、塙聲母均溪母，埆爲屋部韻，塙爲藥部韻，屋、藥均入聲韻而旁轉。《説文》：「塙，堅不可拔也。」

擥，《説文》：「撮持也。从手，監聲。」通「檻」，《漢書·谷永傳》：「檻塞大異」，顔師古注：「檻，猶閉也。」

緻，或作「緊」、「紧」。《説文》：「紧，揻繒也。一曰徽幟信也，有齒。从糸，攸聲。」「揻」通「緻」。《説文》：「緻，密也。」《玉篇》「紧」即釋作「緻繒也」，又曰「戟衣也」。「緻繒」即細密之繒。通启、啟，《説文》：「启，開也。」《小爾雅·廣詁》：「啟，開也。」

〔五〕饒，《説文》：「飽也。从食，堯聲。」段玉裁注曰：「饒者，甚飽之詞也。引以爲凡甚之偁。」

糞，即「糞」字。「糞」可作動詞用，即施肥。《孟子·滕文公上》「凶年糞其田而不足」，焦循《正義》引《禮記·月令》孔穎達疏曰：「糞，壅苗之根也。」因其使土壤有肥力而引申其義曰「饒」，如《廣雅·釋詁四》：「糞，饒也。」王念孫《疏證》曰：「糞之言肥饒也。」

餘，《説文》：「饒也。从食，余聲。」

〔六〕肸，《説文》：「響布也。从十，从㐬。」朱駿聲《説文通訓定聲》曰：「此字本訓，許時已闕。」並曰：「《左傳》宋公子肸，字向父，晉叔向名肸，《檀弓》作叔譽，疑蠁之誤也。」從朱氏所引《左傳》中人名字之例，可知「肸」、「向」在字義上有聯繫。此處「肸蠁」所以並言，亦疑因「肸」字義與「向」有關，而「向」有同音字「蠁」，《説文》：「蠁，知聲蟲也。从虫，鄉聲。蚼，司馬相如蠁从向。」《爾雅·釋蟲》：「國貉，蟲蠁。」郭璞注：「今呼蛹蟲爲蠁。」郝懿行《義疏》曰：「（蠁）今謂之地蛹，如蠶而大，出土中。」「蠁」與下文「蠭」（蠭蠹）皆土中之蟲。

蠭，《説文》：「蝤，蝤蠭也。」「蠭，蠭蠹也。」蝤蠭（亦名蝎）在木中，蠭蠹（亦名「蠐蠭」）在糞土中，見《爾雅·釋蟲》郭璞注。蝤蠭，或寫作「蝤蠐」，爲天牛的幼蟲，色白，扁長，圓筒形，蛀食樹木枝幹。因其體形豐滿潔白，故亦用以比喻女子頸項，如《詩經·衛風·碩人》「領如蝤蠐」。蠭蠹，或寫作「蠐螬」，即金龜子的幼蟲。其體白，作圓柱形，蛀食農作物之根莖。

尼，《爾雅·釋詁下》：「即，尼也。」郭璞注：「尼者，近也。」《説文》：「尼，從後近之。」段玉裁注：「尼訓近，故古以爲親暱字。」「暱」通作「昵」。

睆，《玄應音義》卷十九「瞳睆」注引《蒼頡篇》：「睆，目出皃也。」即眼睛突出狀。《説文》以「睆」爲「睅」之或體。《莊子·天地》「睆睆然在纆繳之中而自以爲得」，陸德明《釋文》引李云：「睆睆，窮視貌。」「睆睆」所以可訓爲窮視，或即因「睆」、「遠」音同，皆匣母元部字。「睆」可以假爲「遠」，「遠」有「極」意，與「窮」義近同。

〔七〕餫，《説文》：「飢也。从食，㲋聲。」《玉篇》：「餫，飢皃也。」

餓，《説文》：「飢也。从食，我聲。」

鎌，《説文》：「嗛也。从食，兼聲。讀若風溓溓。一曰廉潔也。」《説文》：「嗛，小食也。」《漢書·司馬相如傳下》之《大人賦》曰「咀噍芝英兮嘰瓊華」，顔師古注引張輯曰：「嘰，食也。」

餔，《説文》：「日加申時食也。从食，甫聲。」段玉裁注：「引伸之義，凡食皆曰餔。」除言自食外，也可用作使他人食，如《漢書·高帝紀》「吕后因餔之」，顔師古注：「以食食人亦謂之餔。」

幣帛

幣　幣帛羞獻[一]，請謁任辜[二]。禮節揖讓[三]，送客興居[四]。雗醀鳶䨞[五]，二七

帛

雉兔鳥烏[六]。鷚雞芸卵[七]，𦭎堇菧苴[八]。貔獺𪊨穀[九]，貈豹貂狐[一〇]。二八

蛟龍虫蛇[一一]，䲺鱓鼈魚[一二]。陷阱鍣釣[一三]，罾笱罘罝[一四]。毛觽鷇矰[一五]，二九

收繳縈紆[一六]。汁洎流敗[一七]，橐臭腑胆[一八]。貪欲資貨[一九]，羡溢跂輿[二〇]。三〇

[一] 幣，《説文》：「帛也。从巾，敝聲。」「帛」即各類絲織物之總稱。「幣」即以帛爲饋贈物、聘物或祭品。《莊子·讓王》：「魯君聞顔闔得道之人也，使人以幣先焉。」成玄英疏：「幣，帛也。」並曰「先」爲「先通其意」。《左傳》成公二年記楚申公巫臣在鄭國聘夏姬爲妻，「及鄭，使介反幣，而以夏姬行」。杜預注：「介，副也。幣，聘物。」又《漢書·文帝紀》「其廣增諸祀壇場珪幣」，顔師古注：「幣，祭神之帛。」「幣」亦有廣義，如《儀禮·士相見禮》「凡執幣者不趨」，賈公彦疏曰：「玉、馬、皮、圭、璧、帛皆稱幣。」

帛，《説文》：「繒也。从巾，白聲。」

[二] 羑，即「羞」字。《説文》：「羞，進獻也。从羊，羊所進也，从丑，丑亦聲。」「羞」由从「又」改作从「丑」乃聲化。从「丑」的「羞」字流行應在西漢晚期以後。

獻，《説文》：「宗廟犬名『羹獻』，犬肥者，以獻之。从犬，鬳聲。」《禮記·曲禮下》：「凡祭宗廟之禮……羊曰柔毛，雞曰翰音，犬曰羹獻。」

請，《説文》：「謁也。从言，青聲。」有謁問、奏請、求請、乞求諸意。劉淇《助字辨略》卷三：「以卑承尊，有所啟請，故云請也。」

謁，《説文》：「白也。从言，曷聲。」即告白、稟告、陳述。又，《急就篇》卷四「謁禓塞禱鬼神寵」，顔師古注：「謁，告請也。」

任，《詩經·大雅·生民》「是任是負」，毛傳曰：「任，猶抱也。」引申爲負擔、承擔，亦訓作任用。又《爾雅·釋詁下》：「任，佞也。」《國語·晉語三》「佞之見佞」，韋昭注：「僞善爲佞。」《論語·衛靈公》：「放鄭聲，遠佞人。」皇侃疏：「佞人，惡人也。」

[三] 辠，《説文》：「辠也。从辛，古聲。」「辠」即「罪」。《禮記·服問》「罪多而刑五」，陸德明《釋文》：「罪，本或作辠，正字也。秦始皇以其似皇字改爲罪也。」《説文》：「辠，犯法也。」

禮節，《説文》：「禮，履也，所以事神致福也。从示，从豊，豊亦聲。」節，節制。《荀子·非相》「噡唯則節」，王先謙《集解》引郝懿行曰：「節，謂節制之也。」《大戴禮記·衛將軍文子》「篤雅其有禮節也」，王聘珍《解詁》曰：「禮節者，禮之制度也。」《白虎通義·禮樂》：「禮者，盛不足，節有餘。」「禮，所以防淫佚，節其侈靡也。」

揖，《説文》：「攘也。从手，咠聲。一曰手箸胷曰揖。」「攘，推也。」通作「讓」，《説文》：「讓，相責讓。从言，襄聲。」《漢書·王莽傳上》：「公惟國家之統，揖大福之恩，事事謙退，動而固辭。」顔師古注：「揖謂讓而不當也。」

讓，即「讓」。

[四] 興居，《説文》：「興，起也。」「居，蹲也。」段玉裁注：「凡今人居處字，古祇作凥處。……凡今人蹲踞字，古祇作居。今字用蹲居字爲凥處字，而凥字廢矣。」《玉篇》：「居，處也，安也。」「興居」，猶言起居。

[五] 雔，《説文》作「雗」，曰：「雗屬。从隹，臺聲。」字亦作鶉。《詩經·鄘風·鶉之奔奔》：「鶉之奔奔，鵲之彊彊。」雔，《説文》：「雗屬。从隹，酓聲。」雔同「鶴」，「雔雗」即鶴鶉。

⿰鳥戈，《玉篇》有「鸛」字，曰：「小雞也。」《廣韻》有「鳷」，曰：「鳥名。古禾切。」或即「鳶」字，睡虎地秦簡《日書甲種》二四背貳「[illegible]」字，整理者釋作「鳶」，《説文》：「隿，繳射飛鳥也。」朱駿聲《説文通訓定聲》曰：「隿即鳶字。」「字亦作⿹戈鳥，从鳥，弋聲。」睡虎地秦簡《日書甲種》五一背貳「鳶」寫作「⿹戈鳥」。《急就篇》「鳶鵲鴟梟驚相視」，皇象寫本「鳶」字作「⿹戈鳥」。

雔，亦作「鵲」，即喜鵲。《詩經·召南·鵲巢》：「維鵲有巢，維鳩居之。」

雉，即野雞。《説文》列舉有十四種雉名，曰：「从隹，矢聲。」

[六] 「雉」、「兔」相聯繫，見於《詩經·王風·兔爰》「有兔爰爰，雉離于羅」。「雉兔」連言見於《孟子·梁惠王下》「芻蕘者往焉，雉兔者往焉」，又見《戰國策·宋衛策》墨子見楚王

所云「宋所謂無雉兔鮒魚者也」。

烏，《説文》：「孝烏也，象形。」段玉裁注：「謂其反哺也。《小雅》曰：『純黑而反哺者謂之烏。』」「烏字點睛，烏則不，以純黑，故不見其睛也。」即烏鴉。「烏」、「鴉」皆影母魚部字。《詩經·小雅·正月》：「瞻烏爰止，于誰之屋。」

〔七〕雡，《説文》：「鳥大雛也。从隹，翏聲。一曰雉之莫子爲雡。」《玉篇》：「雉之晚生子爲雡。」

芸，即芸香。《説文》：「芸，艸也，似目宿。从艸，云聲。《淮南子》説：芸艸可以死復生。」

卵，雲夢睡虎地秦簡日書乙種有「卵」字作卝（《睡虎地秦墓竹簡》，文物出版社，一九九〇年），馬王堆漢墓帛書「卵」字作卝、卝（陳松長編著《馬王堆簡帛文字編》，五四三頁）。《周禮》有卝人，鄭玄注：「卝之言礦也。」《説文》「磺」下有卝，曰：「古文礦。周禮有卝人。」段玉裁注：「卝之言礦，卝非磺字也。……卝本《説文》『卵』字。」朱駿聲《説文通訓定聲》亦在「卵」下列卝，言：「據唐法參《五經文字》、唐唐元度《九經字梓》、宋郭忠恕《汗簡》移此。」卵，來母元部字，从「黄」得聲字均在陽部，聲母分佈在見、溪與匣母中，韻部雖皆陽聲韻，且相近，惟聲母較遠。《説文》既將卝列爲「礦」字古文，鄭玄注亦言「卝，礦也」，是當時卝音或即近於「黄」聲。

本簡「芸卝」連言，或即可讀作「芸黄」。《詩經·小雅·苕之華》：「苕之華，芸其黄矣。」孔穎達疏：「芸爲極黄之貌。」或讀作「芸香」。香，曉母陽部字，音同黄。芸香，即芸草。

〔八〕禁，馬王堆帛書療〇六二有「每朝啜禁二三果（顆）及服食之」。《説文》有「柰」字，曰：「果也。从木，示聲。」王筠《句讀》曰：「柰有青白赤三種，又有冬柰。」曹植《謝賜柰表》曰：「賜臣等冬柰一奩。」「禁」似即「柰」字繁體。馬繼興認爲「禁」是「柰」之異寫，「今稱蘋菓。《名醫别録》列入菓部下品」（馬繼興《中國出土古醫書（考釋與研究）》下卷《雜療方》三十三，上海科學技術出版社，二〇一五年，頁五〇八）。亦有學者認爲此字即「蒜」字，因形近而誤作「禁」（周一謀、蕭佐桃《馬王堆醫書考注》，天津科學技術出版社，一九八八年）。但本簡文既亦出現此字，則似非「蒜」之誤寫可知。惟本簡文之三九簡有「柰」字，在文中與「壐」相連，假借作「捺」。

菫，《説文》：「艸也，根如薺，葉如細柳，蒸食之，甘。」王筠《句讀》：「《詩經》、《禮記》、《爾雅》皆作『堇』，省形存聲也。」又，《集韻》：「菫，藥艸，烏頭也。」

菧，《説文》：「菹也。从艸，泜聲。」

菹，《説文》：「酢菜也。从艸，沮聲。」《急就篇》卷三「酸鹹酢淡辨濁清」，顔師古注「大酸謂之酢」，是「酢菜」即醃製之酸菜。「菹」亦解作「枯草」，如《管子·輕重甲》：「請君伐菹薪，煮沸火爲鹽。」房玄齡注曰：「草枯曰菹。」

〔九〕貔，即「豼」，猛獸名。《爾雅·釋獸》「貔，白狐。」《説文》：「貔，豹屬，出貉國。从豸，毘聲。」《文選》揚雄《羽獵賦》「胡貉之長」，李善注引《周禮》「職方掌九貉」鄭司農注曰：「北方曰貉。」《尚書·牧誓》「如虎如貔」，江聲《集注音疏》引鄭康成曰：「貔，一名曰豹，虎類也。」《詩經·大雅·韓奕》：「獻其貔皮，赤豹黄羆。」王引之《經義述聞》：「豹屬謂之貔，白狐亦謂之貔，二者同名而異實。」亦稱「貔貅」，《禮記·曲禮上》：「前有摯獸，則載貔貅。」《廣韻》：「貔貅，猛獸。」

獺，《説文》：「如小狗也，水居，食魚。从犬，賴聲。」《玉篇》：「獺，如貓，居水食魚也。」即水獺。《孟子·離婁上》：「故爲淵敺魚者獺也。」

鼦，《説文》：「竹鼠也，如犬。从鼠，留省聲。」段玉裁注：「後世所謂竹鼦也。」《廣韻》：「鼦，食竹根鼠。」《玉篇》：「鼦，似鼠而大。」揚雄《蜀都賦》「春羔秋鼦」，章樵《古文苑注》曰：「物以時而美者。」

豰，即《説文》「㺏」字。《説文》：「㺏，犬屬，腰已上黄，腰已下黑，食母猴。从犬，㱿聲。讀若構。或曰豰，似牂羊，出蜀北嚻山中，犬首而馬尾。」《玉篇》：「豰，似犬惡也，上黄下黑。」字與「豰」通。《爾雅》曰：「貔，白狐，其子豰。」郭璞注：「一名執夷，虎豹之屬。」陸德明《釋文》曰：「本又作㺏」。

按：本句並列四獸名，《説文》皆曰其屬或「如」某常見獸類。

〔一〇〕貖，字亦作「䶐」。《説文》：「䶐，鼠屬。从鼠，益聲。貖，或从豸。」

鼩，《説文》：「精鼩鼠也。从鼠，句聲。」《爾雅·釋獸》「鼩鼠」，邢昺疏引李巡云：「鼩鼠，一名鼷鼠。」

鼦，《爾雅·釋獸》「鼬鼠」，郭璞注：「今鼬似鼦。」陸德明《釋文》引《字書》：「鼦，古貂字也。」《玉篇》：「鼦，古文貂字。鼠也。毛可爲裘。」

〔一一〕蛟，《説文》：「龍之屬也。池魚滿三千六百，蛟來爲之長，能率魚飛。置笱水中，即蛟去。从虫，交聲。」《玉篇》：「蛟，蛟龍也。」《管子·形勢》：「蛟龍，水蟲之神者也，乘於水則神立，失於水則神廢。」

虫，《説文》：「一名蝮，博三寸，首大如擘指。」《玉篇》：「蝮，毒蛇也。蝮蜇手則斷。」《山海經・南山經》：「羽山，其下多水，其上多雨，無草木，多蝮虫。」「虫」亦爲「蛇」類動物之總名。字又作「蟲」，可爲昆蟲類動物之通稱，《爾雅・釋蟲》所釋者即主要爲昆蟲。或泛指一切動物。《大戴禮記・曾子天圓》：「毛蟲之精者曰麟，羽蟲之精者曰鳳，介蟲之精者曰龜，鱗蟲之精者曰龍，倮蟲之精者曰聖人。」

[一二] 䖒，即「黿」。《説文》：「黿，大鼈也。从黽，元聲。」假借作「蚖」，即蜥蜴，如《國語・鄭語》言「褒人」二君神化爲二龍，其漦「化爲玄黿」，韋昭注：「黿，或爲『蚖』。蚖，蜥蜴，象龍。」

鼉，《説文》作「鼉」，曰：「水蟲，似蜥易，長大。从黽，單聲。」

鼈，即甲魚，或稱團魚。

[一三] 陷阱，《禮記・中庸》：「驅而納諸罟擭陷阱之中，而莫之知辟也。」孔穎達疏：「『陷阱』謂坑也，穿地爲坎，竪鋒刃於中，以陷獸也。」《淮南子・兵略訓》：「虎豹不動，不入陷阱。」

鍓，《説文》作「䋝」，曰：「業也，賈人占鍓。从金，昏聲。」朱駿聲《説文通訓定聲》認爲「鍓」即「緡」之俗字。《玉篇》：「鍓，鍓業也，筭税也。」「鍓」通作「緡」，《廣雅・釋詁二》：「鍓，税也。」王念孫《疏證》：「《漢書・武帝紀》『初筭緡錢』……《説文》作『鍓』，義同。」緡，《説文》作「緍」，訓爲「釣魚繁也」，亦即釣絲。《詩經・召南・何彼襛矣》：「其釣維何？維絲伊緡。」毛傳：「緡，綸也。」綸，即粗的絲綫。

[一四] 罾，《説文》：「魚网也。从网，曾聲。」

笱，《説文》：「曲竹捕魚笱也。从竹，从句，句亦聲。」即捕魚用的竹簍，以曲竹編之，使魚從口游入而不得出。《詩經・邶風・谷風》：「毋逝我梁，毋發我笱。」梁，捕魚水堰。《莊子・胠篋》：「鈎餌罔罟罾笱之知多，則魚亂於水矣。」亦用作動詞，即用罾捕魚。

罘，《説文》「罘」作「罟」，曰：「兔罟也。从网，否聲。」徐鉉校曰：「隸書作罘。」罟，网也。此字在雙古堆簡《蒼頡篇》中作「罯」（C013）。《説文》：「罯，覆也。从网，音聲。」《廣韻》：「罯，魚網。」

罝，《説文》：「兔网也。从网，且聲。䍇，罝或从糸。」《禮記・月令》：「田獵罝罘、羅罔、畢翳、餧獸之藥，毋出九門。」鄭玄注：「獸罟曰罝罘，鳥罟曰羅罔，小而柄長，謂之畢翳。」《史記・司馬相如列傳》之《子虛賦》曰：「罘罔彌山。」集解引郭璞曰：「罘，罝也。」

[一五] 觛，即觛。《説文》：「觛，隹射收繳具。从角，酋聲。讀若鰌。」簡文此處「毛」、「觛」二字相聯繫，或因二字之假借字的字義相合。「毛」可讀作耄。《詩經・大雅・抑》「亦聿既耄」，毛傳：「耄，老也。」觛可讀作酉。《史記・律書》：「酉者，萬物之老也，故曰酉。」《白虎通義・五行》：「酉者，老也。」

觳，即「觳」。《説文》：「觳，盛觵卮也，一曰射具。从角，㱿聲。讀若斛。」《集韻・覺韻》：「射具，所以盛隹。」

矰，《説文》：「隿䠶矢也。从矢，曾聲。」《玉篇》：「矰，結繳於矢也。」即弋射時所用帶繩的箭。《莊子・應帝王》：「且鳥高飛以避矰弋之害。」

[一六] 收，《説文》：「捕也。从攴，丩聲。」

繳，《周禮・夏官・司弓矢》「矰矢茀矢」，鄭玄注「結繳於矢謂之矰」，賈公彦疏：「繳則繩也。」《漢書・司馬遷傳》「名家苛察繳繞」，顔師古注引如淳曰：「繳繞猶纏繞也。」所以「繳」本指繫於弋射所用箭上的繩子，但也可因繫矢之義，而有「纏繞」、「捆綁」之義。「收」、「繳」相聯，「收」訓「捕」，而「繳」可引申爲「捆綁」，二者字義相連。《戰國策・楚策三》「楚王因收昭雎以取齊」，鮑彪注：「收，捕繫之也。」「收繳」義近同於「捕繫」。

縈，《説文》：「收韏也。从糸，熒省聲。」段玉裁注改「韏」爲「卷」，謂：「收卷長繩，重疊如環，是爲縈。」《玉篇》：「縈，旋也，收卷也。」《詩經・周南・樛木》：「南有樛木，葛藟縈之。」

紆，《説文》：「詘也。从糸，于聲。一曰縈也。」「詘」，彎曲。引申爲縈繞。

[一七] 汁，《説文》：「液也。从水，十聲。」

洎，《玉篇》：「灌釜也。肉汁也。」

流敗，「敗」爲幫母月部字，「弊」爲並母月部字，故「敗」亦可讀爲「弊」。二字字義亦近，《國語・晉語六》「今吾司寇之刀鋸日弊」，韋昭注：「弊，敗也。」如此則「流敗」亦可讀作「流弊」，即相沿而成弊端。劉晝《新論・傷讒》：「讒諂之流弊，一至于斯。」

〔一八〕 蠹，即「蠹」字。《説文》：「蠹，木中蟲。从䖵，槖聲。」《荀子・勸學》：「肉腐出蟲，魚枯生蠹。」臭，《説文》：「禽走臭而知其迹者，犬也。从犬，从自。」《玉篇》：「臭，香臭之總稱也。犬逐獸走而知其迹，故字从犬。」《荀子・正名》：「香臭以鼻異。」「蠹」因與腐爛相關，故與「臭」相聯。

腑，《説文》無「腑」，有「府」。徐鉉認爲「府」即「腑」字。《説文》另有「㬻」字，即「腐」字異文，曰：「爛也。从肉，府聲。」《玉篇》：「腑，藏腑，本作府。」

胆，《説文》：「蠅乳肉中也。从肉，且聲。」《玉篇》：「胆，俗作蛆。」

〔一九〕 貪，《説文》：「欲物也。」《吕氏春秋・慎大》「暴戾頑貪」，高誘注：「求無厭足爲貪。」

欲，《説文》：「貪欲也。从欠，谷聲。」

資，《説文》：「貨也。从貝，次聲。」《戰國策・秦策一》「資用乏絶」，鮑彪注：「資，貨也。」《戰國策・秦策四》「秦之楚者多資矣」，高誘注：「資，財幣也。」

貨，《説文》：「財也。从貝，化聲。」《禮記・禮運》：「貨惡其弃於地也，不必藏於己。」孔穎達疏：「貨，謂財貨也。」

〔二〇〕 羕，《説文》：「水長也。从永，羊聲。《詩》曰『江之羕矣』。」假借爲漾，《説文》：「漾，……瀁，古文从養。」《廣韻》：「瀁，水溢蕩皃。」

溢，《説文》：「器滿也。从水，益聲。」溢，水滿而外流狀。引申爲充滿。《孟子・離婁上》：「故沛然德教溢乎四海。」

跂，《説文》：「足多指也。从足，支聲。」假借爲「忮」，《説文》：「忮，頃也。从匕，支聲。匕，頭頃也。」朱駿聲《説文通訓定聲》曰：「匕者，偏也，與頃、卬同意。攲側字當作此。」

䁥，《説文》作「䁥」，曰：「目衺也。」《玉篇》：「䁥，邪視皃。」

頑祏械師〔一〕，鰥寡特孤〔二〕。　百廿八　三一

〔一〕 頑，《説文》：「梱頭也。从頁，元聲。」「梱，梡木未析也。」段玉裁注曰：「凡全物渾大皆曰梱。」「凡物之頭渾全者皆曰梱頭。梱、頑雙聲。析者鋭，梱者鈍，故以爲愚魯之偁。」「頑」訓「梱頭」，因其「渾大」、「渾全」而與下文「祏」訓「寬大」字義得相聯繫。

祏，《説文》：「衣祄。从衣，石聲。」「祏」即「裾」，指衣服前襟，因其寬大，故「祏」引申義爲「廣大」、「寬大」，如《玉篇》：「祏，廣大也。」

械，《説文》：「葴也。从木，咸聲。」《玉篇》：「械，木名，又杯也，篋也。」「械」，可讀作「箴」。「箴」有勸戒、勸説、進諫之意。《國語・周語上》記邵公諫厲王語，其文曰：「故天子聽政，使公卿至於列士獻詩，瞽獻曲，史獻書，師箴，瞍賦，矇誦，百工諫，庶人傳語，近臣盡規，親戚補察，瞽、史教誨，耆、艾修之，而後王斟酌焉，是以事行而不悖。」韋昭注曰：「師，少師也。箴，箴刺王闕，以正得失也。」《禮記・文王世子》：「師也者，教之以事而喻諸德者也。」是指世子（即太子）之師。然其職事亦當適合於凡稱「師」者，《周禮・地官・師氏》「師氏」，鄭玄注：「師，教人以道者之稱。」

〔二〕 鰥寡，《孝經・孝治章》「不敢侮於鰥寡」，陸德明《釋文》曰：「無妻曰鰥，無夫曰寡。」又《詩經・周南・桃夭序》「國無鰥民也」，孔穎達疏：「鰥寡，年老不復嫁娶之名也。」

特，《方言》卷六：「物無耦曰特。」《儀禮・大射》「特升飲」，鄭玄注：「特猶獨也。」

孤，《説文》：「無父也。从子，瓜聲。」《禮記・深衣》「如孤子」，鄭玄注：「三十以下無父稱孤。」《廣雅・釋詁三》：「孤，獨也。」又《吕氏春秋・懷寵》「求其孤寡而振恤之」，高誘注：「無子曰孤。」

□悝

悝　頯勃醉酤[一]。趬文窣㝗[二]，差費歃酺[三]。細小貧窶[四]，乞匄貰捈[五]。三二

歡潘閒簡[六]，鼙鼓歌醵[七]。遝娶裹嬛[八]，鄭舞炊竽[九]。覰捐姤嫿[一〇]，三三

[一] 悝，《爾雅·釋詁下》：「憂也。」《詩經·大雅·雲漢》「瞻卬昊天，云如何里」，陸德明《釋文》：「里，本又作『瘇』，《爾雅》作『悝』，並同。」又《說文》：「悝啁也。从心，里聲。」「啁」亦通「嘲」。「啁」爲定母幽部字，「嘲」爲端母宵部字，聲母相近，韻部皆陰聲韻而旁轉。故「悝」有調戲、戲謔、詼諧之義。《文選》張衡《東京賦》：「由余以西戎孤臣而悝繆公於公室。」李善注：「悝，猶嘲也。」又《說文》釋「悝」「一曰病也」。《玉篇》：「悝，憂也，悲也，疾也。」

頯，《爾雅·釋詁下》：「病也。」《說文》：「頯，顦頯也。从頁，卒聲。」即憔悴。《玉篇》：「頯，顦頯，亦作悴。」字通卒、猝。《漢書·成帝紀》記成帝永始二年十二月詔文中言：「多賦斂繇役，興卒暴之作。」顏師古注曰：「卒，讀曰猝，謂急也。」

勃，《說文》：「排也。从力，孛聲。」段玉裁注曰：「排者，擠也。今俗語謂以力旋轉曰勃。」《慧琳音義》卷四十三「兇勃」注引《蒼頡篇》曰：「勃，猝暴也。」《玉篇》：「勃，卒也。」《莊子·天地》：「蕩蕩乎，忽然出，勃然動，而萬物從之乎。」成玄英疏：「忽、勃，無心之貌。物感而動，逗機而出，因循任物，物則從之。」是「勃然」意近於「忽然」。

醉，《說文》：「卒也，卒其度量，不至于亂也。……从酉，从卒。」朱駿聲《說文通訓定聲》曰：「卒聲。滿其量謂之醉。」醉、卒均精母物部字，「醉」確應是亦以「卒」爲聲。

酤，《詩經·商頌·烈祖》「既載清酤」，毛傳：「酤，酒。」《說文》：「酤，一宿酒也。一曰買酒也。从酉，古聲。」「一宿酒」即一宿熟之酒，亦稱「雞鳴酒」。俞樾《群經平議·毛詩三》「無酒酤我」按：「酤與鹽、苦同義，亦有急義，故一宿之酒謂之酤。」

[二] 趬，《說文》：「行輕皃。一曰趬，舉足也。从走，堯聲。」《史記·衛將軍驃騎列傳》「誅獟駻」，索隱曰：「《說文》作『趬』，行遮貌。遮，一作『疾』。」「趬」、「蹻」均爲溪母宵部字，《說文》：「蹻，舉足行高也。」其字義亦與「趬」近同，故「趬」可讀作「蹻」。《詩經·周頌·酌》「蹻蹻王之造」，毛傳曰：「蹻蹻，武貌。」「蹻」亦通「矯」，《詩經·魯頌·泮水》「矯矯虎臣」，鄭玄箋：「矯矯，武貌。」

文，《說文》：「錯畫也，象交文。」《文選》左思《魏都賦》「顯文武之壯觀」，張銑注：「文，謂習禮樂也；武，謂田獵講武也。」

窣，《說文》：「从穴中卒出。从穴，卒聲。」「卒出」即「猝出」。

㝗，「突」的異體字。《干祿字書·入聲》：「㝗、突，上俗，下正。」《說文》：「突，犬从穴中暫出也。」《左傳》僖公三十三年記先軫怒曰：「武夫力而拘諸原，婦人暫而免諸國。」杜預注：「暫，猶卒也。」《廣雅·釋詁二》：「暫，猝也。」

[三] 差，即「差」字。《說文》：「差，貳也，差不相值也。从左，从𠂹。」即差別，引申爲差錯、失誤。《史記·太史公自序》：「故《易》曰：『失之豪釐，差以千里。』」《禮記·月令》「毋有差貸」，鄭玄注：「差貸，謂失誤。」「貸」在此通「忒」，亦差錯之義。「差貸」爲同義詞連用。

費，《說文》：「散財用也。从貝，弗聲。」即花費、耗費。《論語·堯曰》「君子惠而不費」，何晏《集解》引王肅云：「利民在政，無費於財。」《禮記·緇衣》「口費而煩」，鄭玄注：「費，或爲哱，或爲悖。」又《墨子·魯問》：「豈不費哉？」孫詒讓《墨子閒詁》引王念孫云：「『費』讀爲『悖』……作『悖』者正字，作『費』者借字也。」「費」、「悖」皆並母物部字，故可通。「悖」有謬誤之義，以此可與「差」義相合。

歃，《說文》：「歠也。从欠，㽞聲。」《玉篇》：「歃，古文飲。」

酺，《說文》：「王德布，大歓酒也。从酉，甫聲。」《史記·秦始皇本紀》「五月，天下大酺」，張守節正義：「天下歡樂，大飲酒也。」

[四] 細小，《說文》曰：「細，微也。从糸，囟聲。」「小，物之微也。」

貧，《説文》：「財分少也。」

寠，《爾雅·釋言》：「寠，貧也。」《一切經音義》引《蒼頡篇》云：「無財曰貧，無財備禮曰寠。」又《説文》：「寠，無禮居也。」朱駿聲《説文通訓定聲》曰：「貧居無禮也。」字亦作「窶」。《詩經·邶風·北門》「終窶且貧」，毛傳曰：「窶者無禮也。貧者困於財。」鄭玄箋云：「君於己禄薄，終不足以爲禮，又近困於財。」

〔五〕 乞，即「乞」。《左傳》僖公十三年：「晉薦饑，使乞糴于秦。」「乞」即「乞求」之意（參見于省吾《釋气》，收入《甲骨文字釋林》，中華書局，一九七九年）。

勼，簡文此字寫作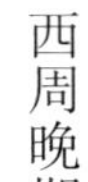。西周晚期青銅器周厲王㝬簋「勼」字作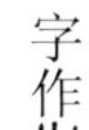（《金文編》八四〇頁）、戰國璽印文字作（《十鐘山房印舉》三·三一），里耶秦簡字作（方勇編著《秦簡牘文字編》，福建人民出版社，二〇一二年），皆可看出該字由亾、刀兩個字形組合及變化情況。里耶秦簡「勼」字的寫法已與本簡文近同。勼即「匄」字。《左傳》成公十六年「范勼趨進」，《釋文》曰：「匄，本文又作丐。」《説文》：「匄，气也。」「气」即「乞」。《慧琳音義》卷三十一「气匄」注引《蒼頡篇》曰：「匄，乞行請求也。」

貰，《説文》：「貸也。从貝，世聲。」「貸」即借出錢財。《玉篇》：「貰，賒也，貸也。」段玉裁《説文解字注》在「貰」字下曰：「賒，貰也，若今人云賒是也；貸，借也，若今人云借是也。其事相類，故許渾言之曰『貰，貸也』。」

捈，《説文》：「卧引也。从手，余聲。」「捈」可讀作「賒」，字又寫作「賖」。佘爲書母魚部字，余爲喻母魚部字，魚部字中，如从「予」得聲字，聲母即分佈在喻母、書母中，故佘、余音近同，「賒」通「賖」。《説文》：「賖，貰買也。」即賒欠，買物時延期付款。

〔六〕 歠，《説文》：「盛氣怒也。从欠，蜀聲。」《玉篇》：「歠，怒氣也。」可讀作「濁」，《詩經·小雅·四月》「載清載濁」。

潘，《説文》：「淅米汁也……从水，番聲。」「淅，汏米也。」故「潘」字亦作潘，即淘米水。《玄應音義》卷十三「米潘」注引《蒼頡篇》曰：「潘，甘汁也。」「甘汁」即「泔汁」。

閒，《説文》：「隟也。从門，从月。」即間隙也。

簡，《説文》：「牒也。从竹，閒聲。」《釋名·釋書契》：「簡，閒也，編之篇篇有閒也。」王先謙《釋名疏證補》曰：「閒，謂閒斷也。……每簡僅容字一行，故『編之篇篇有閒也』。」

〔七〕 鼙，《説文》：「騎鼓也。从鼓，卑聲。」《詩經·大雅·緜》「百堵皆興，鼛鼓弗勝」，鄭玄箋曰：「凡大鼓之側有小鼓謂之應鼙、朔鼙。」段玉裁《説文解字注》引戴先生（戴震）曰：「《儀禮》有朔鼙、應鼙。鼙者小鼓。與大鼓爲節。」《周禮·夏官·大司馬》：「中軍以鼙令鼓。」

歌，《詩經·魏風·園有桃》：「心之憂矣，我歌且謡。」毛傳曰：「曲合樂曰歌。」《説文》：「歌，詠也。从欠，哥聲。謌或从言。」

醵，《説文》：「會歓酒也。从酉，豦聲。」《禮記·禮器》：「周禮其猶醵與？」鄭玄注：「合錢飲酒爲醵。」又《玉篇》：「醵，合錢沽酒醵會也。」「醵會」即湊錢聚飲。

〔八〕 盨，通「須」。《易經·歸妹》「歸妹以須」，歸，女子出嫁；須，陸德明《釋文》曰「荀、陸作『嬬』」，陸云：『妾也。』《説文》：「嬬，弱也。一曰下妻也。从女，需聲。」《廣雅·釋親》：「妻謂之嬬。」「須」、「嬬」均心母侯部字。

娶，《説文》：「取婦也。」《玄應音義》卷二十四「娶妻」注：「娶，取也。」「娶」亦爲心母侯部字。

褭，《説文》：「以組帶馬也。从衣，从馬。」即以絲帶繫馬。《淮南子·原道訓》「馳要褭」，高誘注：「褭，橈弱之弱。」又《文選》陸機《擬魏太子鄴中集詩》「白楊信褭褭」，李善注曰：「褭褭，風摇木貌。」故「褭褭」即柔弱、輕盈而摇曳之貌。褭，泥母宵部字，同音字有「嬈」、「嫋」，亦均輕盈柔美貌。

嫖，即「嫖」字。《説文》：「嫖，好也。」《玉篇》：「嫖，美女也。」《漢書·司馬相如傳》之《上林賦》有「柔橈嫚嫚」句，《史記·司馬相如列傳》作「柔橈嬛嬛」，索隱引郭璞曰：「柔橈嬛嬛，皆骨體耎弱長豔皃也。」「橈」通「嬈」。

〔九〕 鄭舞，《楚辭》屈原《招魂》：「二八齊容，起鄭舞些。」《淮南子·脩務訓》「今鼓舞者」，高誘注曰：「鼓舞，或作鄭舞。鄭者，鄭袖也，楚懷王之幸姬，善歌攻舞，因名鄭舞。」《史記·張儀列傳》記張儀曰：「秦彊楚弱，臣善靳尚，尚得事楚夫人鄭袖，袖所言皆從。」

炊，通「吹」。《荀子·仲尼》「可炊而傹也」，楊倞注：「炊，與吹同。」本句此處「炊竽」可讀作「吹竽」。

竽，《説文》：「管三十六簧也。从竹，于聲。」《韓非子·内儲説上》：「齊宣王使人吹竽，必三百人。南郭處士請爲王吹竽，宣王説之。廩食以數百人。宣王死，湣王立，好一一聽之，處士逃。」

[一〇] 覣，即「嫢」。《説文》：「嫢，媞也。从女，規聲。讀若癸。秦晉謂細爲嫢。」《方言》卷二：「嫢，細也。自關而西，秦晉之間凡細而有容謂之嫢。」又，《説文》：「媞，諦也。一曰妍黠也。」《方言》卷一：「娥、嬴，好也。……自關而西，秦晉之故都曰妍。」黠，聰慧。

捐，《説文》：「棄也。从手，肙聲。」同音字有「涓」、「娟」。《説文》：「涓，小流也。从水，肙聲。」即細小之水流。《荀子·法行》：「《詩》曰：涓涓源水，不雝不塞。」「娟」，美貌也。

姽嫿，《説文》：「姽，閑體行姽姽也。从女，危聲。」《廣韻》：「姽，好皃。」《説文》：「嫿，靜好也。从女，畫聲。」「姽」爲見母支部字，「嫿」爲匣母錫部字，見、匣爲牙、喉音而相近，支、錫爲陰入對轉，故「姽嫿」近於雙聲疊韻聯綿詞，其義爲靜好貌。《文選》宋玉《神女賦》：「既姽嫿於幽靜兮，又婆娑乎人間。」

柳櫟檀柘[一]，枉橈枝扶[二]。瓦蓋焚橯[三]，晋溉㶅杅[四]。端直準繩[五]， 三四

媌噲菁蕐[六]。姣窔娃嫙[七]，啜啗黎樝[八]。粉黱脂膏[九]，鐃籋比疏[一〇]。 三五

𨗨髦鬋搣[一一]，須𩯭髮膚[一二]。癉熱疥癘[一三]，瘕痹癰疽[一四]。旃翳簦笠[一五]， 三六

羽扇聶譽[一六]。㮨梗栘棘[一七]，條篧欒榑[一八]。 百一十二 三七

[一] 櫟，《山海經·西山經》：「西二百五十里曰白於之山，上多松柏，下多櫟檀。」郭璞注：「櫟，即柞。」《詩經·大雅·緜》：「柞棫拔矣，行道兑矣。」鄭玄箋：「柞，櫟也。」《莊子·人間世》：「匠石之齊，至乎曲轅。見櫟社樹，其大蔽數千牛，絜之百圍，……匠伯不顧，遂行不輟。……曰：『……是不材之木也，無所可用，故能若是之壽。』」

檀，《説文》：「木也。从木，亶聲。」《詩經·鄭風·將仲子》「無折我樹檀」，毛傳：「檀，彊韌之木。」朱熹《詩集傳》：「檀，皮青，滑澤，材彊韌，可爲車。」

柘，《説文》：「桑也。从木，石聲。」《玉篇》：「亦作樜。」段玉裁《説文解字注》：「柘亦曰柘桑。」「桑、柘相似而別，見胡氏《通鑑釋文辨誤》。」其材可製弓，《周禮·考工記·弓人》：「弓人……凡取榦之道七，柘爲上。」其葉稍硬於桑葉，亦可喂蠶。

[二] 枉，《説文》：「衺曲也。从木，㞷聲。」《淮南子·時則訓》「無或枉撓」，高誘註：「枉，曲也。」《漢書·韋玄成傳》「勿枉其志」，顔師古注：「枉，屈也。」

橈，《説文》：「曲木。从木，堯聲。」《易經·大過》「棟橈」，陸德明《釋文》：「橈，曲折也。」《淮南子·脩務訓》「琴或撥剌枉橈」，高誘注：「枉橈，曲弱。」「橈」義引申爲屈從、屈服。《漢書·劉向傳》「不橈衆枉」，顔師古注：「橈，屈也。」

枝，《説文》：「木別生條也。从木，支聲。」通作「支」，有支撑、支持之意。《左傳》桓公五年：「蔡衛不枝，固將先奔。」杜預注：「不能相枝持也。」洪亮吉《春秋左傳詁》：「支、枝字同。」

扶，《説文》：「扶疏，四布也。从木，夫聲。」即樹木枝葉茂盛四處分佈貌。段玉裁注曰：「古書多作扶疏，同音假借也。……扶疏謂大木枝柯四布。」「扶」通「扶」，《説文》：「扶，左也。」「左」即「佐」。《吕氏春秋·辯士》「其熟也欲相扶」，高誘注：「扶，相扶持。」

[三] 蓋，《説文》：「苫也。」「苫」即以菅茅草遮蓋屋頂，引申爲凡遮蓋皆可用之。

焚，段玉裁《説文解字注》：「燒田也。从火、林。」「焚」可讀爲「棼」，《左傳》文公十一年「獲僑如之弟焚如」，洪亮吉詁：「《史記》……『焚如』作『棼如』。」「焚」、「棼」均並母文部字。《説文》：「棼，複屋棟也。从林，分聲。」即閣樓之棟樑。

橯，《説文》作「櫋」，曰：「屋櫋聯也。从木，邉省聲。」即屋檐板。朱駿聲《説文通訓定聲》曰：「亦曰梠，曰槐，曰楣，曰檐。」

〔四〕晉，《説文》有「□」字，但形音義之説闕。《説文》：「襾，覆也。从冂上下覆之。凡襾之屬皆从襾。讀若晉。」由此可知「晉」與「襾」音同，可讀作「襾」，其義即覆也。睡虎地秦簡《日書乙種》二一七「冬三月，甲乙死者，必兵死，其南晉之。」「晉」在這裏即爲「覆」義，亦即覆蓋、蓋蔽。《墨子·非攻下》「覆其老弱」，孫詒讓閒詁引《逸周書》孔晁注：「覆，滅也。」而「襾」、「亞」音同，均影母魚部字，這亦證明「晉」即从「亞」得聲。因此「晉」亦可讀作「堊」，《説文》：「堊，白塗也。从土，亞聲。」塗，即以白色料塗刷，其義與「覆」有聯繫。《韓非子·説林下》：「宫有堊，器有滌，則潔矣。」《爾雅·釋宫》：「牆謂之堊。」蓋因牆塗白而引申「堊」義。

溉，《漢書·溝洫志》注：「溉，灌也。」《禮記·曲禮》「器之溉者不寫」，疏：「溉，滌也。」「溉」有灌溉，以水覆地之義，也有「覆」義。「溉」依音亦可讀作「墍」字，《説文》曰：「墍，仰涂也。从土，既聲。」《廣雅·釋宫》：「墍，塗也。」《尚書·梓材》：「若作室家，既勤垣墉，惟其塗墍茨。」《釋文》釋「塗」云：「馬云堊色。」

幔，《説文》：「墀地，以巾撋之。从巾，夒聲。讀若水温䨟也。一曰箸也。」段玉裁注：「墀者涂地也。……涂地以巾，按而摩之，如今之擦漆。」《玉篇》：「著也，塗也。」「幔」亦可讀作「獿」。《漢書·揚雄傳》：「獿人亡，則匠石輟斤而不敢妄斲。」顔師古注引服虔曰：「獿，古之善塗墍者也。施廣領大袖以仰塗而領袖不汙。」

杅，《説文》：「所以涂也。秦謂之杅，關東謂之槾。从木，于聲。」

〔五〕端，《説文》：「直也。从立，耑聲。」即直立，引申爲人正直。《孟子·離婁下》：「夫尹公之他，端人也，其取友必端矣。」

直，《説文》：「正見也。」《詩經·魏風·碩鼠》「爰得我直」，鄭玄箋曰：「直，猶正也。」《詩經·小雅·小明》「靖共爾位，正直是與」，毛傳：「能正人之曲曰直。」《韓非子·解老》：「所謂直者，義必公正，立心不偏黨也。」

準，《説文》：「平也。从水，隼聲。」段玉裁注曰：「謂水之平也。天下莫平於水。水平謂之準，因之製平物之器亦謂之準。」《漢書·律曆志》：「繩直生準。……準者，所以揆平取正也。」

繩，《説文》：「索也。」《小爾雅·廣器》：「大者謂之索，小者謂之繩。」亦專指木工所用墨綫，如《荀子·勸學》：「木直中繩。」又引申指標準、法則，《商君書·開塞》：「王道有繩。」《玉篇》：「繩，直也，度也。」

〔六〕媌嬒，《説文》：「媌，目裹好也。从女，苗聲。」《方言》卷一云：「自關而東，河濟之間，謂之媌。」《説文》：「嬒，咽也。从口，會聲。讀若快。一曰嚵嬒也。」「訬，訬擾也。一曰訬獪。从言，少聲。讀若毚。」是「嚵嬒」亦可讀作「訬獪」。《漢書·敘傳下》「江都訬輕」，顔師古注：「訬，謂輕狡也。」《説文》：「獪，狡獪也。」故「訬嬒」是兩個意近字之組合，其意仍即狡詐。「媌」與「訬」均明母宵部字，可以通假，故「媌嬒」亦即「訬獪」。又，「媌嬒」似亦可讀作「描繪」。作此釋與下面「菁華」構成陳述句式。

菶，即「華」。菁華，《説文》：「菁，韭華也。从艸，青聲。」此「華」即「花」，韭華即韭菜花。亦泛指花朵，宋玉《高唐賦》「秋蘭茝蕙，江離載菁」，李善注引《廣雅》曰：「菁，華也。」《説文》：「華，榮也。」《爾雅·釋草》：「木謂之華，草謂之榮。」《詩經·齊風·著》「尚之以瓊華乎而」，孔穎達疏：「華謂色有光華。」《戰國策·楚策一》「華落而愛渝」，鮑彪注：「華，菁華。」「菁」通「精」，「菁華」亦可作「精華」。

〔七〕姣，《説文》：「好也。从女，交聲。」《方言》卷一：「蛾、嬴，好也。自關而東，河濟之間謂之媌，或謂之姣。」《漢書·東方朔傳》「左右言其姣好」，顔師古注：「姣，美麗也。」《詩經·小雅·白華》「念彼碩人」，鄭玄注：「妖大之人。」陸德明《釋文》：「妖，本又作姣。」

窔，《説文》：「窅窔深也。从穴，交聲。」《玉篇》：「窔，幽深也。」《爾雅·釋宫》：「東南隅謂之窔。」郝懿行《義疏》：「窔，別作突。」《廣雅·釋詁一》：「突，好也。」王念孫《疏證》：「突，當作妖。」

娃，《説文》：「圜深目皃。或曰吴楚之間謂好曰娃。从女，圭聲。」《方言》卷二：「美也，吴楚衡淮之間曰娃。」《玉篇》：「娃，美貌。」《漢書·揚雄傳》之《反離騷》「資娵娃之珍髢兮」，顔師古注：「娵、娃皆美女也。」

嫢，《説文》：「不説也。从女，恚聲。」「不説」即「不悦」。《説文》：「恚，恨也。从心，圭聲。」「娃」、「嫢」，均从「圭」得聲，皆影母支部字，上古音同。但字義有差別。

〔八〕啜，《爾雅·釋言》：「茹也。」《説文》：「嘗也。从口，叕聲。一曰喙也。」《荀子·天論》：「君子啜菽飲水，非愚也。」

啗，《説文》：「食也。从口，臽聲。讀與含同。」

黎，《說文》作「𪏮」，曰：「履黏也。从黍，𥝩省聲。」「作履黏以黍米。」《爾雅·釋詁下》：「黎，衆也。」通作「棃」。《荀子·堯問》「顔色黎黑而不失其所」，楊倞注：「黎讀爲棃，謂面如凍棃之色也。」

[九] 櫨，《說文》：「果似棃而酢。从木，䖔聲。」《玉篇》：「櫨，似棃而酸。」《文選》司馬相如《子虛賦》「櫨棃梬栗」，李善注引張揖曰：「櫨，似棃而甘也。」

粉，《說文》：「傅面者也。从米，分聲。」即指化妝用的粉。《急就篇》卷三「芬薰脂粉膏澤筩」，顔師古注：「粉謂鉛粉及米粉，皆以傅面，取光潔也。」

黱，即「黱」。《說文》：「黱，畫眉也。从黑，朕聲。」《玉篇》：「黱，畫眉黑也，深青也。」即今「黛」字，古代婦女畫眉所用黑色顔料。《釋名·釋首飾》：「黛，代也，滅眉毛去之，以此畫代其處也。」《楚辭·大招》：「粉白黛黑，施芳澤只。」漢賈誼《新書·勸學》：「嘗試傅白黱黑。」「黛」、「黱」均定母職部字。

脂膏，《說文》：「脂，戴角者脂，無角者膏。从肉，旨聲。」《周禮·考工記·梓人》「脂者膏者」，鄭玄注：「脂，牛羊屬；膏，豕屬。」與《說文》同。又《禮記·內則》「脂膏以膏之」，孔穎達疏：「凝者爲脂，釋者爲膏。」依此說則二者只是狀態之不同。二字均亦指稱含有油脂的化妝品，《急就篇》卷三「芬薰脂粉膏澤筩」，顔師古注曰：「脂謂面脂及脣脂，皆以柔滑膩理也。……膏澤者，雜聚取衆芳，以膏煎之，乃用塗髮使潤澤也。」

[一〇] 鏡，即「鏡」。籋，《說文》：「箝也。从竹，爾聲。」與「籋」同音的字有「籢」。「籋」是泥母葉部字，「籢」爲來母談部字，聲母皆舌音，而韻部談、葉爲陽入對轉，故二字可通。《急就篇》卷三有「鏡籢疏比各異工」句，顔師古注云：「鏡籢，盛鏡之器，若今鏡匣也。」「鏡籢疏比」與本句簡文「鏡籋比疏」近同，顯然有承繼關係。而簡文「籋」因其恰在「鏡」下而又可以讀作「籢」，如《急就篇》此句之構成「鏡籢」一詞。

比疏，「疏」通「梳」，「比」通「篦」。《急就篇》卷三「鏡籢疏比各異工」，顔師古注：「櫛之大而麤，所以理鬢者謂之疏，言其齒稀疏也；小而細，所以去蟣虱者謂之比，言其齒密比也。」此「比」亦即「篦」。

[一一] 頾，《說文》：「口上須也。从須，此聲。」即脣上鬍鬚。《玉篇》：「頾，或作髭。」《釋名·釋形體》：「口上曰髭。」

髦，《說文》：「髮也。从髟，从毛。」段玉裁注：「髮之秀者曰毛，猶角之好者曰角。」又《爾雅·釋言》：「髦，俊也。」郭璞注：「士中之俊，如毛中之髦。」陸德明《釋文》云：「毛中之長豪曰髦。士之俊傑者借譬爲名。」此引申之義也。「髦」亦用爲「毛」之泛稱。

鬋，即「鬋」。《說文》：「鬋，女鬢垂皃。从髟，前聲。」即指婦女覆蓋兩頰之長髮下垂之貌。《楚辭》宋玉《招魂》：「長髮曼鬋，豔陸離些。」

搣，義同於「揃」。《說文》：「揃，搣也。」《急就篇》卷三「沐浴揃搣寡合同」，顔師古注：「揃搣，謂鬄拔眉髮也，蓋去其不齊整者。」依上引《急就篇》句，本句簡文「鬋搣」，當亦可以讀作「揃搣」。

[一二] 須，《說文》：「面毛也。从頁，从彡。」通作「鬚」，即鬍鬚之泛稱。《左傳》昭公二十六年：「有君子白晳，鬒鬚眉。」陸德明《釋文》曰：「鬚，本又作須。」「鬒」，稠密且黑。

䫇，《說文》：「頰須也。从須，从冄，冄亦聲。」字亦寫作「𩑋」。段玉裁注曰：「須在頤下，髭在口上，䫇在頰。其名分別有定。」「頰」即指臉面兩旁，「頤」包括面頰與下巴。

[一三] 癉，《說文》：「勞病也。从病，單聲。」即因勞累而招致之病，字亦作癉。《素問·奇病論》：「此五氣之溢也，名曰脾癉。……此人必數食甘美而多肥也。肥者令人內熱，甘者令人中滿，故其氣上溢，轉爲消渴。」即所謂「消渴病」。又《急就篇》卷四「癉熱瘻痔眵𥈤眼」，顔師古注：「癉熱，黄病也。」「癉」字亦作「疸」，二字皆端母元部字。

疥厲，《說文》：「疥，搔也。从病，介聲。」《玉篇》：「疥，瘙也。」即疥癬。厲，可讀作「癘」。《說文》：「癘，惡疾也。从病，蠆省聲。」《玉篇》：「癘，疫氣也。」《呂氏春秋·仲冬》：「民多疾癘。」《急就篇》卷四「痂疕疥癘癡聾盲」，顔師古注：「疥，小蟲攻齧皮膚，灌錯如鱗介也。癘，惡疾也。」

[一四] 瘕，《說文》：「女病也。从疒，叚聲。」《慧琳音義》卷四十七「瘕疵」注引《蒼頡篇》曰：「瘕，腹中病也。」《玉篇》：「久病也。」

痹，《說文》：「溼病也。从疒，畀聲。」《素問·痹論》：「所謂痹者，各以其時，重感於風、寒、溼之氣也。」

𤼶，《說文》：「癰也。从疒，麗聲。一曰瘦黑。」「癰，腫也。」指毒瘡。

疽，《說文》：「癰也。从疒，且聲。」《急就篇》卷四「癰疽瘛瘲痿痹痮」，顔師古注：「癰之久者曰疽。」

[一五] 旃，旌旗名。《說文》：「旃，旗曲柄也，所以旃表士衆。从㫃，丹聲。《周禮》曰通帛爲旃。」《史記·匈奴列傳》：「衣其皮革，被旃裘。」此「旃裘」之「旃」通「氈」，《急就篇》卷二「旃裘鞣鞸蠻夷民」，王應麟《補注》曰：「旃與氈同。」二字均章母元部字。「氈」即毛製成的氈子。

翳，《説文》：「華蓋也。从羽，殹聲。」朱駿聲《説文通訓定聲》：「君之乘輿，以羽覆車蓋，所謂羽葆幢也。」《禮記·月令》「羅罔畢翳」，鄭玄注：「射者所以自隱也。」《廣雅·釋詁二》：「翳，障也。」《方言》卷十三：「翳，掩也。」字通「瞖」，目疾，膜蔽瞳孔。

簦，《説文》：「笠蓋也。从竹，登聲。」《史記·虞卿傳》「躡蹻檐簦」，集解引徐廣曰：「笠，長柄笠，音登。笠有柄者謂之簦。」朱駿聲《説文通訓定聲》：「俗謂之傘。」

笠，《説文》：「簦無柄也。从竹，立聲。」《詩經·周頌·良耜》「其笠伊糾」，毛傳曰：「笠所以禦暑雨也。」

本句四字或其假借字均因有掩蓋之用途而相聯繫。

〔一六〕扇，《方言》卷五：「自關而東謂之箑，自關而西謂之扇。」《玉篇》：「扇，又箑也，或竹或素，乍羽乍毛，用取風。」「素」指本色生帛。

聶譽，「聶」，假借爲「攝」，「譽」通「與」，「聶譽」可讀作「攝與」。《禮記·檀弓上》：「孔子之喪，公西赤爲志焉，飾棺牆，置翣。」鄭玄注：「牆柳衣翣，以布衣木，如攝與。」孔穎達疏：「攝與，漢時之扇。與，疑辭。」但如從本簡文「聶譽」（攝與）連言看，「攝與」似是一個詞，「與」未必是疑詞（即「歟」）。孔氏既言「攝與，漢時之扇」，則似表明他亦未完全否定「攝與」成詞。「攝」有扇子之義當是「翣」字假借。翣爲心母葉部字，攝爲書母葉部字，心、書皆齒音，較近，如葉部字中从「枼」得聲的字，聲母即分佈在心母、書母，所以「翣」、「攝」音近可通。故《集韻》曰：「翣或作攝。」《儀禮·既夕禮》：「燕器：杖笠翣。」鄭玄注：「翣，扇。」「攝」亦爲屏風之稱。《國語·楚語下》「屏攝之位」，韋昭注：「屏，屏風也。攝，形如今要扇。皆所以明尊卑，爲祭祀之位。」

〔一七〕椵，應即《説文》「椵」字。《説文》曰：「椵，大木可爲鉏柄。从木，叚聲。」「鉏」即鋤。

梗，《説文》：「山枌榆，有朿，莢可爲蕪夷者。从木，更聲。」即山榆樹。《爾雅·釋詁下》：「梗，直也。」郝懿行《義疏》：「梗，本山榆樹有朿者之名。」因其有刺，引申爲有刺的草木之通名，《方言》卷三：「凡草木刺人，……自關而東或謂之梗。」

移，《爾雅·釋木》：「唐棣，移。」「常棣，棣。」郭璞注：「移，似白楊，江東呼夫移。」亦稱「扶移」。《説文》：「移，棠棣也。从木，多聲。」「棠」通「唐」，皆定母陽部字。

棘，《説文》：「小棗叢生者，从並朿。」即酸棗樹。《急就篇》卷三「槐檀荆棘葉枝扶」，顏師古注：「棘，酸棗之樹也，一名樲。」亦泛指帶刺草木或其刺。

〔一八〕條，即《説文》「條」字，「條」寫成「條」，類似於「侯」（即「侯」字）寫成「侯」。「侯」字寫法，例如今本《尚書·禹貢》「五百里侯服」，僞孔傳曰：「甸服外之五百里。侯，候也。斥候而服事。」「侯」即作「侯」。《説文》：「條，小枝也。从木，攸聲。」《詩經·秦風·終南》：「終南何有？有條有梅。」毛傳：「條，槄。」鄭玄箋：「條，山榎也。」「山榎」亦名「山楸」，《爾雅·釋木》：「槄，山榎。」郭璞注：「槄，今之山楸。」朱熹《集注》曰：「條，山楸也，皮葉白，色亦白，材理好，宜爲車板。」另一説「條」即「柚」，《爾雅·釋木》：「柚，條。」郭璞注：「似橙實酢，生江南。」果實即柚子。

篲，即《説文》中「彗」的重文。《説文》曰：「彗，埽竹也。」《玉篇》：「彗，掃竹也。」《莊子·達生》：「（田）開之操拔篲以侍門庭。」《史記·高祖本紀》：「太公擁篲，迎門卻行。」

本句中「條篲」連言殆因「條」有「小枝」義，而「彗」亦由「小枝」捆束成。或即相當於後世所謂「條帚」一詞。

欒，《説文》：「木，似欄。从木，䜌聲。禮：天子樹松，諸侯柏，大夫欒，士楊。」《山海經·大荒南經》：「有雲雨之山，有木名曰欒。禹攻雲雨，有赤石焉生欒，黄本，赤枝，青葉，群帝焉取藥。」

樗，段玉裁《説文解字注》謂大徐本「樗」與「樗」「二篆互譌，今正」。朱駿聲《説文通訓定聲》從段氏説。段注本《説文》：「樗，樗木也，以其皮裹松脂。从木，虖聲。讀若華。檴，或从蒦。」「樗」與「樗」聲韻並同，均透母魚部字。《詩經·豳風·七月》：「采荼薪樗，食我農夫。」毛傳：「樗，惡木也。」《急就篇》卷三「桐梓樅桼榆椿樗」，顏師古注：「樗似椿而木虚惡，唯堪薪燎。」即臭椿樹。

……貘麢[一]。麃欬腺䍐[二]，三八

[一]　貘，《爾雅・釋獸》：「貘，白豹。」郭璞注：「似熊，小頭庳腳，黑白駁，能舐食銅鐵及竹骨。……或曰，豹白色者別名貘。」又《説文》曰：「貘，似熊而黄黑色，出蜀中。从豸，莫聲。」似與《爾雅》所云貘生存之地點相近，「出蜀中」，故可以食竹。

麌，即「麌」字。《説文》：「麌，似鹿而大也。从鹿，與聲。」簡文蓋从鹿省，與聲。

[二]　麃，《漢書・郊祀志上》：「後二年（按：元狩元年，前一二二年），郊雍，獲一角獸，若麃然。」顏師古注：「麃，鹿屬也，形似麞，牛尾，一角。」「麞」即獐子，《説文》將麃歸爲「麢屬」。《爾雅・釋獸》則稱「大麃」爲麠。「麠」或作「麖」。《詩經・周頌・載芟》「緜緜其麃」，「麃」通「穮」，耘也；「緜緜」言其細密。「緜緜」亦有連續不斷之義，所謂「緜緜不絶」。

欻，《説文》：「有所吹起。从欠，炎聲。讀若忽。」有忽然、迅疾之義。此義似與「麃」讀「穮」而聯繫之「緜緜」義相背。

朖，《説文》：「明也。从月，良聲。」亦作「朗」，《詩經・大雅・既醉》「高朗令終」，毛傳：「朗，明也。」

⿱罒羋，似即「𠦪」字。在漢簡中此字常寫作、（以上均「捧」字所从），皆同字異體，與簡文此字形形近。「𠦪」多見於殷墟卜辭與西周金文，爲求佑除災之祭名。「𠦪」字在西周金文中可寫作（獻侯鼎）或（圉甗），或與簡文此字形有淵源關係。「𠦪」爲曉母物部字，與「昒」字音同可通。《説文》：「昒，尚冥也。」即凌晨日尚冥而天尚未明也。或釋爲「羋」字。《説文》：「羋，羊鳴也。」「羋」爲明母支部字，可假爲明母耕部字的「冥」，支、耕陰陽對轉。「冥」有幽暗之義，與「朗」訓「明」字義相反。

支脂合韻部*

* 在本韻部内，押脂部韻的字是壐，押支部韻的字是檕（按：「檕（桀）」字，《古韻通曉》歸入支部，《漢字古音手册》歸入脂部）。

⿱宀山暜諫敦[一]，讀飾柰壐[二]。瘧斷痥痏[三]，膩僞檕檕[四]。淺汙盱復[五]，　三九

[一]　⿱宀山暜，「⿱宀山」即「崇」字。《爾雅・釋詁上》：「崇，高也。」郭璞注：「崇，高大貌。」「暜」即「替」字。殷墟甲骨文中有字作（《合集》32892），兩「立」字一上一下。至戰國中山王嚳鼎中，「替」字仍寫作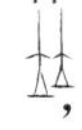，還保存一上一下的寫法，但在《説文》中，變成从竝白聲字，曰：「暜，廢，一偏下也。从竝，白聲。暜或从曰。替或从兟，从曰。」雖釋字形仍言「一偏下也」，但兩「立」字已並立，與「暜」（普）字的區别僅在「替」从白（或从曰），而「普」从「日」。《國語・楚語下》「吾聞君子唯獨居思念前世之崇替」，韋昭注：「崇，終也；替，廢也。」又《文選》陸機《門有車馬客行》「天道信崇替」，李善注引《國語》賈逵注曰：「崇，終也。」但李周翰注則曰：「崇，興也。」俞樾《群經平議》即認爲上引《楚語下》韋注「未得其旨」，「崇替」之「崇」應釋作「興」。

諫，即「諫」字。《説文》：「諫，證也。从言，柬聲。」「證」即「正」，以言正之。《玉篇》：「諫，正也，閒也，更也。」「諫」、「閒」皆見母元部字，故「諫」可讀作「閒」，即離閒，如《韓非子・内儲説下》：「文王資費仲而游於紂之旁，令之諫紂而亂其心。」王先謙《集解》引盧文弨曰：「此書亦是以諫爲閒。」

敦，即「敦」字。《説文》：「敦，怒也，詆也。」《玉篇》：「敦，敦撞也。」言「敦厚」時係假借爲「憝」、「淳」或「諄」。《説文》言「敦」有「詆」意，「詆」即詆毁、誣蔑。「敦」爲端母微部字，「詆」爲端母脂部字，脂、微皆陰聲韻而旁轉，故「敦」可假作「詆」。「敦」訓「詆」，與「諫」假作「閒」在字義上有相近處。

[二]　讀，《説文》：「誦書也。从言，賣聲。」《論語・子路》「誦《詩》三百」，皇侃疏：「不用文，背文而念曰誦。」「誦」通「頌」，歌頌、讚美。

飾，《説文》：「㕞也。」段玉裁注：「飾，即今之拭字，拂拭之，即發光彩，故引伸爲文飾。」亦即引申爲裝飾、粉飾。《荀子·禮論》「所以爲至痛飾也」，楊倞注引鄭云：「飾，謂章表也。」「章表」即彰顯，此其引申義，與「讀」訓爲「誦」而假作「頌」之義相近。

柰，《説文》：「果也。从木，示聲。」所从「木」在秦漢簡牘文字中常寫成「大」，故其異體即「奈」。「奈」通「捺」，「捺」，以手向下按也。此義與下邊「璽」字正可相聯。

璽，即印章。秦以前爲印章之通稱，秦以後爲帝王印章之專稱。《説文》：「璽，王者印也，所以主土。从土，爾聲。」「捺璽」組成動賓結構。

〔三〕瘧斷，《説文》：「瘧，熱寒休作。从疒，从虐，虐亦聲。」即瘧疾。「瘧」與「虐」通。《説文》：「虐，殘也。虎足反爪人也。」引申而有斬伐之意，《國語·越語下》「德虐之行」，韋昭注：「虐，有所斬伐及黜奪也。」「虐」訓「斬伐」與「截斷」之「斷」，字義可相聯繫。

㾮，《説文》：「馬脛瘍也。」又「一曰將傷。」段玉裁注：「瘍，《廣韻》作『傷』……『將』疑當作『捋』。『捋』、『㾮』疊韻。」朱駿聲《説文通訓定聲》同此説。「捋」，即手握之而順移脱取。《集韻》：「㾮，傷也。」

痏，字亦作「㾮」。《説文》：「痏，皮剥也。」《集韻》：「痏，皮剥謂之痏。」此與㾮訓「捋傷」義正合。

〔四〕膩，肥也，亦訓「滑」。《楚辭》屈原《招魂》「靡顔膩理」，王逸注：「膩，滑也。」「滑」與「猾」通，「猾」即「狡猾」。《方言》卷十：「凡小兒多詐而獪，或謂之猾。」

僞，《説文》：「詐也。从人，爲聲。」其訓作「詐」，訓虚僞，皆與「滑」讀作「猾」之字義相同或相近。

檠，即「檄」字。《説文》：「檄，二尺書。从木，敫聲。」即用作徵召、徵兵、聲討等用途的文書。

棨，即「棨」字。《説文》：「棨，傳信也。从木，啟省聲。」《漢書·文帝紀》「除關無用傳」，顔師古注：「棨者，刻木爲合符也。」即木製的符信。

〔五〕汙，《説文》：「薉也，一曰小池爲汙。」「汙」亦寫作「污」，《呂氏春秋·達鬱》「故水鬱則爲污」，高誘注：「水淺不流曰污。」

盱，《説文》：「張目也。从目，于聲。」

復，《説文》：「往來也。从彳，复聲。」《玉篇》：「復，重也，返復也。」

「復」有「返復」之義，與从「于」得聲字，如「紆」、「迂」等的迂回、縈繞之義相近。

支部*

* 在本韻部内，押支部韻的字，依次是：恚、解、媞、讘、歧，柴、桂、觟、畦、庳。

娓㲉讐媣[一]，蠻喊趍恚[二]。魃栘姊再[三]，篳羣轒解[四]。妜婞點媿[五]，四〇

瞀嫳嬬媞[六]。頪壞螋虢[七]，廅序戊讘[八]。癟效姁臥[九]，潃餓鶩歧[一〇]。四一

〔一〕娓，《説文》：「順也。从女，尾聲。讀若媚。」「順」有「循」、「隨」諸義。

㲉，《玉篇》：「推也。」《集韻》：「推，順遷也。」《文選》王融《三月三日曲水詩序》「任激水而推移」，劉良注：「推移，猶循行也。」

矕，《説文》：「目矕矕也。从目，䜌聲。」《廣韻》：「矕，視皃。」《漢書·敘傳上》「矕龍虎之文」，顔師古注引晉灼曰：「矕，視也。」「視」有「視察」、「觀察」之義。

娱，从女，朵聲。「朵」字迹較模糊，但仍可看出作朵。嶽麓書院藏秦簡《爲吏治官及黔首》七九正壹有「朵」字作朵（《嶽麓書院藏秦簡（壹）》，上海辭書出版社，二〇一〇年）。馬王堆帛書《十六經》朵字作朵（陳松長編著《馬王堆簡帛文字編》，二二五頁）。秦漢簡上的這個字形，應是延續戰國文字，如《珍秦齋古印展》一三七印文中「朵」即作朵形（參見何琳儀《戰國古文字典》，中華書局，一九九八年，下册，八四〇頁）。《説文》小篆字形「朵」作朵，應屬譌變。《説文》此字隸定作「娱」，釋曰：「量也。」《玉篇》則曰：「娱，量也，揣也。」

[二] 蠻，《詩經·小雅·角弓》：「如蠻如髦，我是用憂。」毛傳：「蠻，南蠻也。」又，《周禮·夏官·職方氏》「八蠻」，鄭玄注引鄭司農云：「南方曰蠻。」

𠯑，字殘，不能確識。或即「鹹」字。《説文》曰：「鹹，銜也。北方味也。」

趍，《説文》：「趨趙，夊也。从走，多聲。」行走遲緩之狀。《廣韻》引《説文》作「趍趙，夊也」。字通「跢」，《廣韻》：「跢，小兒行也。」

恚，《説文》：「恨也。从心，圭聲。」通作「赳」，《説文》：「赳，半步也。从走，圭聲。讀若跬，同。」《漢書·鄒陽傳》：「使吴失與而無助，跬步獨進，瓦解土崩。」顔師古注曰：「半步曰跬。」「跬」或訓作「以一足行」。《文選》謝瞻《於安城答靈運》「跬行安步武」，李善注引《漢書》如淳注云：「跬以一足行。」「赳」（跬）訓「半步」，或以一足行均與「趍」、「跢」之訓行動緩慢字義相近。

[三] 魃，《説文》：「鬼服也。一曰小兒鬼。从鬼，支聲。《韓詩傳》曰：鄭交甫逢二女魃服。」朱駿聲《説文通訓定聲》曰：「鬼服，袳衣、厥衰之屬。」《爾雅·釋器》：「衱謂之袳。」郭璞注：「袳，衣開孔也。」一説《爾雅》此文「袳」上下均人衣，故「袳」亦非鬼衣，而是一種套頭的衣服（見徐朝華《爾雅今注》，南開大學出版社，一九八七年，一八一至一八二頁）。

袳，《説文》：「衣張也。从衣，多聲。」朱駿聲《説文通訓定聲》曰：「開衣領也。」

姊，字寫作「⿰女甫」，由簡一五「秭」字作「⿰禾甫」，知此字所从「甫」亦當是「秭」字之訛或其俗寫，字當讀爲「姊」。《爾雅·釋親》：「謂女子先生爲姊，後生爲妹。」《釋名》：「姊，積也。」此是讀「姊」爲「秭」。《廣雅·釋詁一》：「秭，積也。」「積」爲禾穀之聚。《廣雅·釋詁四》：「積，重也。」又「姊」爲精母脂部字，與屬清母脂部的「次」字音近，「次」有「二」義。

再，《説文》：「一舉而二也。」段玉裁曰：「凡言二者，對偶之詞；言再者，重複之詞，一而又有加也。」《禮記·玉藻》「酒肉之賜弗再拜」，孔穎達疏：「再，猶重也。」

[四] 篳，《説文》：「治車軸也。从車，算聲。」段玉裁注：「鏇轉規圜之意。」桂馥《義證》：「篳通作鏇。」「篳」爲心母元部字，「鏇」爲邪母元部字，聲母極近而同韻，故二字音近同可通。《玉篇》：「鏇，轉軸裁（裁）器也。」

暈，《説文》：「暈直轅車轒也。从車，㚇聲。」《廣韻》：「直轅車轒縛也。」即用皮革纏縛大車之直轅。「轒」則爲用皮革纏縛小車之曲轅，見朱駿聲《説文通訓定聲》。

轃，《説文》：「車轃鉉也。从車，真聲。讀若《論語》『鏗爾，舍瑟而作』。又讀若『掔』。」按「轃」、「掔」均溪母真部字。段玉裁注改作「轃，車轃弘聲也」，曰：「弘，弓聲也。車聲轃弘，借弓聲之字耳。轃弘，大聲。」《廣韻》亦曰：「轃，車聲。」又，「鉉」同「鞃」，即以皮革纏束車軾中央人所憑依之處，見段玉裁《説文解字注》。「轃」，依《説文》「讀若『掔』」，掔爲堅固之意，則「轃」所訓「車轃鉉也」，或即指堅固的車鞃。又「真」爲章母真部字，「貞」爲端母耕部字，真、耕皆爲陽聲韻而近，从「真」得聲字亦多有在端母的，故「真」、「貞」音近同，是「轃」可通「轒」。《廣雅·釋詁一》釋「轒」爲「堅也」。《集韻》引《博雅》曰：「轒，𩏼也。」字从「革」亦是指纏束車軾的皮革之堅固。

解，《説文》：「判也。从刀，判牛角。一曰解廌，獸也。」「解」字義有分解、解脱諸義。「轃」，《説文》曰「讀若掔」，「掔」亦有牽掛、繫聯、縣結之義，與「解」之「解脱」義正相反。《文選》左思《吴都賦》「亦猶帝之縣解」，劉淵林注引《莊子》曰：「有繫謂之懸，無謂之解。」《莊子·養生主》：「安時而處順，哀樂不能如也，古者謂是帝之縣解。」陸德明《釋文》引崔云：「以生爲縣，以死爲解。」成玄英疏曰：「爲生死所係者爲縣，則無死無生者縣解也。夫死生不能係，憂樂不能入者，而遠古聖人謂是天然之解脱也。」

[五] 妕，《説文》：「女人自偁，我也。从女，央聲。」通作「怏」。《説文》：「怏，不服懟也。」「懟，怨也。」《漢書·竇嬰傳》「祇加懟自明」顔師古注：「懟，怨怒也。」

婞，《説文》：「很也。从女，幸聲。」《玉篇》：「婞，怨也。」字可讀作「悻」，《孟子·公孫丑下》「悻悻然見於其面」，焦循《正義》引《音義》曰：「悻，字當作婞。」朱熹《集注》曰：「悻悻，怒意也。」

點，《説文》：「小黑也。从黑，占聲。」《文選》司馬遷《報任少卿書》「適足以見笑而自點耳」，李善注：「點，辱也。」

媿，《説文》：「慙也。从女，鬼聲。」讀同「愧」。《漢書·文帝紀》「朕盛自媿」，顏師古注：「媿，古愧字。」「媿」亦有「辱」義。《漢書·龔遂傳》「郎中令善媿人」，顏師古注：「媿，辱也。」

〔六〕督媻，二字皆从「般」得聲，與「般」通。般，旋也。故二字亦皆有「旋」義。《説文》：「督，轉目視也。从目，般聲。」朱駿聲《説文通訓定聲》曰：「督，謂目般旋而視。」《説文》：「媻，奢也。从女，般聲。」《廣韻》：「媻，小妻也。」《集韻》：「媻，下妻。」《漢書·司馬相如傳》之《子虛賦》有句曰「媻姍勃窣上金隄」，「媻珊」同於「蹣跚」，或作「盤姍」，亦可用於形容舞姿。

嬬，《説文》：「弱也。一曰下妻也。从女，需聲。」下妻，即妾。又，《廣雅·釋親》：「妻謂之嬬。」又「嬬」可假借爲「嫛」，《説文》引賈侍中曰：「楚人謂姊爲嫛。」

媞，《説文》：「江淮之間謂母曰媞。从女，是聲。」《廣韻》：「媞，美好皃。」

〔七〕頫，《説文》：「低頭也。从頁，逃省。太史卜書頫仰字如此。」《漢書·項籍傳》：「百粵之君頫首係頸。」顏師古注：「頫，古俯字。」

壞，本義是城垣房屋倒塌。《詩經·大雅·板》：「無俾城壞。」《商君書·修權》：「隙大而牆壞。」引申爲「敗」，《説文》：「壞，敗也。从土，褱聲。」《詩經·召南·甘棠》「勿翦勿敗」，朱熹《集傳》：「敗，折。」又因「敗」義而有「曲折」之義。

嬛，同音字有「嬛」，《説文》：「嬛，材緊也。从女，瞏聲。」段玉裁注曰：「材緊，謂材質堅緻也。」

虩，《説文》：「《易》『履虎尾虩虩』，恐懼。一曰蠅虎也。从虎，㡿聲。」「虩」通「隙」，即裂縫、空隙。《左傳》昭公元年：「牆之隙壞，誰之咎也。」此意與「嬛」材緊之義相反。

〔八〕廕，《説文》：「屋階中會也。从广，悤聲。」王筠《句讀》曰：「屋階相際之處謂之廕也。」

序，《爾雅·釋宮》：「東西牆謂之序。」指正堂之東西牆。又《尚書·顧命》「西序東嚮」，僞孔傳曰：「東西廂謂之序。」

戊，《説文》：「屋牝瓦下。……从广，閔省聲。讀若環。」段玉裁《説文解字注》則作「戊，屋牡瓦也」。朱駿聲《説文通訓定聲》同。屋頂之瓦，牡瓦（即筒瓦）在上覆蓋牝瓦（即版瓦），牝瓦在下承載牡瓦。

譌，應爲「譌」字異體。所从「嶲」、「巂」之别僅在「隹」首之冠形。譌，《説文》：「言壯皃。一曰數相怒也。从言，巂聲。讀若畫。」《集韻》：「譌譌，誇也。」即壯言、自誇之言。从「巂」得聲字有「甗」，《玉篇》：「甗，甑下空也。亦作窐。」窐、甗均匣母支部字。《集韻》：「窐，或作甗、鮭、瓹。」又曰：「瓹，甑空也。」即甑底之孔。「戊」是覆蓋於上的筒瓦，則其下空也，與「譌」有自誇、講空話以及讀成「甗」訓甑底空在字義上有聯繫。

〔九〕瘍，即「瘍」字異體。《説文》：「瘍，創裂也。一曰疾瘍。从疒，巂聲。」《廣雅·釋詁二》：「瘍，裂也。」

效，《説文》：「象也。从攴，交聲。」「效」可假借爲「交」。《墨子·非攻下》「今若有能信效先利天下諸侯者」，孫詒讓《閒詁》：「效讀爲交。」交，合也。

姁臥，《説文》：「姁，鈞適也，男女併也。从女，旬聲。」「姁」可讀作「侚」。《説文》：「侚，疾也。从人，旬聲。」有疾需臥，或即「姁（侚）臥」二字並連之故。

〔一〇〕滫，字形作□，與睡虎地秦簡《日書》甲種二六背貳「滫」字作□（方勇編著《秦簡牘文字編》，三二二頁）形近，所从「人」字旁皆省作一豎，均是此字之變體。《説文》：「滫，久泔也。从水，脩聲。」即放置時間長了的已酸臭的淘米水。「滫」从水，脩聲，有心母幽部字與透母幽部字兩個讀音，後者與「肇」（定母幽部字）聲母極近，韻部同，可通。

雒，即「鵅」。《爾雅·釋鳥》：「鵅，麋鴰。」郭璞注：「今呼鵅鴰。」

《詩經·周頌·載見》：「肇革有鶬，休有烈光。」鄭玄箋曰：「鶬，金飾貌。」「肇革」即「攸勒」、「鋚勒」，見段玉裁《説文解字注》。《説文》訓「鋚」爲「轡首銅」，「轡首」即馬籠頭。訓「勒」爲「馬頭絡銜」，即馬銜。「滫鵅」似可讀作「肇鶬」，二字聯繫，可能即本自上引《周頌·載見》「肇革有鶬」。

鸐，《説文》：「雗鸐，山鵲，知來事鳥也。从鳥，學省聲。」《爾雅·釋鳥》：「鸐，山鵲。」郭璞注：「似鵲而有文彩，長尾，觜、腳赤。」

䞨，《説文》：「緣大木也。一曰行皃。从走，支聲。」「䞨」或作「跂」、「伎」。《詩經・小雅・小弁》「鹿斯之奔，維足伎伎」，《釋文》曰：「伎，本亦作跂。」又《玉篇》作「䞨䞨」。
鷽，《淮南子・氾論訓》稱爲「乾鵲」，云：「乾鵲知來而不知往。」高誘注曰：「乾鵲，鵲也。人將有來事憂喜之徵則鳴，此知來也。知歲多風，多巢於木枝，人皆探其卵，故曰不知往也。」而《法言・君子》曰：「通天、地而不通人曰伎。」「伎（䞨）」字此義或與「鷽」「知來而不知往」之説意近，故簡文「鷽」、「䞨」相聯。

賫購

賫　賫購件妖[一]，羕欋杪柴[二]。箸涏縞給[三]，勸怖槈桂[四]。某枏早蠸[五]，四二

購　宎椅姘觟[六]。戾弇焉宛[七]，部篗埒畦[八]。狛賜溓滎[九]，蠶緤屢庳[一〇]。四三

[一] 賫，《説文》：「持遺也。从貝，齊聲。」《慧琳音義》卷十四「賫持」注引《考聲》云：「賫，持財以與人也。」
購，《説文》：「以財有所求也。从貝，冓聲。」《慧琳音義》卷六十五「購贖」注引《説文》曰：「購，以財贖物也。」
件，《説文》：「分也。」
妖，好也，美也。亦訓怪異。與「夭」通用。夭，屈也，折也。《戰國策・齊策一》：「韓且折而入於魏。」高誘注：「折，分也。」

[二] 羕，《爾雅・釋詁上》：「長也。」《説文》：「羕，水長也。从永，羊聲。《詩》曰『江之羕矣』。」東周金文或以「羕」代「永」。
欋，《説文》以「欋」爲「杶」之或體。《急就篇》卷三「桐梓樅窠榆椿樗」，顔師古注：「椿，字或作欋。」《莊子・逍遥遊》：「上古有大椿者，以八千歲爲春，八千歲爲秋。」後遂以椿爲長壽之象徵。
杪，《説文》：「木標末也。从木，少聲。」「標」即樹梢。段玉裁注：「引伸之凡末皆曰杪。」《方言》卷二：「杪，小也。……木細枝謂之杪。」郭璞注：「杪，言杪梢也。」
柴，《説文》：「小木散材。从木，此聲。」《集韻》：「柴，小木也。」

[三] 箸，《説文》：「飯攲也。从竹，者聲。」「攲，持去也。」《玉篇》：「箸，筴也，飯具也。」亦即今所謂筷子。
涏，《玉篇》：「洴涏。」《集韻》：「涏，洴涏，小水。」同音字有筳。《楚辭》屈原《離騷》：「索藑茅以筳篿兮，命靈氛爲余占之。」王逸注：「筳，小折竹也。」吕向注：「筳，竹筭也。」「箸」爲筷子，「筳」爲小竹枝，二者義近。
縞，《詩經・鄭風・出其東門》「縞衣綦巾」，毛傳曰：「縞衣，白色男服也。綦巾，蒼艾色女服也。」孔穎達疏：「縞，是薄繒，不染，故色白也。」《説文》：「縞，鮮色也。从糸，高聲。」段玉裁注據《漢書・地理志》顔師古注曰「縞，鮮支也」，認爲應作「縞，鮮卮也」，譌作「色」。卮、支皆章母支部字，可通。據《廣雅》，「鮮支」即絹也。縞，假作「犒」，即以酒食勞軍。
給，《説文》：「相足也。从糸，合聲。」即供給、供應。《玉篇》：「給，供也，備也，足也。」「縞」假作「犒」，與「給」的「供」、「足」之字義相近。

[四] 勸，《説文》：「勉也。从力，雚聲。」《吕氏春秋・爲欲》「則是三者不足以勸」，高誘注：「勸，樂也。」
怖，《説文》：「恨怒也。从心，市聲。」《廣韻》：「怖，意不悦皃。」
槈，《説文》：「薅器也。从木，辱聲。或从金。」爲除草之農具。字或作「耨」，《國語・齊語》：「時雨既至，挾其槍、刈、耨、鎛，以旦暮從事於田野。」

桂，《説文》：「冊又，可以劃麥，河内用之。从耒，圭聲。」段玉裁更「冊又」爲「冊叉」，曰：「即今俗用麥杷也。」

［五］ 某，《説文》：「酸果也。」段玉裁注：「此是今梅子正字。」其樹即「楳」，今之梅樹。《詩經・召南・摽有梅序》陸德明《釋文》曰：「梅，木名也，《韓詩》作『楳』。」

柟，亦作「柟」。《詩經・陳風・墓門》：「墓門有梅，有鴞萃止。」毛傳曰：「梅，柟也。」《爾雅・釋木》説同，邢昺疏引孫炎云：「荆州曰梅，揚州曰柟。」《説文》「柟」作「枏」，曰：「梅也。从木，冄聲。」又曰：「梅，枏也，可食。从木，每聲。」段玉裁注曰：「後世取『梅』爲酸果之名，而『梅』之本義廢矣。……轉謂酸果有『柟』，此誤之甚者也。」其説可從。「柟」即今楠木，爲常緑喬木，其木富香氣，質堅密，爲建築與製器具之良材。

早，可讀爲「草」。《周禮・地官・大司徒》「其植物宜早物」，朱駿聲《説文通訓定聲》認爲此處之「早」當假借爲「草」，「俗字誤作皁，作皂」。《周禮》同文鄭玄注引鄭司農云：「皁物，柞栗之屬。」陸德明《釋文》曰：「早音皁，本或作皁，注同。」

蠸，《説文》：「蟲也。……从虫，雚聲。」《玉篇》：「蠸，食瓜蟲。」从「雚」得聲字，多有草木名。《爾雅・釋草》：「雚，芄蘭。」「權，黄華。」《爾雅・釋木》：「權，黄英。」「木族生爲灌。」「族生」即叢生。又《爾雅・釋草》：「蒹、薕，葭、蘆，菼、薍，其萌⿱艹⿰弓雚。」郭璞注曰：「今江東呼蘆笋爲⿱艹⿰弓雚。然則萑葦之類其初生者皆名⿱艹⿰弓雚。」按：「⿱艹⿰弓雚」从「⿰弓雚」，《説文》：「⿰弓雚，弓曲也。」萑葦之類初生者所以名⿱艹⿰弓雚，蓋因其初生時皆作弓曲狀，參見朱駿聲《説文通訓定聲》。按：「早」如讀爲「皁」，「蠸」讀爲「雚」，則「皁雚」或即《廣雅・釋鳥》之「皁帔」，其文曰：「皁帔，雚雀也。」帔，帔肩。皁帔，即指黑背之雚。

［六］ 窫，《説文》：「靜也。从宀，契聲。」《玉篇》釋「窫」引《蒼頡篇》云「安也」。

椅，可讀作「倚」。《説文》：「倚，依也。」《詩經・大雅・公劉》「于京斯依」，朱熹《集注》曰：「依，安也。」

姘，《廣韻》引《蒼頡篇》云：「男女私合曰姘。」字通「駢」。《莊子・駢拇》「駢拇枝指」，陸德明《釋文》引《廣雅》云：「駢，並也。」又引崔云：「（枝）音歧，謂指有歧也。」成玄英疏：「駢，合也，謂足大拇指與第二指相連合爲一指也。」「駢枝」一詞出於此。駢、枝實皆增生，故「駢枝」意爲多餘、累贅。

觟，《説文》訓作「牝牂羊生角者也。从角，圭聲」。「牂」即牝羊。故段玉裁《説文解字注》依《韻會》，將《説文》「觟」下文字改作「觟，牝羊角者也」，其注云「牂羊多無角，故其角者别之曰觟也」，牝羊生角亦是不正常之增生，與「駢枝」義近。

［七］ 戾，《説文》：「曲也。」可讀作「⿱艹戾」。《説文》：「⿱艹戾，艸也，可以染留黄。从艸，戾聲。」朱駿聲《説文通訓定聲》云：「草似艾，所染色黧黑而黄近緑。」

弇，《説文》：「蓋也。」「弇」可讀作黭，《説文》：「黭，果實黭黯，黑也。从黑，弇聲。」

焉，《説文》：「鳥，黄色，出於江淮。」段玉裁注：「今未審何鳥也，自借爲詞助而本義廢矣。」可讀作「蔫」。《廣雅・釋詁四》：「蔫，葾也。」朱駿聲《説文通訓定聲》曰：「葾即蔫之别體字。」

宛，《説文》：「屈草自覆也。从宀，夗聲。」

焉、蔫、宛、葾均影母元部字。又「宛」可讀作「黦」，《廣韻》釋爲黄黑色，與《説文》訓「焉」爲黄色鳥字義相聯。

［八］ 郃，《説文》：「左馮翊郃陽縣。从邑，合聲。」字與「佮」、「欱」、「詥」音同。朱駿聲《説文通訓定聲》曰：「佮，經傳通以合爲之。按配耦之義爲佮，聚會之義爲欱，和協之義爲詥。」

簍，《説文》：「竹籠也。从竹，婁聲。」字通「摟」。《爾雅・釋詁下》：「摟，聚也。」

埒，《急就篇》卷三「頃町界畝畦埒封」，顔師古注：「埒者，田間埒道也。一説謂庳垣也。今之圃，或爲短牆，蓋埒之謂也。」

畦，《史記・貨殖列傳》曰「千畦薑韭」，集解引韋昭注曰：「畦，猶壟。」《集韻》：「畦，田起埒也。」

［九］ 狛，《説文》：「如狼，善驅羊。从犬，白聲。」「狛」爲滂母鐸部字，亦从「白」得聲而屬並母鐸部的字有「帛」。《説文》：「幣，帛也。」《孟子・梁惠王下》「事之以皮幣」，趙岐注：「幣，繒帛之貨也。」《戰國策・秦策二》「王其爲臣約車並幣」，高誘注：「幣，貨。」

⿰貝爲，《説文》：「資也。从貝，爲聲。或曰此古貨字。」「⿰貝爲」爲見母歌部字，「貨」爲曉母歌部字，音近。

溓，《説文》：「薄水也。一曰中絶小水。从水，兼聲。」朱駿聲《説文通訓定聲》曰：「按水性有輕重，味亦有厚薄。淡言味，溓言質也。字不从仌。《文選・寡婦賦》注誤作『薄冰』

也，非是。」《玉篇》：「溓，薄也，大水中絶，小水出也。」段玉裁《說文解字注》認爲《玉篇》所云「當是古人所見完本」，而《說文》「後奪誤爲四字」。

滎，《說文》：「絶小水也。从水，熒省聲。」段玉裁注曰：「中斷曰絶，絶者，窮也。引伸爲極至之用，絶小水者，極小水也。」

[一〇] 繅，即「繅」。《說文》：「繅，繹繭爲絲也。从糸，巢聲。」「繹，抽絲也。」

㞡，即「展」字，《說文》作「㞡」，曰：「轉也。从尸，襄省聲。」《廣雅·釋詁三》：「展，直也。」《釋詁四》：「展，舒也。」

庳，《說文》：「中伏舍。从广，卑聲。」段玉裁注曰：「謂高其兩旁而中低伏之舍也。」从「卑」得聲字有「捭」，《說文》：「捭，兩手擊也。从手，卑聲。」段玉裁注：「謂左右兩手横開旁擊也。」字亦作「擺」，「捭」爲幫母支部字，「擺」爲幫母歌部字，支、歌均陰聲韻而旁轉。「擺」之字義與「展」之舒展、伸直之義有相近處。

脂部*

* 在本韻部内，押脂部韻的字是：耆、稽，氐。

啎域邸造[一]，殔縠殀耆[二]。候騎漳沮[三]，決議篇稽[四]。媿欺蒙期[五]， 四四

[一] 啎，《說文》：「逆也。从午，吾聲。」與「圉」皆疑母魚部字，故通「圉」。《左傳》隱公十一年：「亦聊以固圄圉也。」杜預注：「圉，邊垂也。」即邊境、邊際。

域，《詩·商頌·玄鳥》「正域彼四方」，朱熹集傳：「域，封竟也。」亦即疆界。

「柱國」見《吕氏春秋·淫辭》「荆柱國莊伯」，高誘注：「柱國，官名，若秦之有相國。」《漢書·高帝紀上》「懷王柱國共敖爲臨江王」，顔師古注引應劭曰：「柱國，上卿官也，若相國矣。」

邸，《慧琳音義》卷三十九「邸店」注引《蒼頡篇》曰：「邸，市中舍也。」《漢書·盧綰傳》記盧綰妻與其子亡降，「會高后病，不能見，舍燕邸」，顔師古注：「舍，止也。諸侯王及諸郡朝宿之館，在京師者謂之邸。」通作「抵」。抵，至也。

造，《尚書·盤庚中》曰「咸造勿褻在王庭」，僞孔傳曰：「造，至也。」

[二] 殔，即《說文》「殔」字。《說文》：「殔，瘞也。从歺，隶聲。」《玉篇》：「殔，埋棺坎下也，瘞也，亦假葬於道側曰殔。」「假葬」即所謂「暫厝」，將棺木淺埋以待正式歸葬。

縠，即「縠」字。《說文》：「縠，細縛也。从糸，㱿聲。」即未染的白色細絹。《文選》宋玉《神玉賦》「動霧縠以徐步兮」，李善注：「縠，今之輕紗，薄如霧也。」

「殔」有淺葬之義，與「縠」之輕薄，在字義上有聯繫。

殀，即《說文》「殀」字。《說文》：「殀，禽獸所食餘也。从歺，从肉。」義即殘餘。字通「殘」，皆從母元部字。《玉篇》：「殘，食餘也。」《方言》卷一：「晉魏河内之北謂惏曰殘，楚謂之貪。」「惏」通「惏」，《說文》：「河内之北謂貪曰惏。」亦通「婪」，《說文》：「婪，貪也。」《慧琳音義》卷八十二「貪婪」注引《考聲》曰：「婪，貪也，殘也。」

耆，《說文》：「老也。从老省，旨聲。」典籍中「耆」多讀作「嗜」。「嗜」有「貪」義，《國語·楚語下》記葉公子高與楚令尹子西對話曰：「吾聞國家將敗，必用姦人，而嗜其疾味。」韋昭注：「嗜，貪也。」

[三] 候，即「候」字。《說文》：「候，伺望也。从人，侯聲。」

騎，《説文》：「跨馬也。从馬，奇聲。」「騎」亦爲騎兵之稱，《文選》揚雄《長楊賦》「羅千乘於林莽，列萬騎於山隅」，吕向注：「騎，兵騎也。」又如《史記・項羽本紀》：「沛公旦日從百餘騎來見項王。」

《史記・匈奴列傳》言匈奴單于「使奇兵入燒回中宫，候騎至雍、甘泉」，索隱引崔浩云：「候，邏騎。」「候騎」、「邏騎」，即巡邏以監視、偵查敵情之騎兵。《慧琳音義》卷十一「關邏」注引《集訓》：「邏，遊兵斥候遮邏也。」此「遮」與「邏」義近同。

〔四〕 漳，即「淳」字。《説文》：「淳，渌也。」即水清。《國語・周語上》「王乃淳濯饗醴」，韋昭注：「淳，沃也。」《廣雅・釋詁二》：「淳，漬也。」《廣韻》：「漬，浸潤。」

沮，有「漬」義。《慧琳音義》卷十五「沮壞」注引《字書》：「沮，溼也，漬也。」又《詩經・魏風・汾沮洳》：「彼汾沮洳，言采其莫。」「沮洳」，疊韻聯緜詞，朱熹《集傳》曰：「水浸處下濕之地。」

決，《説文》：「行流也。从水，从夬。」《漢書・溝洫志》「治水有決河深川」，顏師古注：「決，分泄也。」又「決」有決斷之意，《淮南子・時則訓》「審決獄」，高誘注：「決，斷也。」

議，《玉篇》：「法有八議也，謀也，語也。」《儀禮・有司徹》「乃議侑于賓」，鄭玄注：「議，猶擇也。」《慧琳音義》卷六十一「決擇」注引《考聲》曰：「擇，揀也。」

篇，《説文》：「書也。一曰關西謂榜曰篇。从竹，扁聲。」朱駿聲《説文通訓定聲》云：「篇，謂書於簡册可編者也。」

稽，或隸作「稽」，睡虎地秦簡此字寫作「𥡴」（見方勇編著《秦簡牘文字編》，一七九頁），「旨」亦省作「𠀉」，同於本簡文。馬王堆帛書「稽」字作「稽」、「稽」、「稽」形（見陳松長編著《馬王堆簡帛文字編》，二五四頁）。銀雀山漢簡作「稽」形（駢宇騫編著《銀雀山漢簡文字編》，文物出版社，二〇〇一年），皆同字之異體。《説文》：「稽，留止也。从禾，从尤，旨聲。」《玉篇》作「稽」，「旨」字作「𠀉」亦與本簡文同。其文曰：「稽，留也，治也，考也，合也，計當也。」又訓「名籍」，《周禮・天官・小宰》「二曰聽師田以簡稽」，賈公彦疏：「稽，名籍也。」

按：「篇」有「編」意，字亦與「編」通。則「篇稽」可讀作「編稽」，意即編次而考計，或編次名籍。

〔五〕 娩，即《説文》「𪚥」字。《説文》：「𪚥，生子齊均也。从女，从生，免聲。」桂馥《説文義證》引《纂要》曰：「齊人謂生子曰𪚥。」朱駿聲《説文通訓定聲》云：「同時生爲娩。」通「娩」、「挽」，《禮記・内則》：「女子十年不出，姆教婉娩聽從。」鄭玄注：「娩之言媚也。媚謂容貌也。」「媚」有容貌美好之意，但另亦有「逢迎」、「討好」、「諂諛」之義，如屈原《九章・惜誦》：「忘儇媚以背衆兮。」《史記・佞幸列傳序》：「非獨女以色媚，而士宦亦有之。」

欺，《説文》：「詐欺也。从欠，其聲。」《荀子・性惡》「則所聞者欺誣詐僞也」，楊倞注：「欺，誑也。」

蒙，《爾雅・釋草》：「王女。」郭璞注：「蒙即唐也，女蘿别名。」亦即菟絲。「蒙」字又有遮掩、蒙蔽之意，故引申爲「欺」，如《左傳》僖公二十四年「上下相蒙」，杜預注：「蒙，欺也。」

期，《説文》：「會也。从月，其聲。」《玉篇》：「期，會也，當也，要也，時也，契約也。」

「期」通「倛」。「蒙期」可讀作「蒙倛」，《荀子・非相》：「仲尼之狀，面如蒙倛。」楊倞注曰：「其首蒙茸然，故曰蒙倛。」「蒙茸」，亂貌。

耒旬㯖氏〔一〕。

百卌四 四五

〔一〕 耒，《説文》：「手耕曲木也。」「耒」爲曲柄、下端歧出的木製掘土器具，其形亦見於殷墟甲骨文。

旬，《説文》：「徧也。十日爲旬。从勹、日。」《説文》有「栒」字，曰：「栒，大木可爲鉏柄。从木，𦣞聲。」「鉏」即「耡」字别體。此字或作「枸」，从木，旬聲。

㯖，即「隸」，戰國秦兵器銘文、高奴權銘文「隸」字作此形。《説文》：「隸，附箸也。从隶，柰聲。」《後漢書・馮異傳》「各有配隸」，李賢注：「隸，屬也。」

氏，《説文》：「至也。」《詩經・小雅・節南山》「維周之氐」，毛傳：「氐，本。」「氐」亦訓爲「歸」，《漢書・禮樂志》「大氐皆因秦舊事焉」，顏師古注：「氐，歸也。」即歸屬之意。

又《史記・律書》：「氏者，言萬物皆至也。」「氏」之訓「歸」、「至」，與「隸」之訓「附箸」在字義上相聯。

陽部＊

＊在本韻部内，押陽部韻的字，依次是：光、襄、鄭、慶、莊、臧、高、章、黥、黄、殤、狂、傷、盲、詳、埸、諒，彊、薔、郎、房、梁、堂、倉，狼、䗂、鳩、防、漳、方，霜、綱、陽、亢、庚、阬、羌、鑲、糧、京，箱、楊、桑、蔣、英，卬。

顓項

顓 顓項祝融[一]，柖榣奮光[二]。顡豫録恢[三]，佝隋愷襄[四]。鄢鄧析酈[五]， 四六

項 宛鄲鄂鄭[六]。閱徼竈趕[七]，滕先登慶[八]。陳蔡宋衛[九]，吴邗許莊[一〇]。 四七

建武牴觸[一一]，軍役嘉臧[一二]。貿易買販[一三]，市旅賈高[一四]。䡺㞓賁達[一五]， 四八

游敖周章[一六]。黚黶黯䵘[一七]，黥黝黭黥[一八]。黔黤赫赮[一九]，儵赤白黄[二〇]。 四九

殣弃膢瘦[二一]，兒孺旱殤[二二]。恐懼懷歸[二三]，趨走病【狂】[二四]。疵疕秃瘻[二五]， 五〇

齮齕痍傷[二六]。毆伐疻痏[二七]，肤胅睛盲[二八]。執囚束縛[二九]，論訊既詳[三〇]。 五一

卜筮卦占[三一]，祟在社埸[三二]。寇賊盜殺[三三]，捕獄問諒[三四]。百卌六 五二

[一] 顓項，《説文》：「顓，頭顓顓，謹皃。从頁，耑聲。」段玉裁注曰：「此本義也，故从頁。」在典籍中多假作「專」，《漢書・食貨志上》「又顓川澤之利」，顔師古注：「顓，與專同。」專，有「專一」之義。項，《説文》：「頭項項，謹皃。从頁，玉聲。」段玉裁注曰：「此本義也，故从頁。引伸爲正也。」顓項，在古史傳説中爲黄帝後裔。《世本・帝繫篇》曰：「黄帝生昌意，昌意生高陽，是爲帝顓項，顓者，專也，言能專正天之道也。」（見《世本八種》秦嘉謨補本，中華書局，二〇〇八年）《白虎通義》亦引此段文字而略多：「謂之顓項

何？顓者，專也，頊者，正也。能專天下之道。」祝融，古史傳説中的火神與南方之神。《説文》：「祝，祭主贊詞者。」《禮記・曾子問》「祝迎四廟之主」，鄭玄注：「祝，接神者也。」《禮記・郊特牲》「祝將命也」，孔穎達疏：「祝以傳達主人及神之辭令也。」祝之行爲，如以言告神之動作及傳鬼神之辭、祈福之辭亦均名之曰「祝」。《左傳》昭公二十九年列舉「五行之官」，其中「火正曰祝融」，杜預注：「祝融，明貌。」又《山海經・海外南經》「南方祝融，獸身人面，乘兩龍」，郭璞注：「祝融，火神也。」

〔二〕招榣，即「招榣」。《説文》：「招，樹揺皃。从木，召聲。」「榣，樹動也。从木，䍃聲。」「招榣」，典籍多作「招揺」，爲星名。《楚辭》劉向《九歎・離世》「撫招揺以質正」，王逸注：「招揺，北斗杓星也。」《淮南子・兵略訓》「雖順招揺」，高誘注：「招揺，斗杓也。」亦有説爲斗柄前星（即端星）或稱第七星的。如《禮記・曲禮上》「招揺在上」，鄭玄注：「又畫招揺星於旌旗上……招揺星在北斗杓端，主指者。」陸德明《釋文》曰：「北斗第七星。」孔穎達疏引《春秋運斗樞》云，北斗七星第七名揺光，即指招揺也。又云：「北斗星在軍中舉之於上，以指正四方，使四方之陳不差，故云『招揺在上』也。然並作七星而獨云招揺者，舉指者爲主，餘從可知也。」「招揺」亦作動詞用，《漢書・司馬相如傳下》之《大人賦》曰「又猗抳以招揺」，顔師古注引張揖曰：「招揺，跳踃也。」「踃」亦跳動之意。《史記・孔子世家》：「靈公與夫人同車，宦者雍渠參乘，出，使孔子爲次乘，招揺市過之。」集解引徐廣曰：「招揺，翱翔也。」

奮，即「奮」字。奮光，《慧琳音義》卷四十七「奮迅」注引《考聲》曰：「奮，鳥振毛羽也。」又《玉篇》：「奮，翬也，飛也，動也，朋也，奮奞也，振也。」《史記・樂書》「奮至德之光」，集解引孫炎曰：「奮，發也。至德之光，天地之道也。」

〔三〕纇，《説文》：「大頭也。从頁，羔聲。」《玉篇》：「纇，《蒼頡》云『頭大也』。」《廣韻》：「纇，額大皃。」引申爲「大」，如《廣雅・釋詁一》：「纇，大也。」豫，《説文》：「象之大者。賈侍中説：不害於物。从象，予聲。」段玉裁注：「引伸之，凡大皆偁豫。……大必寬裕，故先事而備謂之豫，寬裕之意也。」録，《説文》：「金色也。从金，录聲。」《玉篇》：「録，貝文也。」常用作動詞「記録」。「録」、「鹿」均來母屋部字，故可通。《漢書・蕭何曹參傳贊》「當時録録，未有奇節」，顔師古注：「録録猶鹿鹿，言在凡庶之中也。」「鹿」亦通「麓」。典籍每言「大麓」，如《漢書・王莽傳上》「納于大麓」，顔師古注：「山足曰麓。」又如《尚書大傳》卷一：「致天下於大麓之野。」《説文》曰：「一曰林屬於山爲麓。」桂馥《義證》曰：「麓則林之大者也。」「麓」之言「大」，當是因其爲山足下之林而範圍廣大之故。恢，《説文》：「大也。从心，灰聲。」《玄應音義》卷三「恢大」注引《蒼頡解詁》曰：「恢，亦大也。」又「恢」亦有「寬廣」、「廣闊」之義。如《漢書・敘傳下》「恢我疆宇」，顔師古注：「恢，廣也。」

本句「纇」、「豫」、「録（麓）」、「恢」因均有「大」義而相聯繫。

〔四〕彴，《説文》：「行示也。从彳，勺聲。《司馬法》：『斬以彴。』」《玉篇》：「彴，師宣令也。」「彴」可假借爲「徇」、「循」。彴、徇均爲邪母真部字，循爲邪母文部字，真、文均陽聲韻而旁轉。《左傳》文公十一年「國人弗徇」，杜預注：「徇，順也。」又《太平御覽》引服本「徇」作「循」。隋，即「隋」字，从阜，㚇聲。「㚇」字之右上部仍从「圣」，保留此字初形，尚未譌變作「左」。假借作「隨」，《淮南子・脩務訓》「隨山栞木」，高誘注：「隨，循也。」又《廣雅・釋詁一》：「隨，順也。」

愷，《説文》：「樂也。从心，豈聲。」字通作「豈」。《説文》：「豈，還師振旅樂也。一曰欲也，登也。」段注本作「一曰欲登也」。《禮記・曲禮下》「天王登假」，鄭玄注：「登，上也。」「登」訓「上」，當緣於《説文》釋「登」作「上車也」。又《周禮・地官・鄉大夫》「以歲時登其夫家之衆寡」，鄭玄注：「登，成也，定也。」襄，即「襄」字。《説文》：「襄，漢令，解衣耕謂之襄。」「襄」有「上」義，《尚書・堯典》「蕩蕩懷山襄陵」，僞孔傳曰：「襄，上也。」蔡沈《集傳》曰：「襄，駕出其上也。」「襄」亦訓「成」，《左傳》定公十五年「不克襄事」，杜預注：「襄，成也。」

「襄」與「愷」（讀「豈」，訓「登」）因皆有「上」、「成」之義而可相合。

〔五〕鄢，春秋時爲楚地。秦置縣，歸屬南郡。漢惠帝三年改作宜城縣（在今湖北宜城縣西南）。又，春秋時鄭邑亦有鄢，在今河南鄢陵縣。

鄧，西周時所封曼姓國。春秋時位於今湖北襄樊市（屬該市之襄陽區發掘有春秋鄧國墓葬），後爲楚滅，爲楚邑。秦時曾置有鄧縣，在今河南鄧縣，隸屬南陽郡。《史記・秦本紀》：

「大良造白起攻楚，取鄢、鄧，赦罪人遷之。」

酈，《漢書·高帝紀上》：「還攻胡陽，遇番君別將梅鋗，與偕攻析、酈，皆降。」顔師古注引蘇林曰：「酈音蹢躅之蹢。」並云：「析、酈，二縣名。蘇、如兩音並同耳。析縣今内鄉。酈即菊潭縣也。」酈在今河南南陽北，析在今河南内鄉西北。秦、漢時屬南陽郡。

[六] 宛，《漢書·地理志》南陽郡「宛」下曰：「故申伯國，有屈申城。……莽曰南陽。」在今河南南陽市。秦、漢時屬南陽郡。

罫，即「鄂」，亦即「鄂」。「罫」是「鄂」字的異體。「罫」是否「鄂」形變作「鄂（鄂）」的中間形態不可確知。「鄂」从「咢」得聲，而「咢」从「屰」得聲。「亏」（于）爲匣母魚部字，「屰」爲疑母鐸部字，魚、鐸係陰入對轉，聲母匣、疑相近，故「亏」與「屰」音近同可通。故「鄂」寫作「鄂」也是聲旁的改換。鄂，縣名。在今湖北鄂州市，西漢時屬江夏郡。另有西鄂，秦、漢時屬南陽郡，見《漢書·地理志》，顔師古注引應劭曰：「江夏有鄂，故加西云。」

鄂，鄉名，屬秦、漢南陽郡育陽縣。《説文》：「鄂，南陽淯陽鄉。从邑，号聲。」《漢書·地理志》「育陽」下顔師古注引應劭曰：「育水出弘農盧氏，南入于沔。」

穰，即「䆁」字。《説文》：「䆁，今南陽穰縣是。」段玉裁注曰：「䆁者，古字；穰者，漢字。」如依段説，本簡文仍作「䆁」，是改作「穰」或在西漢時。《漢書·地理志》南陽郡有穰縣，云：「莽曰農穰。」顔師古注：「今鄧州穰縣是也。」在今河南鄧縣。秦昭王母宣太后之弟魏冉封於穰，稱穰侯。

[七] 閲，《説文》：「具數於門中也。从門，説省聲。」其義即「數」也，亦即「計數」。引申爲「簡閲」、「檢閲」、「審核」。又引申爲明功勞，明等次。

徹，即《説文》「勶」字，「徹」字不从「力」而从「刀」，可認爲是「勶」的異體。《説文》：「勶，發也。从力、徹，徹亦聲。」段玉裁注：「勶與徹義别，徹者通也，勶謂除去。」「勶」亦可讀作「徹」。《説文》：「徹，通也。」引申爲「明」，即「明了」之義。《莊子·大宗師》：「已外生矣，而後能朝徹。」成玄英疏：「朝，旦也；徹，明也。」又，《慧琳音義》卷十六「透徹」注引賈注《國語》曰：「徹，明也。」

竈，《説文》：「炊竈也。从穴，鼁省聲。」後多作「竈」。段玉裁注據《史記·孝武本紀》索隱補「周禮以竈祠祝融」。《淮南子·時則訓》：「孟夏之月，……其祀竈。」

趩，《説文》：「止行也。一曰竈上祭名。从走，畢聲。」通「蹕」。

[八] 縢，即「滕」。《説文》：「滕，水超涌也。」即水沸騰上涌。「滕」與「騰」通，如《詩經·小雅·十月》：「百川沸騰。」《文選》張衡《西京賦》「乃奮翅而騰驤」，薛綜注：「騰，超也。」「超」即先行，與「先」之字義合。

登，《禮記·月令》「農乃登麥」，鄭玄注：「登，進也。」亦訓「上」，《周禮·秋官·司民》「掌登萬民之數」，鄭玄注：「登，上也。」《玉篇》：「登，升也，上也，進也。」

慶，《説文》：「行賀人也。」有祝賀、獎賞諸義。典籍中，「慶」可假借爲「卿」，《戰國策·趙策》「荆慶之斷三」，鮑彪注：「慶、卿古字通。」《史記·天官書》：「若煙非煙，若雲非雲，郁郁紛紛，蕭索輪囷，是謂卿雲。卿雲見，喜氣也。」正義曰：「卿音慶。」《漢書·天文志》引此《天官書》文而「卿雲」作「慶雲」。「卿」爲大夫中品位至上者之稱。《禮記·王制》「諸侯之上大夫卿」，鄭玄注：「上大夫曰卿。」《孟子·萬章下》「卿一位」，孫奭疏云：「知進退而其道上達者，卿也。」

[九] 陳、蔡、宋、衛皆周封國名。

陳，西周初周武王封舜後裔胡公滿於陳，地在今河南淮陽。前四七九年爲楚滅。

蔡，西周初，周武王封其弟叔度於蔡，地在今河南上蔡西南。成王時周公平定蔡叔叛亂，重封叔度子蔡仲於蔡。前四四七年爲楚滅。《莊子·山木》：「孔子圍於陳、蔡之間，七日不火食。」

宋，周公平定三監叛亂後，封商紂庶兄微子啟於商丘，地在今河南商丘東南。戰國時遷都於彭城，今江蘇徐州。前二八六年爲齊、楚、魏滅，其地三分。

衛，即「衛」。《説文》小篆字形作「衛」，在所从「韋」字下加了「木」，應屬一種繁化。秦隸中已有作「衛」形（見張守中《睡虎地秦簡文字編》頁二六）的「衛」字，又是對小篆字形的省變。本簡文作「衛」採用的即是此種異體。衛，周公東征後，封武王弟康叔於商，都故地衛，都邑在今河南淇縣東北之朝歌。周夷王時始稱「衛侯」。春秋時多次遷都。前二四一年秦王政攻取衛地，遷衛君於野王，今河南沁陽。秦二世六年（前二〇九）滅衛。

《莊子·山木》：「孔子問子桑雽曰：『吾再逐於魯，伐樹於宋，削迹於衛，窮於商、周，圍於陳、蔡之間，吾犯此數患，親交益疏，徒友益散，何與？』」言及以上所列四國。

〔一〇〕吴，周國名。據《史記・周本紀》與《吴太伯世家》及《左傳》、《國語》等文獻，周人先祖周太王（即古公）欲立少子季歷，其兄太伯、仲雍爲避之乃「亡如荆蠻，文身斷髮」，二人所立之國曰「句吴」，即吴。吴之都邑，傳世文獻多認爲在今江蘇無錫一帶，然迄今尚無考古資料可確證此説。春秋時作爲吴國都邑的吴在今江蘇蘇州。前四七三年爲越所滅。秦、西漢時吴地設吴縣，屬會稽郡。

邗，《左傳》哀公九年：「秋，吴城邗，溝通江淮。」此邗地位於邗江（即韓江）旁，約在今江蘇揚州北，運河西岸。吴國所掘溝爲人工運河，即邗溝，目的是連通長江與淮水，約自今揚州至今淮安。

許，周封國名，西周時在今河南許昌東。春秋時曾在今豫東南、豫南至豫西一帶多次遷都，最後都於容城（今河南魯山東南）。一説後爲楚滅。

莊，據《左傳》宋莊公之後裔稱莊族（《左傳》成公十五年）。宋臣遂有以「莊」爲氏者。典籍中亦可見楚、齊諸國亦有以「莊」爲氏者，殆多數是出自於謚號爲「莊」的列國國君之家族。春秋時楚、晉、鄭、衛、陳、魯、齊、宋、邾均有國君以「莊」爲謚名。莊子亦出生於宋國。

「許莊」二字在這裏相互有聯繫的字義需要進一步討論。甘肅水泉子漢簡《蒼頡篇》與本簡文此句相關的句子作「（吴）邗許莊姓不亡」，依其意，這裏「許莊」似仍與國族或姓氏有關。「許」、「莊」依二字字義似亦可相互聯繫。許，《説文》：「聽也。从言，午聲。」即允許、答應，引申爲贊許。典籍言「許」義或同於「所」、「處所」，如《墨子・非樂上》「吾將惡許用之」，孫詒讓《閒詁》引畢沅云：「惡許，猶言何許。」引王引之云：「言吾將何所用之也。……許、所聲近而義同。」此外，「許」爲曉母魚部字，「處」爲穿母魚部字，但與「許」同爲从「午」得聲的字如「杵」，即在穿母魚部，所以「許」、「處」亦音近可通。莊之本義爲草盛，引申有盛大之義。亦有莊重、莊嚴、恭敬諸義。《吕氏春秋・孝行》引曾子曰：「居處不莊，非孝也。」高誘注：「莊，敬。」《大戴禮記・曾子大孝》「故居處不莊非孝也」，王聘珍《解詁》：「莊，恭也。」

〔一一〕建，《玉篇》：「豎立也。」段玉裁《説文解字注》：「今謂凡豎立爲建。」《周禮・天官・序官》「惟王建國」，鄭玄注：「建，立也。」義近的字有「樹」、「設」等。

武，《漢書・禮樂志》：「言以功定天下也。」《左傳》隱公元年「宋武公生仲子」，孔穎達疏引《謚法》曰：「克定禍亂曰武。」「建」之訓「立」與「武」之有「定」義，二者可聯繫。《後漢書・郎顗傳》：「主名未立，多所收捕。」李賢注：「立，猶定也」。又《管子・幼官》「必設常主」，《集校》引丁世涵云：「設、定皆立也。」

牴觸，《説文》：「牴，觸也。从牛，氐聲。」「觸，抵也。从角，蜀聲。」二字互訓。

〔一二〕軍役，段玉裁《説文解字注》曰：「凡事勞皆曰役。」但軍役是最重要的役事，故《説文》釋曰：「役，戍邊也。从殳，从彳。」又《詩經・小雅・杕杜序》「勞還役也」，鄭玄注：「役，戍役也。」由此以至戍邊服軍役之人亦稱「役」。

嘉臧，「嘉」在典籍中有「美」、「善」等字義，「臧」亦訓「善」。《詩經・大雅・抑》：「辟爾爲德，俾臧俾嘉，淑慎爾止。」鄭玄箋云：「辟，法也。止，容止也。當審法度，女（汝）之施德，使之爲民臣所善所美，又當善慎女（汝）之容止。」陳奂《詩毛氏傳疏》：「臧、嘉，皆善也。」

〔一三〕貿易，《玄應音義》卷六「貿易」注引《三蒼》曰：「貿，易也。」《説文》：「貿，易財也。从貝，卯聲。」

買販，《説文》：「販，買賤賣貴者。」又《慧琳音義》卷四十一「販鬻」注引《禮記》曰：「朝買夕賣曰販。」

〔一四〕旅，多爲軍旅之稱。《漢書・天文志》「主葆旅事」，顔師古注引宋均曰：「旅，軍旅也。」或亦訓「衆」。稱「商旅」時則指經商之人。《吕氏春秋・仲秋》「來商旅」，高誘注：「旅者，行商也。」

啇，即「商」。賈商，《説文》：「賈，賈市也。从貝，襾聲。」段玉裁注認爲「賈」字爲「復舉字之未删者」，「市，買賣所之也，因之凡買凡賣皆曰市。賈者，凡買賣之偁也。」「賈」與「商」初有别，《周禮・地官・司市》「以商賈阜貨而行布」，鄭玄注：「通物曰商，居賣物曰賈。」又《白虎通義・商賈》：「行曰商，止曰賈。」亦即有所謂「行商坐賈」之區别。故《左傳》宣公十二年記隨武子言有曰「商、農、工、賈不敗其業」，商、賈即分言。「賈」、「商」亦指稱從事賈、商之人。

〔一五〕鰓，《説文》：「角中骨也。从角，思聲。」字可讀作「鰓」，即魚類頭部頰中之呼吸器官。

㞡，即《説文》小篆㞡字，亦即「展」字。《説文》釋作「轉也。从尸，襄省聲」，即「輾轉」之義。朱駿聲《説文通訓定聲》曰：「展轉者，忽屈忽伸不適而求適之意態也。」此其所謂「忽屈忽伸」之狀態與鰓一閉一合之狀態有相合之處。

賁，《說文》訓爲「飾也」，即「文飾」，引申爲美。《詩經・小雅・白駒》：「皎皎白駒，賁然來思。」朱熹《集注》曰：「賁然，光采之貌也。」字與「奮」均爲幫母文部字，可通。《荀子・堯問》：「忠誠盛於內，賁於外，形於四海。」「賁」即可讀作「奮」，《廣雅・釋詁四》：「奮，舒也。」《史記・樂書》「奮至德之光」，集解引孫炎曰：「奮，發也。」

達，有「通達」、「通暢」及「傳達」諸義。上文「賁」讀爲「奮」而有舒發之意，正可與「達」諸義有近合之處。

［一六］游敖，《尚書・君奭》「若游大川」，孔穎達疏：「游者，入水浮渡之名。」通作「遊」。段玉裁《說文解字注》曰：「游，又引伸爲出游，嬉游，俗作『遊』。」《說文》：「敖，出游也。」《詩經・小雅・鹿鳴》「嘉賓式燕以敖」，毛傳：「敖，遊也。」「游敖」係以同義字組成詞，如《戰國策・韓策三》所云「中國白頭游敖之士」。或言「敖游」，如《莊子・列禦寇》：「虛而敖游者也。」陸德明《釋文》：「敖，本又作遨。」

周章，即「周章」。《說文》訓「周」爲「密也」。《周禮・考工記・函人》「橐之而約則周也」，鄭玄注：「周，密緻也。」由此義而引申爲「至」、「徧」諸義。「周」另一字義是「周匝」，見《廣韻》。《國語・晉語五》「三周華不注之山」，韋昭注：「周，匝也。」「匝」即環繞、旋轉。章，《說文》「樂竟爲一章」，即樂曲結束爲一章。「周章」二字相連成詞，如《楚辭》屈原《九歌・雲中君》「聊翱遊兮周章」，王逸注：「周章，猶周流也。」「周流」之義見《禮記・仲尼燕居》「使女以禮周流」，孔穎達疏：「周流，謂周旋流轉」。「章」所以有「流轉」之義，或從「樂竟爲一章」而新曲開始又爲一章引申而來。另一說，是《楚辭》屈原《九歌・雲中君》呂向注所曰：「周章，往來迅疾貌。」以上四字「游敖周章」中，「敖」爲疑母宵部字，而「翱」爲疑母幽部字，宵、幽均陰聲韻且旁轉，故「游敖」即「遊翱」，亦即「翱遊」。則此「游敖周章」句或即取自於上引《楚辭》屈原《九歌・雲中君》「聊翱遊兮周章」。

［一七］黚，《說文》：「淺黄黑色。从黑，甘聲。」

黶，即「黶」字。《說文》：「黶，中黑也。从黑，厭聲。」段玉裁注：「謂黑在中也。」《禮記・大學》：「見君子而後厭然。」鄭玄注：「厭，讀爲黶。黶，閉藏貌也。」一說，黶是人身上之痣。《玉篇》：「黶，黑子。」《史記・高祖本紀》：「左股有七十二黑子。」正義曰：「許北人呼爲黶子，吴楚謂之誌。誌，記也。」

黯黮，《說文》：「黯，深黑也。从黑，音聲。」黯爲影母侵部字，黶爲影母談部字，侵、談皆陽聲韻且旁轉，故「黯」通作「黶」。《說文》：「黮，桑葚之黑也。从黑，甚聲。」「黮」通「葚」，即桑葚，亦即桑椹。「黯」、「黮」皆侵部韻，二者合成疊韻聯緜詞。《楚辭》劉向《九歎・遠遊》：「望舊邦之黯黮兮，時溷濁其猶未央。」王逸注：「黯黮，不明貌也。」又《楚辭》宋玉《九辯》：「彼日月之照明兮，尚黯黮而有瑕。」洪興祖《補注》：「黯黮，雲黑。」「黯黮」或作「黭黮」，「黭」爲影母談部字，音同「黶」，故亦與「黯」字通。

［一八］黦，即「黦」字。《說文》：「黦，黑有文也。从黑，冤聲。」字亦作「黦」，二字聲母皆影母，韻部分屬元、月，乃陽入對轉，故可通。

黝，《說文》：「微青黑色。从黑，幼聲。」《爾雅・釋宮》：「地謂之黝。」郭璞注：「黝，黑飾地也。」

黭，《說文》：「果實黭黯，黑也。从黑，弇聲。」《玉篇》：「深黑色也。」「黭黯」亦疊韻聯緜詞，近同於上文「黯黮」或「黭黮」，均指黑暗、不明之狀態。

黮，《說文》：「赤黑也。从黑，昜聲。讀若煬。」又「煬，炙燥也」，即烘烤，亦指火勢熾猛。

［一九］黔，所从「金」，上部作「今」，有標聲之作用，此是秦系文字特點。故《說文》曰「金」爲「今聲」。字與「黔」可通，但秦簡中「黔首」之「黔」無作「黔」字者。《說文》釋「黔」字曰：「黄黑色也。」

黤，《說文》：「青黑也。从黑，奄聲。」《玄應音義》卷十七「黤黮」注引《蒼頡篇》云：「黤黮，深黑不明也。」「黤」、「黭」均爲影母談部字，「黯」爲影母侵部字，「談」、「侵」旁轉，故「黤黮」實同於「黯黮」、「黭黮」。

赩，《說文》：「火赤皃。从二赤。」段玉裁注認爲當作「大赤皃」，曰：「此謂赤，非謂火也。赤之盛，故从二赤。」《詩經・邶風・簡兮》「赫如渥赭」，毛傳曰：「赫，赤貌。」引申爲「顯」、「明」、「盛」諸義。

赧，《方言》卷二：「愧也。秦晉之間，凡愧而見上謂之赧。」因慚愧而臉紅，故《說文》曰：「赧，面慙赤也。从赤，𠬝聲。周失天下於赧王。」

［二〇］儵，《說文》：「青黑繒縫白色也。从黑，攸聲。」字與「鯈」通。《山海經・北山經》：「其狀如儵而赤鱗。」郭璞注：「小魚曰儵。」郝懿行《箋疏》曰：「儵、鯈字通。」《莊子・秋水》「鯈魚出游從容」，陸德明《釋文》：「鯈魚，……謂白鯈魚也。」字亦作「鮋」。

〔二一〕殣，《説文》：「道中死人，人所覆也。从歺，堇聲。」《國語·楚語下》「道殣相望」，韋昭注：「道冢曰殣。」引申爲「掩」或「埋」，或以餓死爲「殣」。字與「墐」通。《詩經·小雅·小弁》：「行有死人，尚或墐之。」孔穎達疏：「墐者，埋葬之名耳。」「墐」即假借爲「殣」。

弃，即「棄」字，義即抛棄。也用作曝尸不埋之專用字。《釋名·釋喪制》：「不得埋曰棄，謂棄之於野也。」《詩經·魏風·陟岵》：「上慎旃哉，猶來無棄。」朱熹《集傳》曰：「棄，謂死而棄其尸也。」「棄」此義與「殣」所訓「覆尸」之義正相反。

臞，應是「臞」字的異體。《説文》：「臞，少肉也。从肉，瞿聲。」「矍」、「瞿」均係从「䀠」得聲。《史記·司馬相如列傳》「相如以爲列僊之傳居山澤閒，形容甚臞」，裴駰集解引徐廣曰：「臞，瘦也。」

〔二二〕兒，《説文》：「孺子也。」段玉裁注曰：「引伸爲凡幼小之偁。」《玉篇》「嬰」字下曰：「《蒼頡篇》云：『男曰兒，女曰嬰。』」

孺，《説文》：「乳子也。……从子，需聲。」又《釋名·釋長幼》：「兒始能行曰孺子。孺，濡也，言濡弱也。」

旱，本義是因不雨而乾旱。然《墨子·七患》曰「二穀不收謂之旱」，是引申其義，即因旱而至農作物未能成熟，此則可與下文「殤（殤）」之字義有相合之處。

殤，即「殤」字。《説文》：「殤，不成人也。……从歺，傷省聲。」即指未成年而死者。然引申之非自然而死亦曰「殤」。《小爾雅》曰：「無主之鬼謂之殤。」「主」一曰指「尸」也。《楚辭》屈原《九歌·國殤》所祀則專指爲國而戰死者，故其末句曰「子魂魄兮爲鬼雄」。凡祭祀殤者之祭名亦曰「殤」。

〔二三〕懼，即「懼」字。《莊子·天運》「吾始聞之懼」，陸德明《釋文》曰：「懼，一本作懼。」《爾雅·釋詁下》：「戰、慄、震、驚、戁、竦、恐、慴，懼也。」《説文》：「恐，懼也。」「懼，恐也。」是「懼」與「恐」互訓。又《莊子·庚桑楚》「南榮趎懼然顧其後」，成玄英疏：「懼然，驚貌也。」

懷歸，《説文》訓「懷」爲「念思也」。又《文選》司馬相如《長門賦》李善注引《蒼頡篇》曰：「懷，抱也。」「抱」是攬回向自己，故引申有「回」，有「歸」之義。《釋名·釋姿容》：「懷，回也。本有去意，回來就己也，亦言歸也，來歸己也。」《左傳》成公八年「小國所望而懷也」，孔穎達疏：「懷，歸也。」

〔二四〕趨走，《説文》：「趨，走也。从走，芻聲。」又「走，趨也。」亦爲互訓。故此「走」並非後世從容行走之義。段玉裁《説文解字注》曰：「今俗謂走，徐；趨，疾。」《太平御覽》卷三百九十四引《説文》曰：「趨，低頭疾行也。」《釋名·釋姿容》：「疾行曰趨。趨，赴也，赴所期也。」疾行必有固定去向，故「趨」、「走」均有「向」義，又引申作「歸」。如《荀子·議兵》：「韓之上地，方數百里，完全富足而趨趙。」楊倞注：「趨，歸也。」《吕氏春秋·審己》「水出於山而走於海」，高誘注：「走，歸。」

㾕，《説文》：「卧驚病也。」

狂，《説文》訓爲「狾犬也」，「狾犬」即狂犬。段玉裁注曰：「叚借之爲人病之偁。」

〔二五〕疵，《爾雅·釋詁下》：「病也。」邢昺疏：「疵者，瑕釁小病也。」「釁」即間隙。引申爲缺點、過失、瑕疵。惟《慧琳意義》卷七十八「瘦疵」注曰：「疵，瘡也，肉有黑毛生曰疵。」

疕，《説文》：「頭瘍也。从疒，匕聲。」《周禮·天官·醫師》：「凡邦之有疾病者、疕瘍者造焉，則使醫分而治之。」賈公彦疏：「疕，頭瘍，謂頭上有瘡含濃血者。」《廣雅·釋言》：「疕，痂也。」

秃瘻，《玉篇》：「瘻，瘡也。」《慧琳音義》卷十六「秃瘻」注引《考聲》曰：「久瘡不差曰瘻。」「差」即「瘥」，瘉也。「秃」爲透母屋部字，「瘻」爲來母侯部字，聲母相近，皆舌音，而韻部「侯」、「屋」爲陰入對轉，故「秃」、「瘻」音近同。

〔二六〕齮，即「齕」。《説文》中「齮」、「齕」皆訓爲「齧也」，即「噬」，咬也。《史記·田儋列傳》：「且秦復得志於天下，則齮齕用事者墳墓矣。」索隱曰：「齮齕，側齒齩也。」正義曰：「秦重得志，非但辱身，墳墓亦發掘矣。」故「齮齕」意近損傷。

痍，《説文》：「傷也。从疒，夷聲。」《釋名·釋疾病》：「痍，侈也，侈開皮膚爲創也。」《玄應音義》卷二「創痍」注引《通俗文》「體創曰痍」，故「痍」之傷是指利器造成的創傷。如《公羊傳》成公十六年：「王痍者何？傷乎矢也。」字與「夷」通，《後漢書·班超傳》：「身被金夷，不避死亡。」

傷，《説文》：「創也。从人，煬省聲。」是「傷」在訓作「創傷」這一字義上與「痍」相合，但「傷」在受創程度上較低，故《禮記·月令》言孟秋之月「命理瞻傷，察創，視折，審斷」，鄭玄注：「創之淺者曰傷。」此外，「傷」有引申義爲「詆毁」、「中傷」，即《廣雅·釋詁二》：「傷，諲也。」又引申爲「害」。

[二七] 毆，《説文》：「捶毄物也。从殳，區聲。」「毄，相擊中也，如車相擊，故从殳，从軎。」字與「擊」通。《玉篇》：「毆，捶擊也。」《論衡·訂鬼》：「病者困劇，身體痛，則謂鬼持箠杖毆擊之。」

疻痏，《説文》：「疻，毆傷也。从疒，只聲。」《慧琳音義》卷九十九「瘡痏」注引《蒼頡篇》云：「痏，傷也。」「疻」、「痏」相連成詞，《説文》：「痏，疻痏也。」言皮膚被毆擊後受傷之狀態。《急就篇》卷四「疻痏保辜謕呼號」，顔師古注：「毆人皮膚腫起曰疻，毆傷曰痏。」其意疻僅是腫起，而痏應是皮破血流，王筠《説文句讀》即持此説。又朱駿聲《説文通訓定聲》曰：「凡毆傷，皮膚起青黑而無創瘢者爲疻，有創瘢者曰痏。」朱駿聲説法雖與顔師古説不盡同，但「有創瘢者」必是皮破血流所致，二説並無大的差別。

[二八] 肤，《説文》：「孔也。从肉，決省聲。讀若決水之決。」段玉裁注云即尻孔，尻即臀。

肤，《説文》：「骨差也。从肉，失聲。讀與跌同。」段玉裁注：「謂骨節差忒不相值，故肤出也。」「肤出」，即凸起、突出。詞「窈突」，典籍或作「窅肤」。「肤」之突起字義與以上「肤」有孔洞、凹下之義正相反。

晴，字所从「青」上部「生」仍依𡳿形隸作㞢，未作「主」。《玉篇》：「晴，目珠子。」

盲，《説文》：「目無牟子。从目，亡聲。」「牟子」即「眸子」，亦即眼珠。

[二九] 執，即「執」字。《説文》：「執，捕罪人也。从丮、㚔，㚔亦聲。」《吕氏春秋·慎行》「王信之，使執連尹」，高誘注：「執，囚也。」引申爲「持」、「主」、「掌」諸意。

囚，《爾雅·釋言》：「拘也。」郭璞注：「謂拘執。」《説文》：「囚，繫也。从人在囗中。」《史記·秦始皇本紀》「斯卒囚，就五刑」，正義曰：「囚，謂禁錮也。」「執」、「囚」雖字義相近，有時可通用，但細析字義，「執」實强調「捕」，「囚」則更是强調拘禁。

束、縛，在《説文》中互訓。

[三〇] 論，《説文》：「議也。从言，侖聲。」即論説也。引申爲評論、評議。如《荀子·王制》「王者之論」，楊倞注：「論，謂論説賞罰也。」也作爲法律上的專用語，如《史記·吕后本紀》：「其群臣或竊饋，輒捕論之。」此「論」之義即論定罪行，亦即決罪。

訊，《説文》：「問也。从言，卂聲。」亦作爲司法上用語，如《周禮·秋官·小司寇》「用情訊之」，孫詒讓《正義》曰：「先聽之謂之訊。」又《漢書·張湯傳》「訊鞫論報」，顔師古注：「訊，考問也。……論報，謂上論之而獲報也。」審問俘虜亦謂之「訊」，且引申之凡捕捉的可以審訊的俘虜亦謂之「訊」。西周金文中習見「執訊」。《詩經·小雅·出車》「執訊獲醜」，朱熹《集傳》：「訊，其魁首當訊問者也。」

「論」、「訊」因皆可作爲法律用語而有相合處。

既，本義爲「已」，如《詩經·周南·汝墳》「既見君子」，毛傳曰：「既，已。」義同於「終」，引申爲「盡」。

詳，《説文》：「審議也。从言，羊聲。」「審」在此是審慎、慎重之意。《後漢書·明帝紀》「詳刑慎罰」，亦訓「悉」、「盡」，即詳細、詳盡。

[三一] 卜筮，《尚書·洪範》：「七，稽疑，擇建立卜筮人。」僞孔傳曰：「龜曰卜，蓍曰筮。」《禮記·曲禮上》曰：「龜爲卜，筴爲筮。」鄭玄注曰：「筴或爲蓍。」孔穎達疏：「解卜筮所用也。龜處筮後，龜覆於筮。『筴爲筮』者，筮在龜前爲決也。」又《禮記·曲禮上》：「假爾泰龜有常，假爾泰筮有常。」鄭玄注云：「命龜筮辭，龜筮於吉凶有常。大事卜，小事筮。」

𠧞，《説文》：「灼龜坼也。从卜、兆，象形。」讀同「兆」。

占，《説文》：「視兆問也。」

[三二] 祟，簡文此字「示」上所从近於「士」，但細審紅外照片可知，其兩横畫末端均有意頓揚，相比起來，下邊之「示」兩横畫末端則自然上斂收筆，全篇文字之横畫亦莫不如此。故此字「示」上所从應是「出」字，字當爲「祟」字。以往研究者多已指出，「祟」所从「出」乃「木」之譌變，由簡文此字字形知其所本之小篆字形已从「出」。《説文》曰：「祟，神禍也。」徐鍇《繫傳》曰：「祟者，神自出之以警人者，亦癘神無故而爲。」甘肅永昌水泉子漢墓出土木簡有曰「水日疾，祟在游死者」、「火日疾，祟在强死傷旱」（張存良、吴葒《水泉子漢簡初識》，《文物》二〇〇九年第十期，簡文照片載同期封三圖一二、一三）。該簡文中「祟」字字形與本簡文「祟」字形同。

在，《説文》：「存也。从土，才聲。」即存在，引申爲在於。

社，《說文》：「地主也。从示、土。」「地主」亦即《玉篇》釋「社」所云「土地神主也」。典籍中，祭土地神之祭名與祭所亦皆曰「社」。《左傳》閔公二年「間于兩社」，孔穎達疏云：「王者取五色之土封以爲社。」

〔三三〕 場，《國語・楚語下》「壇場之所」，韋昭注：「除地曰場。」「除地」即平整土地。《漢書・郊祀志上》「壇場上下」，顔師古注：「積土爲壇，平地爲場。」

寇賊，《說文》：「寇，暴也。」「賊，敗也。」「寇」、「賊」均可用爲動詞。《詩經・大雅・蕩》「寇攘式内」，孔穎達疏引《費誓》注云：「寇，劫取也。」《左傳》僖公九年「不僭不賊」，杜預注：「賊，傷害也。」又《國語・晉語五》「使鉏麑賊之」，韋昭注：「賊，殺也。」《尚書・吕刑》：「蚩尤惟始作亂，延及于平民，罔不寇賊鴟義。」鄭玄注：「平民化之無不相寇賊爲鴟梟之義。」孔穎達疏：「群行攻劫曰寇，殺人曰賊，言攻殺人以求財也。」是「寇」、「賊」均有以暴力劫財或人之義，故二字常連言或互訓，惟「寇」强調其聚群之特徵，「賊」强調其殺人之行爲。二者均引申爲名詞，即分别稱行寇賊之行爲的人。

盜，《說文》：「私利物也。」《左傳》文公十八年「竊賄爲盜」，孔穎達疏：「竊人財賄謂之爲盜。」又爲名詞，即爲盜者。典籍中所稱「盜」之行爲並不限於偷盜。「盜」亦從事暗殺行動，如《左傳》宣公三年曰：「使盜殺子臧於陳、宋之間。」又如《春秋》襄公十年：「盜殺鄭公子騑、公子發、公孫輒。」孔穎達疏：「盜者，寇賊之名。」是「盜」與「賊」在殺人這點上有共同處，故孔穎達將「盜」與寇賊視同。但當「盜」與「賊」並用時，二者還是有字義之區别的，如《荀子・正論》「故盜不竊，賊不刺」，楊倞注：「盜賊，通名，分而言之，則私竊謂之盜，劫殺謂之賊。」此説亦見《周禮・秋官・朝士》「凡盜賊軍」賈公彦疏。

〔三四〕 獄，「獄」之義爲訴訟。《左傳》莊公十年：「小大之獄，雖不能察，必以情。」又《說文》：「獄，确也。」桂馥《說文解字義證》引《春秋元命苞》曰：「獄者，核确也。」應是指在處理獄訟時要核準事實。又爲監獄之稱。

問，《說文》：「訊也。从口，門聲。」即詢問、質問。引申爲審訊。亦通「聞」，有「知」義。

諒，《說文》：「信也。从言，京聲。」即誠信、誠實。《論語・季氏》「友直、友諒、友多聞」，邢昺疏：「諒，謂誠信。」《方言》卷十二：「諒，知也。」

室宇

室　室宇邑里〔一〕，縣鄙封彊〔二〕。徑路衢術〔三〕，街巷垣蘠〔四〕。開閉門閭〔五〕， 五三

宇　闕廷廟郎〔六〕。廄層屋内〔七〕，窻牖户房〔八〕。桴楮榱桿〔九〕，柱枅橋梁〔一〇〕。 五四

屏圂廬廡〔一一〕，亭庵陛堂〔一二〕。庫府廥廄〔一三〕，囷窖廩倉〔一四〕。【桶】概參斗〔一五〕， 五五

〔一〕 室，古代房屋，前面有一大廳爲堂，裏面中間一間爲室，室兩側爲房。即《玄應音義》卷六「來室」注：「户外爲堂，户内爲室。」又朱駿聲《說文通訓定聲》：「凡堂之後一架，以牆間之，中曰室，左右曰房。」故《論語・先進》曰：「由也，升堂矣，未入於室也。」亦作宫室、房屋之通稱。

宇，《說文》：「屋邊也。从宀，于聲。」即屋檐。《易經・繫辭下》：「後世聖人易之以宫室，上棟下宇，以待風雨。」引申爲屋、宅、室諸義。

邑、里，皆爲人所居之聚落，故皆可訓「居」。《漢書・食貨志上》：「在邑曰里。」又《玉篇》：「里，邑里也。」是「里」通常設於邑中，爲邑中的居民單位，邑中諸里相互隔離。但或亦有單獨的小邑稱作「里」的，見長沙馬王堆三號漢墓出土之西漢早期《駐軍圖》(《文物》一九七六年第一期)。「里」、「邑」關係密切，故二者亦可互訓，如《爾雅・釋言》：「里，邑也。」《周禮・地官・里宰》「掌比其邑之衆寡」，鄭玄注：「邑，猶里也。」

[二] 縣，即「縣」。鄙，指城郊以外之野，《周禮·夏官·田僕》「掌馭田路以田以鄙」，孫詒讓《正義》曰：「蓋鄙者，野也，對城郭之言。」《國語·齊語》「參其國而伍其鄙」，韋昭注：「鄙，郊以外也。」亦指稱邊遠、邊陲地區。如《春秋穀梁傳》莊公十九年：「冬，齊人、宋人、陳人伐我西鄙。其曰鄙，遠之也。」又《春秋公羊傳》莊公十九年「伐我西鄙」何休注：「鄙者，邊垂之辭。」縣初亦多設於邊垂之地，故典籍或「縣鄙」連言，如《呂氏春秋·孟夏》云：「循行縣鄙。」

封，指設定土地區域間之界限。《玄應音義》卷十八「土封」注：「起土爲界曰封。」設界之方式有多種，如《急就篇》卷三「頃町界畝畦埒封」，顔師古注：「封，謂聚土以爲田之分界也。」又如《大戴禮記·王言》「五十里而封」，孔廣森《補注》：「封，謂近郊之四疆溝封之也。」引申爲名詞，封疆，又引申爲凡封邑、封國之稱。

彊，通「疆」。《說文》有「畺」字，訓爲「界」也，以「疆」爲之或體。春秋時期的秦公簋銘文已有「疆」字。「畺」應是此字初形。「彊」字从弓畺聲，《說文》訓爲「弓有力也」，即「强」之或體，但亦多假作「疆」。「疆」則是从土彊聲，義同畺。「疆」義爲「界」，用作動詞，即規劃土地邊界也。《詩經·大雅·緜》「迺疆迺理」，朱熹《集傳》：「疆，謂畫其大界。」又《左傳》宣公八年「楚子疆之」，杜預注：「疆，正其界也。」引申爲國家疆土之義，《國語·晉語一》：「蒲與二屈，君之疆也。」「疆」其義與「封」之設界義相合，故「封」亦多訓「疆」。《左傳》僖公三十年「既東封鄭」，杜預注：「封，疆也。」「疆」亦訓作「封疆」。《國語·齊語》：「正其封疆。」

[三] 徑，即「徑」。《說文》：「徑，步道也。从彳，巠聲。」亦稱「小道」或「小路」。

衝，《說文》：「通道也。从行，童聲。」又《慧琳音義》卷八「如衝」注引《說文》：「衝，交道四出也。」引申作「通」、「衝突」、「衝擊」等義。今作「衝」。

術，《說文》曰：「邑中道也。从行，术聲。」《玄應音義》卷十九「巷術」注引《蒼頡篇》云：「邑中道曰術。」《墨子·號令》：「因城中里爲八部，部一吏，吏各從四人，以行衝術及里中。」孫詒讓《閒詁》云此「衝術」義同於《墨子·旗幟》之「巷術」及《號令》之「術衢」。「術」通「隧」。「衝術」即「衝隧」，亦即攻城之隧道。

[四] 街，《說文》：「四通道也。」

巷，《說文》小篆字形作「𨛜」，但从二邑的寫法未見於戰國文字與秦文字。《說文》所附篆文从共从邑寫法則見於戰國晚期趙國兵器八年相邦劍銘文（《殷周金文集成》一一六七七、一一六七八）及古璽印文字（《古璽彙編》一八八二）。故簡文此所从「巳」或即是「邑」之省，或是譌變。秦文字中「巷」或寫作「衖」，與戰國文字「巷」字形同，字後省作「衖」，即「衖」字，此形在秦代以後即不甚流行，但漢代仍有用，亦見於後代字書。《說文》訓「巷」爲「里中道」，以「巷」爲會意字。但「巷」是匣母東部字，从「共」得聲字亦東部字，其聲母則分佈在見、群、匣、曉母中，故「巷」似應是从「共」得聲。

垣，《說文》：「牆也。从土，亘聲。」

蘠，《爾雅·釋草》曰：「蘠蘼，虋冬。」郭璞注：「虋冬，一名滿冬。」郝懿行《義疏》：「蘠蘼，即今薔薇。」字假作「牆」。朱駿聲《說文通訓定聲》所引石經《論語·子張》殘石「辟諸宮蘠」，今本作「譬之宮牆」。

[五] 閭，《說文》訓爲「里門也」。《周禮·秋官·序官》「脩呂氏」，孫詒讓《正義》曰：「里外周帀有圍牆，其門謂之閭，即里之外門。」《淮南子·時則訓》「門閭無閉，關市無索」，高誘注：「門，城門也；閭，里門也。」

[六] 闕，字殘，據阜陽雙古堆《蒼頡篇》，此字應是「闕」字。「闕」即門闕，亦稱「觀」。《爾雅·釋宮》：「觀謂之闕。」徐鍇《說文解字繫傳》：「闕，蓋爲二臺於門外，人君作樓觀於上，上員下方，以其闕然爲道謂之闕，以其上可遠觀謂之觀，以其縣法謂之象魏。」

廷，通「庭」，即宮寢之前庭。《詩經·齊風·著》「俟我於庭乎而」，朱熹《集傳》曰：「庭，在大門之內，寢門之外。」亦爲朝廷之稱，《說文》：「廷，朝中也。」

廟，即「廟」，專供祭祀先祖之宮室。《說文》：「廟，尊先祖皃也。从广，朝聲。」段玉裁注曰：「古者廟以祀先祖，凡神不爲廟也。爲神立廟者，始三代以後。」

郎，通「廊」。《說文》新附有「廊」字，曰「東西序也」。《戰國策·秦策一》「式于廊廟之內」，鮑彪注：「廊，東西序。」「序」即堂東西兩側的牆，一曰即指東西廂房。《說文》新附：「廂，廊也。」《文選》潘岳《在懷縣作》「器非廊廟姿」，呂向注：「廊廟，廟堂也。」

[七] 殿，即《說文》「殿」字，亦即「殿」字。《說文》：「殿，擊聲也。从殳，屍聲。」大徐本《說文》：「屍，髀也。从尸下丌居几。」徐鉉等注曰：「丌、几皆所以尻止也。」即「臀」字之初文。「屍」字隨縣曾侯乙墓竹簡文字作「𡰪」。秦文字「殿」字寫作「㲽」，「典」爲端母文部字，「屍」、「殿」爲定母文部字，所以「典」是字之聲符。學者或認爲「典」是「丌」

之譌變，但二形差别較大，是否如此待考。漢以後「殿」从「共」，或是「典」之譌變。殿，《説文》訓爲「擊聲」，當是由字从殳擊屍（即擊臀）之義而來。段玉裁《説文解字注》曰：「叚借爲宮殿。」《太平御覽》卷一百七十五引《説文》曰：「殿，堂之高大者。」《初學記》卷二十四引《蒼頡篇》曰：「殿，大堂也。」

層，《説文》訓爲「重屋」，引申爲「重（重疊）」、「累（層累）」、「高」諸義，亦作爲量詞「層級」使用，《老子》：「九層之臺，起于累土。」

屋，《説文》：「居也。」段玉裁注：「屋者，室之覆也。引申之凡覆於上者皆曰『屋』。」《漢書・五行志中之上》：「前堂曰太廟，中央曰太室；屋，其上重屋尊高者也。」又與「幄」通，即帳篷。

內，即「入」。引申爲内裏。對房屋而言，即指門户之裏。《詩經・唐風・山有樞》：「子有廷内，弗洒弗埽。」王引之《經義述聞》釋此「内」曰：「謂堂與屋。」又《漢書・鼂錯傳》：「先爲築室，家有一堂二内。」此「内」則應指「堂」以内的室屋。

〔八〕

窻牖，窻即《説文》小篆囪字之隸定。《説文》訓爲「通孔也」。字與「囱」通。「囱」即「窗」之或體。《説文》：「囪，在牆曰牖，在屋曰囪。窗，或从穴。」「窻」或寫作「窗」。牖，《説文》：「穿壁以木爲交窗也。」段玉裁注曰：「交窗者，以木横直爲之，即今之窗也。」

户，《説文》：「護也，半門曰户。象形。」又《大戴禮記・武王踐阼》「于户爲銘焉」，王聘珍《解詁》：「户，房室户也。」又，《急就篇》卷三「門户井竈廡囷京」，顔師古注：「大曰門，小曰户。」

房，《釋名・釋宮室》：「旁也，在堂兩旁也。」段玉裁《説文解字注》曰：「凡堂之内，中爲正室，左右爲房。所謂東房、西房也。」

〔九〕

桴，《爾雅・釋宮》：「棟謂之桴。」邢昺疏：「一名桴，今屋脊也。」《左傳》襄公三十一年記子産曰：「棟折榱崩，僑將厭焉。」「棟」即房屋正中之大樑。

楕，即《説文》（楣）字。所从「肴」，乃秦簡所見「眉」字、（睡虎地秦簡《日書》甲種三正壹、乙種二四六「娟」字所从）之訛。同樣字形亦見張家山漢簡「媚」字。《爾雅・釋宮》：「楣謂之梁。」郭璞注：「門户上横梁。」又《説文》：「楣，秦名屋櫋聯也。齊謂之檐，楚謂之梠。」即屋椽端之横木。又《儀禮・鄉射禮》：「序則物當棟，堂則物當楣。」鄭玄注：「是制五架之屋也。正中曰棟，次曰楣，前曰庪。」則此「楣」是指五架之屋正中大梁前後次一級的梁架。

榱，《爾雅・釋宮》：「桷謂之榱。」郭璞注：「屋椽。」《説文》：「秦名爲屋椽，周謂之榱，齊魯謂之桷。」即設置在屋頂檩木上架瓦之木條。《左傳》桓公十四年「以大宮之椽歸爲盧門之椽」，陸德明《釋文》曰：「椽，榱也。圓曰椽，方曰桷。」

梍，《説文》作「梍」，曰：「梠也。从木，毘聲。讀若枇杷之枇。」爲「楣」亦即「檐」之别名。《慧琳音義》卷八十三「文梍」注引《蒼頡篇》曰：「梍，檐也。」

〔一〇〕

柱，《説文》：「楹也。从木，主聲。」即房屋的立柱。

枅，即「枅」。《説文》曰：「枅，屋櫨也。从木，幵聲。」即立柱頂端承託大梁之方木。徐鍇《説文解字繫傳》：「斗上横木承棟者，横之似笄也。」《玄應音義》卷十五「枅衡」注引《蒼頡篇》曰：「枅，柱上方木也，一名『楮』。」亦名「欂櫨」。

橋，即「橋」字，字所从「喬」，从又从高省，與《説文》小篆字體从夭从高省不同。戰國楚簡與秦簡中「喬」字均有从「又」的。王獻唐《鄒滕古陶文字》收録之「橋」字所从「喬」上部也从「又」（見高明、葛英會《古陶文字徵》，中華書局，一九九一年，一三三頁）。蓋東漢時隸書方有从「夭」者，爲《説文》所本，並由此釋「喬」有曲意。梁，即屋之大樑，但亦爲橋之稱，《爾雅・釋宮》：「隄謂之梁。」郭璞注：「梁，即橋也。」《説文》：「梁，水橋也。」

〔一一〕

屏，《説文》：「蔽也。从尸，并聲。」即屏風。「屏」亦爲設於廁所前之遮蔽物的專稱。《急就篇》卷三「屏廁清溷糞土壤」，顔師古注：「屏，僻宴之名也。」「宴」通「匽」、「偃」，亦廁名，見王念孫《廣雅疏證》。又《墨子・旗幟》「於道之外爲屏」，孫詒讓《閒詁》曰：「屏所以障圂。」並引《開元占經・甘氏外官占》「甘氏云：天溷七星，在外屏南」注云：「天溷，廁也，外屏所以障天溷也。」

圂，《説文》：「廁也。从口，象豕在口中也。會意。」《慧琳音義》卷八十四「廁圂」注引《蒼頡篇》云：「圂，豕居也。」亦作「溷」。

廬廡，《戰國策・魏策一》「然而廬田廡舍」，鮑彪注：「廬，田間屋；廡，廊下周屋。」「廬」引申爲寄舍，《説文》：「廬，寄也，秋冬去，春夏居。」亦訓爲「舍」，成爲屋舍之泛稱。

〔一二〕

亭，本義爲建築，《説文》：「亭有樓，从高省，丁聲。」戰國、秦漢時爲用於觀察敵情之防禦處所。《墨子・備城門》曰：「（城上）百步一亭，高垣丈四尺，厚四尺。」《史記・匈奴列傳》：「築城郭列亭至盧朐，而使游擊將軍韓說、長平侯衛伉屯其旁。」正義引顧胤云：「郭，山中小城。亭，候望所居也。」在秦漢時供行人停留、宿食之旅館亦稱「亭」。同時「亭」又是一種基層行政與治安、警衛機構。故《說文》曰：「亭，民所安定也。」《玉篇》亦曰：「亭，民所安定之，爲除害也。」《漢書·百官公卿表上》：「大率十里一亭，亭有長；十亭一鄉。」

庉，《說文》：「樓牆也。从广，屯聲。」又《玉篇》：「庉，屯聚之處。」

陛，殿堂前的臺階，《說文》：「陛，升高階也。从𨸏，坒聲。」蔡邕《獨斷上》：「陛下者，陛，階也，所由升堂也。」

［一三］庫府，《禮記·曲禮下》：「在官言官，在府言府，在庫言庫，在朝言朝。」鄭玄注：「府謂寶藏貨賄之處也，庫謂車馬兵甲之處也。」《尚書·洪範》：「八政：一曰食，二曰貨，……」孔穎達疏：「貨者，金玉布帛之總名。」又《左傳》文公十八年「冒于貨賄」，孔穎達疏引鄭注《周禮》云：「金玉曰貨，布帛曰賄。」故「貨賄」即金玉布帛等財物之總稱。「府」、「庫」爲分別貯藏金玉布帛等資財與車馬兵甲這兩大類物品之處所。但「府」亦爲藏文書之處所名，即《說文》所云：「府，文書藏也。」

廥，《說文》：「芻藁之藏。从广，會聲。」「芻」即餵牲口之草料。「藁」與「稾」、「藳」、「稾」通，即禾稈。《急就篇》卷三「墼壘廥廄庫東箱」，顏師古注：「廥，芻稾所居也；廄，牛馬所居也。」

廏，亦作「廄」。《說文》：「廏，馬舍也。从广，𣪘聲。」《釋名·釋宮室》：「廏，勼也。勼，聚也，牛馬之所聚也。」

［一四］囷，即圓形的糧囤。

窖，此字阜陽雙古堆漢簡《蒼頡篇》作「窌」。「窖」即地窖。《說文》：「窖，地藏也。从穴，告聲。」《莊子·齊物論》「窖者，密者」，陸德明《釋文》曰：「穴地藏穀曰窖。」「窌」，《說文》訓爲「窖也」。「窖」、「窌」均見母幽部字，可通假。

廩，即「稟」。廩倉，《周禮·地官·序官》「廩人」，鄭玄注：「藏米曰廩。」「倉廩」常連言成詞。《玄應音義》卷十九「倉廩」注引《周禮》鄭玄注曰：「藏米曰廩，藏穀曰倉。」此「穀」應是指未舂之帶殼的穀物。《說文》：「倉，穀藏也。倉黄取而臧之，故謂之倉。」段玉裁《說文解字注》改「倉」作「蒼」，並曰：「蒼黄者，匆遽之意。刈穫貴速也。」

［一五］桶，此字恰在本枚簡斷裂處，下半部缺損，但仍可識出爲「桶」字。阜陽雙古堆簡《蒼頡篇》此字摹本上端可見與「甬」上端同，下面摹寫疑未確，整理者釋作「秉」，似亦不妥。「桶」除作爲容器名外，也作量器名。《史記·商君列傳》：「平斗桶權衡丈尺。」索隱云：「桶，音統，量器名。」集解引鄭玄云：「音勇，今之斛也。」「斛」是方形器，故《說文》曰：「桶，木方，受六升。从木，甬聲。」段玉裁注曰：「疑當作方斛受六斗。《廣雅》曰：方斛謂之桶。」朱駿聲《說文通訓定聲》亦謂「六升當作六斗」。按：即使桶是斛，容六斗，亦與漢代斛容十斗（見《漢書·律曆志上》、《說文》）有異。

概，即《說文》「槩」字。《說文》：「槩，杚斗斛。从木，既聲。」杚，即「杚」，義爲平物。《玄應音義》卷五「不槩」注引《蒼頡篇》：「平斗斛曰槩也。」《漢書·律曆志上》「以井水準其槩」，顏師古注曰：「槩所以槩平斗斛之上者也。」即斗、斛盛滿糧食後用來刮平上端的木器。引申爲動詞，即有刮平之義，與「杚」通用，均見母物部字。

曑，即《說文》「曑」字或體，隸變所成。讀作心母侵部時與「三」字通。《漢書·律曆志上》：「《論語》云：『立則見其參於前也，在車則見其倚於衡也。』」顏師古注引孟康曰：「權、衡、量，三等爲參。」

「參」、「斗」亦皆爲星宿名，「斗」多指稱北斗七星。「參」（音讀作審母侵部時）爲西方白虎七宿之第七宿名。「斗」也是二十八宿中北宮玄武第一宿名，即南斗。據阜陽雙古堆簡《蒼頡篇》，此句下應接「升半實當」句。

犀犛豺狼［一］。貙貍麈豻［二］，蠪𪌦𪏽𪏾［三］。鴝鵒鴥鴈［四］，鳩鴞鴛鴦［五］。五六

陂池溝洫［六］，淵泉隄防［七］。江漢澮汾［八］，河泲涊漳［九］。伊雒涇渭［一〇］，五七

維楫舩方〔二〕。

百四　五八

〔一〕犛，《國語・楚語上》：「巴浦之犀、犛、兕、象，其可盡乎？」《説文》：「犛，西南夷長髦牛也。从牛，𠩺聲。」「髦」通「旄」、「牦」依此説，是「犛」即牦牛。但《史記・司馬相如列傳》之《上林賦》文曰「獸則㺎旄貘犛」，「旄」、「犛」並列，又似非一物。集解引徐廣曰：「犛音貍，一音茅。」又引郭璞曰：「旄，旄牛。……犛牛，黑色，出西南徼外也。」索隱引張揖曰：「旄，旄牛，狀如牛而四節生毛。……犛音貍，又音茅，或以爲貓牛。犛牛黑色，出西南徼外，毛可爲拂是也。」又《漢書・司馬相如傳上》之《上林賦》曰「其獸則庸旄貘犛」，顔師古注曰：「旄牛即今所謂偏牛者也。犛牛即今之貓牛者也。」是作注諸家亦均將旄牛與犛牛分作二物。《玄應音義》卷十五「犛牛」注：「犛，西南夷長尾牛也。」桂馥《説文解字義證》：「旄牛非犛牛也。旄牛大，犛牛小；犛牛黑色，旄牛黑白二色，此其別也。」豺狼，《説文》釋豺爲「狼屬，狗聲」。因形似狗，俗亦稱「豺狗」。「豺狼」成詞，指兇惡之野獸，或喻性之貪殘。《韓非子・揚權》：「豺狼在牢，其羊不繁。」王先謙《集解》引舊注曰：「豺狼，喻吏之貪殘者。」

〔二〕貍，《説文》：「伏獸，似貙。从豸，里聲。」段玉裁注：「謂善伏之獸……即俗所謂野貓。」一説即山貓。貙犴，《爾雅・釋獸》：「貙，似貍。」郭璞注：「今貙虎也，大如狗，文如貍。」《爾雅・釋獸》：「貙獌，似貍。」郭璞注：「今山民呼貙虎之大者爲貙犴。」邢昺疏：「《字林》云：『貙，似貍而大。一名獌。』……『犴，胡地野狗，似狐，黑喙，皆貙之類。』故又呼貙犴。」

〔三〕麈，《説文》：「麋屬。从鹿，主聲。」《漢書・司馬相如傳上》之《上林賦》：「其獸則庸旄貘犛，沈牛麈麋。」顔師古注引張揖曰：「麈似鹿而大。」麢，《爾雅・釋獸》：「大羊。」郭璞注：「麢羊，似羊而大，角圓鋭，好在山崖間。」《玉篇》：「麢，麢羊也，角入藥。」即羚羊。㲋，字从㲋，史聲。在秦漢簡牘中，「史」與「夬」有時易混淆，但大致説來，「史」有的仍沿襲金文，从屮从又，「決」、「抉」等字所从「夬」上部雖亦多可寫作中形，但兩邊兩豎筆上部不出頭。細審本簡此字下部仍从屮从又，仍以讀作「史」爲宜。「㲋」字不見於《説文》，但《玉篇》有此字，曰：「㲋，獸似貍。」《集韻》有「㲋」字，曰：「江東呼貉爲『貏』，或作『㲋』。」㲋、㲋分別从「史」、「吏」得聲，史、吏音近同，故「㲋」是「㲋」的異體。麔，即《説文》「麔」字，所从「旨」作「百」，與《玉篇》作「麔」相近。類似寫法在後世碑別字中還存在（參見秦公《碑別字新編》，文物出版社，一九八五年，三三〇頁）。《爾雅・釋獸》：「麔，大麢，旄毛，狗足。」陸德明《釋文》：「字又作麂。」即獐。《山海經・中山經》「（女几之山）多閭麋麖麂」，郭璞注：「麂，似獐而大，猥毛豹腳。」猥毛，毛緊貼着皮。麠，即《説文》「麠」字。《説文》：「麠，大鹿也，牛尾，一角。从鹿，畺聲。麖，或从京。」《爾雅・釋獸》：「麠，大麃。」郭璞注：「麃，即獐。」《漢書・郊祀志上》：「後二年（按：即元狩元年）郊雍，獲一角獸若麃然。」顔師古注：「麃，鹿屬也，形似麞，牛尾，一角。」

〔四〕鳿鵠，「鳿」、「鵠」單稱亦各爲鳥名。《漢書・司馬相如傳上》之《上林賦》有「鳿鷛鵠鴇」句。《玉篇》：「鳿，鳥肥大也。」通作「鴻」。《玉篇》：「鴻，鴻鴈也。」《禮記・曲禮上》「前有車騎則載飛鴻」，孔穎達疏：「鴻，鴻鴈也。」即大雁。《易經・漸》「鴻漸於干」，虞翻注曰：「鴻，大雁也。」鵠，《玉篇》：「黄鵠，仙人所乘。」《楚辭》賈誼《惜誓》：「黄鵠之一舉兮，知山川之紆曲，再舉兮，睹天地之圜方。」《玄應音義》卷二「白鶴」注引《廣志》云：「鵠，形似鶴，色蒼黄。」「鴻鵠」，雙聲聯緜詞。《史記・陳涉世家》：「燕雀安知鴻鵠之志哉。」索隱云：「鴻鵠是一鳥，若鳳皇然，非謂鴻鴈與黄鵠也。」陸璣《毛詩鳥獸草木蟲魚疏》：「鴻鵠，羽毛光澤純白，似鶴而大，長頸，肉美如雁。」一説即天鵝。段玉裁《説文解字注》則曰：「凡經史言鴻鵠者皆謂黄鵠也。」

〔五〕鳧，《玉篇》以「鳧」字爲「鳨」字或體，曰：「鳨，音力，鳥似乙而小。」「乙」即燕子。《爾雅・釋鳥》：「燕燕，乙。」郭璞注：「燕燕，一名玄鳥，齊人呼乙。」秦漢簡牘中，「鳧」多寫作「鳧」，是「鳧」的異體字。《詩・大雅・鳧鷖》「鳧鷖在沙」，「鳧」字，西漢海昏侯墓出土竹簡《詩》作「鳧」。「鳧」在殷墟卜辭中作「」（《合集》14161正），西周金文作「」（再簋），小篆作「」，所从「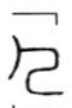」爲人俯身形，在隸書中訛爲「力」。鴈，即「鴈」。《説文》：「鴈，鵝也。」即鵝也。《爾雅・釋鳥》：「舒鴈，鵝。」段玉裁《説文解字注》曰：「『鴈』與『雁』各字……今字『雁』、『鴈』不分久矣。」鳩，《詩經・衛風・氓》「于嗟鳩兮」，毛傳曰：「鳩，鶻鳩也。」《爾雅・釋鳥》：「鶌鳩，鶻鵃。」郭璞注：「似山鵲而小，短尾，青黑色，多聲，今江東亦呼爲鶻鵃。」《急就篇》卷

四「鳩鴿鶉鴳中網死」，顔師古注：「鳩有雜種，其名非一。」爲鳩鴿科之内部分鳥類的通稱。

鴞，《詩經·陳風·墓門》「有鴞萃止」，毛傳曰：「鴞，惡聲之鳥也。」馬瑞辰《傳箋通釋》曰：「鴞之言呼號也，繁囂也，蓋皆狀其惡聲，因以命名。至其形，説者不一。」《説文》謂「鴞」爲「鴟鴞」，即「寧鴂」，《爾雅》陸德明《釋文》曰寧鴂即巧婦鳥。

鴛鴦，即「鴛鴦」，雙聲聯緜詞。鴛，影母元部字；鴦，影母陽部字。

［六］陂池，《説文》：「陂，阪也，一曰沱也。从𨸏，皮聲。」「阪」即斜坡也。「沱」所从「它」，典籍中作字之偏旁時常與「也」互作。學者或認爲此當與秦文字「它」字形體和小篆「也」相近易混淆有關。但「它」爲透母歌部字，「也」爲喻母歌部字，聲母相近而韻同，「它」、「也」可通假。故「沱」亦通「池」，皆定母歌部字。段玉裁《説文解字注》認爲《説文》「陂」所以訓爲「池」，是因爲「陂言其外之障，池言其中所蓄之水，……許『池』與『陂』互訓，渾言之也」。故《玉篇》曰：「陂，澤鄣也，池也。」又「陂池」成詞。《漢書·司馬相如傳上》之《上林賦》「衍溢陂池」，郭璞曰：「言溢溢而出也。陂池，江旁小水。」

溝洫，《左傳》襄公三十年「田有封洫」，杜預注：「洫，溝也。」即田間的水溝。《漢書·溝洫志》卷題「溝洫志第九」，顔師古注引應劭曰：「溝廣四尺，深四尺。洫廣深倍於溝。」

［七］淵泉，《説文》：「淵，回水也。从水，象形。」「回水」即迴旋之水。段玉裁《説文解字注》指出孔子弟子顔回字子淵。《山海經·大荒東經》：「有甘山者，甘水出焉，生甘淵。」郭璞注：「水積則成淵。」《慧琳音義》卷九十九「湫淵」注引《考聲》曰：「淵，深泉也。」亦訓爲深水，又引申爲「深」義。《説文》：「泉，水原也。象水流出成川形。」「泉」爲從母元部字，「原」爲疑母元部字，但从「原」得聲字，如謜、縓亦在清母，清、從聲母極近，故「泉」、「原」聲近。「淵泉」成詞，《大戴禮記·衛將軍文子》「其爲人之淵泉也」，形容爲人之深靜。「淵源」亦成詞，即指事物之本源。

隄防，「隄」通「堤」，即攔水之堤壩，因其作用亦訓作「防」、「障」。《説文》：「防，隄也。」「隄防」（或「堤防」）亦成詞。《漢書·溝洫志》記漢哀帝時待詔賈讓奏言：「蓋堤防之作，近起戰國。雍防百川，各以自利。」

［八］江漢，《尚書·禹貢》曰：「江漢朝宗于海。」又曰：「嶓冢導漾，東流爲漢，又東爲滄浪之水，過三澨，至于大別，南入于江。」嶓冢山在今陝西寧强東北，爲漾水發源地。大別，大別山。漢水在今湖北武漢入長江。

澮汾，《左傳》成公六年（前五八五）記晉欲遷都，韓獻子向晉景公力薦以新田（今山西曲沃西）爲新都地點，曰：「不如新田，土厚水深，居之不疾，有汾、澮以流其惡。」杜預注：「汾水出大原，經絳北，西南入河。澮水出平陽絳縣南，西入汾。」

［九］泲，即濟水，發源於今河南濟源西王屋山。泲、濟皆從母脂部字。《尚書·禹貢》：「導沇水，東流爲濟，入于河。」《漢書·地理志》：「泲、河惟兗州。」顔師古注：「言此州東南據濟水，西北距河。」

汜，字不見《説文》。《廣韻》：「汜，水名，在上黨。」音作「而軫切」。上黨，秦漢時爲郡名，在今山西東南，治所在黎城壺關（今山西長治北），西漢時移至長子（今山西長子西）。又，「汜」有「濁」意，見《廣雅·釋詁三》，讀作此義時，音爲「乃殄切」，與下文釋「漳」言漳水之源有「濁漳水」可聯繫。

潩，即「漳」字。漳，漳水，源出今山西東南之濁漳、清漳二水，二水在今河北涉縣合流後稱漳水，先秦時向東北注入黄河。

［一〇］伊，伊水。

雒，通「洛」，即屬於黄河支流之洛水。《尚書·禹貢》：「導洛，自熊耳。東北會于澗、瀍，又東會于伊，又東北入于河。」洛水源於今陝西洛南。熊耳山在今河南盧氏西南。澗水、瀍水分别從洛陽西南與北面與洛水會合，又於今洛陽東（今偃師）與伊水會合，向東北至今河南温縣東之鞏義入河水。

汪，即「涇」。涇水，渭水支流。《尚書·禹貢》：「導渭自鳥鼠同穴，東會于灃，又東會于涇，又東過漆、沮，入于河。」「鳥鼠」，山名，位於今甘肅渭源南。涇水於今陝西涇陽東之高陵南入渭水。渭水又向東於陝西潼關入河水。

以上自「澮」至「渭」諸水均與黄河有關，即均爲黄河之支流，惟汜水之具體流向未能確指。

［一一］維，《説文》訓爲「車蓋維也」，即繫車蓋之繩，見桂馥《説文解字義證》。《左傳》昭公十年「居其維首，而有妖星焉」，孔穎達疏：「維者，綱也。」「綱」爲網上用於提網之總繩。

引申作動詞，有「維繫」、「聯結」之義。

楫，《説文》訓爲「舟櫂也」，即船槳。《漢書·賈誼傳》載賈誼向漢文帝所上《陳政事疏》有句曰：「若夫經制不定，是猶度江河亡維楫，中流而遇風波，船必覆矣。」顔師古注：「維所以繫船，楫所以刺船也。」

舩，字不見於《説文》。四部叢刊本《淮南子·道應訓》：「至於中流，陽侯之波，兩蛟夾繞其舩。」《廣韻》曰：「舩，與船同。」「舩」與「舡」通，二字所从之「公」、「工」皆見母東部字。「舡」亦不見《説文》。《玉篇》收有「舡」字，訓爲「船」也。《希麟音義》卷三「船筏」注：「經文作舩，或作舡。」《方言》卷九：「舟，自關而西謂之船。」錢繹《箋疏》曰：「舩即船之異文。」

方，可讀爲「舫」。《爾雅·釋言》：「舫，舟也。」竝船是「舫」的另一字義。郭璞注：「舫，竝兩船。」「舫」亦爲「方舟」之名，「方舟」亦訓「大舟」。「方」既與「舫」通，由竝船之義，而有「竝」義。

雲　雲雨賁零，霚露雺霜〔一〕。玥時日月，星晨紀綱〔二〕。冬寒叜暑，五九

雨　玄氣陰陽〔三〕。杲旭宿尾，奎婁軫亢〔四〕。弘兢蒻眉〔五〕，霸暨傅庚〔六〕。六〇

崋巒岑崩〔七〕，阬嵬陀阬〔八〕。阿尉馺瑣〔九〕，漆鹵氐羌〔一〇〕。贅拾鋏鎔〔一一〕，六一

鏬冶容鑲〔一二〕。顗視歡豎〔一三〕，偃鼂運糧〔一四〕。攻穿襜魯〔一五〕，壘郫墜京〔一六〕。六二

〔一〕　雲雨，《説文》：「雨，水从雲下也。」《玉篇》：「雨，雲雨也。」雨緣於雲，故「雲雨」常連言。

賁，《説文》：「雨也。齊人謂靁爲賁。从雨，員聲。一曰雲轉起也。」《玉篇》：「賁，雷起出雨也。」

零，《説文》：「餘雨也。」段玉裁注依《玉篇》改作「徐雨也」，曰：「謂徐徐而下之雨。」引申爲零星之義。

霚，即「霧」字。《爾雅·釋天》：「地氣發，天不應曰霧。」《説文》同。段玉裁《説文解字注》曰：「地氣發而天應之則雨矣。」

雺，即「雪」字，在字形上是將該字小篆霻中間所从之「㞢㞢」（應是由羽變成）寫作㞢㞢，㞢已近於「生」的初形㞢，這與本簡文中將「晴」字所从「青」之上部的「生」寫成㞢相同，馬王堆帛書中的雺字寫法同此。

以上自「雲」至「霜」均是有關氣象的名詞。

〔二〕　玥，即「朔」字，「屰」譌變作干。朔，指每月初一，即月初，太陽和月亮黄經度相等時，亦即指二者同時出没於地平綫的那一天。由此引申其義爲「始」。《漢書·武帝紀》「元朔元年」，顔師古注：「朔，猶始也，言更爲初始也。」

時，《左傳》昭公七年記伯瑕與晉公言「六物」，乃「歲、時、日、月、星、辰，是謂也」，孔穎達疏曰：「歲即年也，時謂四時，春夏秋冬也。日謂十日，从甲至癸也。月，从正月至十二月也。星，二十八宿也。辰謂日月所會，一歲十二會，从子至亥也。」

星晨，「晨」可假作「辰」。上引《左傳》昭公七年之孔穎達疏所云「辰」之謂「日月所會」，即日、月之交會點，指每月月朔時太陽所在位置。「辰」亦爲諸天體之統稱。《左傳》桓公二年記臧哀伯諫於魯桓公語中有「三辰旂旗，昭其明也」句，杜預注：「三辰，日、月、星也。畫於旂旗，象天之明。」孔穎達疏釋「辰」爲「時」，指日、月、星，皆可以示

民早晚，民得以爲時節。「星辰」相連成詞，除去專指二十八宿外，亦爲衆星之泛稱。

紀，本義如《説文》所云爲「絲别也」，即用以别理絲縷之絲首。因别理之義而引申爲紀時之詞。《玉篇》：「紀，十二年也。」《後漢書・袁紹傳》「今喪亂過紀」，李賢注：「十二年曰紀。」此蓋本於歲星紀年之十二年一周天。又《國語・周語上》記幽王二年，西周三川皆震，伯陽父以爲乃亡國之徵，曰：「若國亡，不過十年，數之紀也。夫天之所棄，不過其紀。」韋昭注曰：「數起於一，終於十，十則更，故曰紀也。」「紀」引申亦有「世」、「年」、「代」諸義。

綱，本義爲用以張網之大繩。《尚書・盤庚上》：「若網在綱，有條而不紊。」《詩經・大雅・卷阿》「四方爲綱」，鄭玄箋：「綱者，能張衆目。」「綱」因有張理之義而與「紀」可互訓或聯用。如《左傳》僖公二十四年記：「秦伯送衛於晉三千人，實紀綱之僕。」《詩經・大雅・棫樸》「綱紀四方」，義爲「統理」、「經紀」，又引申爲「法」。

[三] 寒，即「寒」字。《説文》「寒」字之小篆字體作□，釋曰：「凍也，从人在宀下，以茻薦覆之，下有仌。」其下部之仌，或即由西周金文如大克鼎銘文中「寒」字□下邊的＝變來（參見季旭昇《説文新證》），並賦予冰冷之意。此簡文「寒」字將小篆體中間的「人」省去，下部所从茻，譌變爲近似「共」字形，「仌」仍從金文作「＝」。此字形或本自雲夢睡虎地秦簡「寒」字（方勇編《秦簡牘文字編》二二五頁）所作□形，僅「□」譌變作「□」形。

夓，即「夏」字，仍从小篆字形而未省。

玄，義爲黑色或赤黑色，又有幽遠、幽深、幽靜、深奥、玄妙諸意，因有遠之意而引申爲「天」之稱。

氣，本義爲「餼」，即贈送予人之食物。多假爲「雲氣」之「氣」。《左傳》昭公元年「天有六氣」，杜預注：「謂陰、陽、風、雨、晦、明也。」是當時人認爲所有天氣變化皆是氣的不同表現形態。氣之變化無常予人以玄妙之感，故與「玄」義有相通處。

陰陽，「陰」有幽暗之義，「陽」義爲明亮。「陰陽」則爲古代哲學觀念，《易經・繫辭上》：「一陰一陽之謂道。」《玉篇》：「陽，陰陽二氣也。」是以此概念解釋相互對立消長、交替變化的氣及物質之存在狀態。

以上兩句自「冬」至「陽」八字，用季節天氣之反差，乃至陰、陽之概念，以喻事物之兩方面的變化和轉化。

[四] 杲，《説文》：「明也。从日在木上。」《詩經・衛風・伯兮》：「其雨其雨，杲杲出日。」毛傳：「杲杲然，日復出矣。」鄭玄箋云：「人言其雨其雨，而杲杲然日復出。」馬瑞辰《傳箋通釋》曰：「日出謂之杲杲。」

旭，《説文》：「日旦出皃。从日，九聲。若勖。一曰明也。」

宿，本義爲住宿，引申爲「安」、「留」、「久」、「舊」諸義。又用爲星辰所處之位置，《釋名・釋天》：「宿，宿也，星各止宿其處也。」亦用以稱星。《周禮・春官・馮相氏》「二十有八星之位」，賈公彦疏解「二十八星」曰：「若指星體而言謂之星，日月會於其星即名宿，亦名辰，亦名次，亦名房。」

尾、奎、婁、軫、亢，均二十八宿中之星宿名。如果上文「顓頊」章末尾之「參」（今音讀 shēn）、「斗」確指星宿名，則現所見此《蒼頡篇》簡文中二十八宿名已見到了以下七個（括弧内爲依分野所對應的地望，據《淮南子・天文訓》）：

尾，東宫蒼龍第六宿（燕）

奎，西宫白虎第一宿（魯）

婁，西宫白虎第二宿（魯）

軫，南宫朱鳥第七宿（楚）

亢，東宫蒼龍第二宿（鄭）

參，西宫白虎第七宿（趙）

斗，北宫玄武第一宿（越）

分野所對地望，如依《漢書・地理志》，則亢宿對應的是韓，參對應的是魏，斗對應的是吴，餘同於《天文訓》。依銀雀山漢簡《陰陽時令占候之類》所存部分星宿（參見吴九龍

《銀雀山漢簡釋文》，文物出版社，一九八五年；劉樂賢《簡帛數術文獻探論》，湖北教育出版社，二〇〇〇年），則尾對應的是魏，餘同於《天文訓》。

［五］弘，《説文》曰：「弓聲也。」又「弸，弓彊皃。」弓張開即滿弓，亦即「弸」，《廣雅·釋詁一》：「弸，滿也。」弓强且滿，箭彈出去時弓弦能有響聲，故《集韻》：「弸，弸環，弓聲。」又「弦，弸弦，弓聲。」「弦」同「環」，見《類篇》。揚雄《甘泉賦》「帷弸環其拂汩兮」，李善注：「弸環，風吹帷帳之聲也。」按「弸環」本義應是指弓弦張開弸緊之狀態，而松弦時所發出之聲與帷帳被風鼓起而抖動的聲響相同，故「風吹帷帳之聲」被稱作「弸環」，而《集韻》亦稱之爲「弓聲」。章炳麟《文始》曰：「弘又變易爲弸，弓彊皃也。弓强則聲高，弘亦本有彊義。」「弘」、「弸」雖均蒸部字，但「弘」聲母爲匣母，「弸」爲並母，略遠，所以「弘」雖未必通「弸」，但二字皆有弓聲之義，均示弓强且弓滿狀，故章説有道理。競，《説文》「競」字小篆字形作競，沿襲西周以來金文字形。戰國文字或將所从「竞」上部「辛」譌寫作「立」，於是有「競」字形。秦漢簡牘文字中，可見「幸」常被寫成㚔，「辛」寫成丯或丰。「竞」上部从「立」的「競」字，也被寫成竸形。所以本簡「竸」字應即「競」字，亦即「競」字。「競」字之本義是人相競逐，引申爲「爭」、「爭强」，又引申爲「强」、「强勁」。《爾雅·釋言》：「競，彊也。」《左傳》僖公七年「心則不競，何憚於病」，杜預注：「競，强也。」按「競」有「强」義，「弘」因訓爲「弓聲」而示其狀態爲「弸」，也有「强」義，故二字可以相聯繫。又，「穹」與「弘」聲近可通。穹，《説文》訓爲「窮」也，即窮盡義，與「競」讀作「竞」時字義亦同。「弘」因弦聲大而引申爲「大」，段玉裁《説文解字注》認爲：「經傳多叚此篆爲宏大字。宏者，屋深，故《爾雅》曰：宏，大也。」

［六］翦，即「翦」。《説文》：「翦，羽生也。一曰矢羽。」段玉裁注曰：「羽初生如前齊也……矢舊作矢。」王筠《説文句讀》：「謂新生之羽，整齊之狀也。」引申而有「斷」、「除」諸義。亦可訓「滅」，《周禮·秋官·敘官》「翦氏」，鄭玄注：「翦，斷滅之言也。」眉，《説文》：「卧息也。从尸、自。」此「息」指氣息、鼻息。段玉裁《説文解字注》曰：「『鼻部』所謂鼾也。用力者必鼓其息，故引伸之爲作力之皃。」朱駿聲《説文通訓定聲》亦謂「屭屓，疊韻連語，鼓息作力之皃」。「作力」即用力，用力於事，亦即勤勞。此與《爾雅·釋詁下》所云「翦，勤也」之字義近合。「翦」有「盡」義，此是言盡力之勤（見郝懿行《爾雅義疏》引段玉裁説）。又「息」亦有休息之意，引申爲「止」、「滅」。鄭玄曰「息，猶滅也」，亦合於「翦」訓「滅」之義。霸，《説文》：「月始生霸然也。承大月二日，承小月三日。从月，䨣聲。」「霸」爲幫母鐸部字，「白」爲並母鐸部字，韻同而聲母極近，故「霸」與「白」通。「白」有「明」義，故「霸」即月亮發光部分。字亦通「魄」。暨，《説文》：「日頗見也。从旦，既聲。」頗，略微之意。朱駿聲《説文通訓定聲》曰：「日出地平謂之旦。暨者，乍出微見也。」故「霸」在表示月亮發光之狀態上與「暨」有日光顯露之字義有相合處。

［七］傅，阜陽雙古堆簡《蒼頡篇》作「尃」。《説文》釋「傅」爲「相」也。「傅相」，取其輔助之意。依其音，亦可讀爲「附」、「敷」諸字。「傅」亦通「榑」，《説文》曰：「榑，榑桑，神木，日所出也。」「榑桑」即「扶桑」。亦稱「榑木」。《吕氏春秋·求人》：「禹東至榑木之地。」《山海經·東山經》：「東望榑木。」庚，爲十天干之第七位，在典籍中讀與「賡」、「更」同，訓爲「更改」、「更替」、「更續」。《史記·律書》：「更者，言陰氣更萬物，故曰庚。」此外，太白星名「長庚」，見《廣雅·釋天》，亦即金星。《詩經·小雅·大東》：「東有啟明，西有長庚。」毛傳曰：「日既入謂明星爲長庚。庚，續也。」朱熹《集傳》曰：「啟明、長庚，皆金星也。以其先日而出，故謂之啟明。以其後日而入，故謂之長庚。」《楚辭》劉向《九歎·遠遊》有「立長庚以繼日」句。

［八］崋，即《説文》「𡶇」字，亦即「崋」。《説文》曰：「崋，山在弘農華陰。从山，華省聲。」《玉篇》釋作「西嶽」，即西嶽華山。巒，其義有二。《爾雅·釋山》：「巒，山墮。」郭璞注：「山形長狹者，荆州謂之巒。」另，陸德明《釋文》引《埤蒼》曰：「巒，山小而鋭。」即山小而高鋭。這是對巒形狀的兩種解釋。岑，《爾雅·釋山》：「山小而高，岑。」崩，《説文》：「山壞也。从山，朋聲。」引申爲凡高大而壞。又引申爲天子死，《春秋》隱公三年：「三月庚戌，天王崩。」此「天王」指周平王。阮，《説文》：「代郡五阮關也。」王筠《説文句讀》曰：「《地理志》作『五原關』。」阮、原均疑母元部字，故可通。《玉篇》：「阮，山名。」又《説文》：「阮，石山戴土也。」段玉裁注曰：「《釋山》曰：『石戴土謂之崔嵬。』然則崔嵬一名阮也。」《玉篇》亦曰：「阮，崔也。」「阮」亦可寫成「阮」。「元」、「兀」二字爲一字之分化，直至春秋、戰國在寫法上仍常有互作現象，此點早已有學者指出。所以雖然在秦代以後「兀」已漸從「元」字中分化出來，但在漢初將小篆字體的《蒼頡篇》作隸定時，還是將可能應讀成「阢」字的這個字寫

成「阮」。「元」、「兀」二字分化後，可能是因其在使用時各自字義有別，其音亦出現差別。故「阮」在疑母元部，而「阢」在疑母物部，韻部已有距離。

嵬，《說文》：「高不平也。从山，鬼聲。」與「崔」構成疊韻聯緜詞，二字皆屬微部韻。《詩經・小雅・谷風》「維山崔嵬」，毛傳曰：「崔嵬，山顛也。」又《周南・卷耳》「陟彼崔嵬」，毛傳曰：「崔嵬，土山之戴石者。」此外，《楚辭・九章・涉江》「冠切雲之崔嵬」，王逸注：「崔嵬，高貌也。」可見「崔嵬」有多種含義，但其大致含義可歸納爲高聳的戴石之土山。

陁，字不見《說文》，與「阤」皆定母歌部字，故可讀作「阤」。《說文》：「阤，小崩也。从𨸏，也聲。」亦訓作「壞」、「毀」，與「崩」義近而有區別，《國語・周語下》曰「是故聚不阤崩」，韋昭注：「大曰崩，小曰阤。」字通作「陁」，「陁」與「阤」是一字之異體。「陀」或與「陂」組成疊韻聯緜詞「陂陀」，《玉篇》：「陂陀，險阻也。」

阬，《爾雅・釋詁下》：「阬阬，虛也。」郭璞注：「阬阬，謂阬壍也。」「壍」有「坑」義。《玉篇》：「阬，埳也。」所以「阬」與「坑」義近，但字从「𨸏」，應是指山崖間的深坑、深谷或深溝。朱駿聲《說文通訓定聲》引《蒼頡篇》曰：「阬，壑也。」壑即坑谷。又《漢書・揚雄傳》「陳衆車於東阬兮」，顏師古注「大𨸏也」，是「阬」的另一種含義。「東阬」或是地點名，訓「𨸏」殆即臨阬之坡崗。

以上兩句中八字均是有關山的詞語，包括山體的不同形態，及攀越時會遇到的險情。

[九] 阿，《說文》：「大陵也。一曰曲𨸏也。从𨸏，可聲。」「大陵」即大𨸏，指體大而隆高的土山。「曲𨸏」即山之曲隅處。引申爲對上之「曲媚」、「曲從」，也有對親屬友朋徇私、偏袒諸義。

尉，爲武官之統稱。《漢書・百官公卿表上》「太尉，秦官」，顏師古注引應劭云：「自上安下曰尉，武官悉以爲稱。」通「慰」，安慰也，與「阿」同爲待人之道，唯方式不同。

馺瑣，《方言》卷十三：「馺，馬馳也。」即馬疾行之狀。又《說文》：「馺，馬行相及也。从馬，从及。讀若《爾雅》『小山馺大山，峘』。」指馬群奔馳，前後相及狀。朱駿聲《說文通訓定聲》曰：「及亦聲。」上舉《說文》所引《爾雅》文，今本《爾雅・釋山》作「小山岌大山，峘」，郭璞注曰：「岌謂高過。」瑣，《說文》訓爲「玉聲也。从玉，肖聲」，是指連環玉飾相擊發出的聲音。《慧琳音義》卷四十「寶瑣」注引《字書》曰：「瑣，連環也。」因玉聲小而引申有「小」、「碎」、「細」諸義。「瑣」與「沙」皆心母歌部字，故可假借爲「沙」及从「沙」得聲的字，如《春秋》成公十二年「夏，公會晉侯、衛侯于瑣澤」，《公羊傳》作「沙澤」。因此「馺瑣」一詞即可讀作「馺娑」。《漢書・揚雄傳》言：「武帝廣開上林，……穿昆明池象滇河，營建章、鳳闕、神明、馺娑。」顏師古注曰：「殿名也。」《三輔黄圖・建章宮》曰：「馺娑宮。馺娑，馬行疾貌。馬行迅疾，一日之間遍宮中，言宮之大也。」是「娑」取「瑣」細碎之義，喻馬蹄在疾馳時發出的聲音。

[一〇] 漆鹵，「鹵」即「鹵」。秦漢時期簡帛文字常將㓙、図等字形同化作「田」（參見黄文傑《秦至漢初簡帛文字研究》，商務印書館，二〇〇八年，一一一至一一二頁）。張家山漢簡「鹵」字即寫作囷（張守中編撰《張家山漢簡文字編》，三〇九頁）。袁仲一、劉鈺編撰之《秦陶文新編》（文物出版社，二〇〇九年，下編圖版）收有甘肅崇信出土陶文「鹵市」，「鹵」或作「鹵」（三三三八），或作「囷」（三三四六、三三四七），後者同於本簡文，係異體字。「漆鹵」之「鹵」可訓作「盾」、「楯」。《史記・秦始皇本紀論贊》「流血漂鹵」，集解引徐廣曰：「鹵，楯也。」「漆鹵」即漆盾。

氐、羌，均古老民族。《詩經・商頌・殷武》：「自彼氐羌，莫敢不來享，莫敢不來王。」鄭玄注：「氐、羌，夷狄國，在西方者也。」《文選》漢武帝《賢良詔》曰：「氐羌來服。」秦漢時期，氐族分佈於今陝西寶雞南，並向西經甘肅南端至四川松潘以北一帶。羌族則居於今青海東部河、湟地區。二者均各有衆多支系。

[一一] 贅拾，《說文》：「贅，以物質錢。从敖、貝。」即以物作抵押換取錢。又，贅爲章母月部字，綴爲端母月部字，聲母有別。但月部字中从「兑」、从「内」得聲字，多屬書母與章母，可是也多有分佈在與端母極近的透母中，是月部字中聲母作章母與端母者音相近，故贅、綴音當亦相近，在典籍中二字常通用。「綴」義爲連綴。與「綴」同爲从「叕」得聲的字有「掇」，《說文》：「掇，拾取也。」《爾雅・釋言》：「筑，拾也。」郭璞注：「謂拾掇。」《漢書・賈誼傳》「掇其切於世事者著於傳云」，顏師古注：「掇，拾也。」

鋏鎔，《說文》：「鎔，冶器法也。从金，容聲。」《漢書・董仲舒傳》「猶金之在鎔，唯冶者之所鑄」，顏師古注引應劭曰：「鎔，謂鑄器之模範也。」又朱駿聲《說文通訓定聲》引《蒼頡篇》曰：「鎔，炭鑪所以行銷鐵也。」（又見孫星衍輯《蒼頡篇》卷下，中華書局，一九八五年，八九頁。注明出自《文選注》）。《說文》：「鋏，可以持冶器鑄鎔者。从金，夾聲。」段玉裁注曰：「冶器者，鑄於鎔中，則此物夾而出之。」即澆鑄後從鑄範中取出鑄件時所用的金屬鉗子，或說爲用以持鑄鍋者，見徐鍇《說文解字繫傳》。「鋏」亦爲劍把或劍名。

[一二] 鑄，即「鑄」字。

容，盛也。引申爲「容受」，亦謂容貌。字通「鎔」，義爲熔化。《玉篇》：「鎔，鎔鑄也。」《慧琳音義》：「金銷在爐未鑄曰鎔。」

鑲，即「鑲」。《説文》：「鑲，作型中腸也。」即鑄造容器時所用内範，因象果實之穰故名。後亦用作「鑲嵌」之義。

〔一三〕 顗，《説文》：「謹莊皃。从頁，豈聲。」又《爾雅·釋詁上》：「顗，靜也。」亦从「豈」得聲的字有「覬」，「顗」似可讀作「覬」。《小爾雅·廣言》：「覬，望也。」即冀望。《左傳》桓公二年：「是以民服事其上，而下無覬覦。」「覬覦」即非分之想，過分之希求。又《左傳》上引文洪亮吉詁引《一切經音義》「覬作窺」。

視，除了一般的「看」義外，《説文》訓爲「瞻」也，並曰其古文作「眎」，即前視或仰視，所謂「正觀」。

歍，即「歍」字，「竜」省爲「竜」，與「賫」省爲「賁」是類似的。《説文》欠部：「歍，歍歍也。从欠，竜聲。㰤，俗歍，从口，从就。」故「歍歍」即「歍㰤」。《廣韻》：「歍㰤，口相就也。」「就」典籍多訓爲「成也」。《爾雅·釋詁下》：「就，成也。」《淮南子·脩務訓》「此自强而成功者也」，高誘注：「成，猶立也。」「就」與「立」因義有相合，故典籍或並言之，如《荀子·富國》：「事必不就，功必不立。」

豎，《説文》：「豎立也。从臤，豆聲。」

〔一四〕 偃鼂，「鼂」即《説文》「鼂」字。《説文》：「鼂，匽鼂也。讀若朝。楊雄説：匽鼂，蟲名。杜林以爲朝旦，非是。从黽，从旦。」「匽」通「偃」、「蝘」。《玉篇》：「鼂，蝘鼂蟲也。」「鼂」可讀作「朝」，即早晨，如《楚辭》屈原《九章·哀郢》：「出國門而軫懷兮，甲之鼂吾以行。」「偃」可以讀作「晏」，《説文》：「晏，天清也。」《史記·孝武本紀》：「迎鼎至甘泉，從行，上薦之。至中山，晏温。」集解引如淳曰：「《三輔》謂日出清濟爲晏。晏而温也。」則「偃鼂」可讀作「晏朝」，爲兩個義近字之組合。「晏朝」亦即清晨。

〔一五〕 攻，《説文》：「擊也。从攴，工聲。」《漢書·游俠傳·郭解傳》「臧命作姦剽攻」，顔師古注：「臧命，臧亡命之人也。剽，劫也。攻謂穿窬而盜也。」窬，踰牆。

襜，《説文》：「衣蔽前。从衣，詹聲。」《玉篇》：「襜，蔽膝也。」通「幨」，《淮南子·氾論訓》「渠幨以守」，高誘注：「幨，幰，所以禦矢也。」

魯，《説文》曰：「鈍詞也。」即不善言談，言語遲鈍。「魯」通「櫓」，《説文》：「大盾也。」《淮南子·兵略訓》：「雖薄縞之幨，腐荷之櫓不能獨穿。」（《兵略訓》此段文字參見張雙棣《淮南子校釋》同文之「箋釋」，北京大學出版社，二〇一三年。）

〔一六〕 壘，《禮記·曲禮上》：「四郊多壘，此卿大夫之辱也。」鄭玄注：「壘，軍壁也。」《左傳》文公十二年「請深壘固軍以待之」，孔穎達疏：「軍營所處，築土自衛謂之爲壘。」

鄣，即「鄣」。鄣，地名，秦漢時爲郡名，治所在故鄣，地在今浙江安吉西北，東漢中葉後改爲丹陽郡。字通「障」，用爲動詞義爲「隔」、「塞」，即阻擋。也作名詞，即屏障，用作軍事屏障時，與「壘」義近同。

墜，《説文》作「隊」，曰：「從高隊也。」「墜」見新附。《慧琳音義》卷十八「顛墜」注引《説文》曰：「墜，從高落下也。」即墜落、隕落，引申爲「失」、「廢」。義近同於「墮」。

京，《爾雅·釋丘》：「絶高爲之京。」郭璞注：「京，人力所作。」字形爲建築，故本義當爲人力所築高大建築。《説文》：「京，人所爲絶高丘也。」是引申爲人力所築高丘。亦訓「絶高」，指非人力所成的高丘。

「墜」與「京」聯繫，或因二字皆與「高」有關。

□輪

輪　蝌畚柠箱[一]。松柏橎棫[二]，桐梓杜楊[三]。欝棣桃李[四]，棗杏榆莍[五]。六三

藋葦菅蔚[六]，莞蒲藺蔣[七]。耑末根本[八]，榮葉莠英[九]。麋鹿熊羆[一〇]，六四

[一] 「輪」爲本章題目之第二字，「□輪」二字應在本章開頭。

畊，即「鉼」字。《說文》曰：「鉼，帗也。从甾，并聲。杜林以爲竹筥，楊雄以爲蒲器。讀若軿。」「帗，蒲席齡」。即圍起來屯米的席子。又《廣雅·釋器》：「鉼，畚也。」

畚，即《說文》「畚」字，草編的盛物袋子。《說文》曰：「畚，鉼屬，蒲器也，所以盛種。从甾，弁聲。」今已寫作「畚」。《左傳》宣公二年記晉靈公因「宰夫胹熊蹯不熟，殺之寘諸畚，使婦人載以過朝」，杜預注曰：「畚，以草索爲之，筥屬。」《左傳》襄公九年記宋國防火災之措施中有：「陳畚挶，具綆缶，備水器。」陸德明《釋文》：「畚，音本，草器也。」孔穎達疏曰：「其器可以盛糧，又可以盛土也。《論語》稱爲山用簣，是簣爲盛土之器，故以畚爲簣籠也。」

帒，字不見《說文》。《玉篇》曰：「帒，棺衣也，亦作褚。」「棺衣」即覆棺之物，亦即「褚幕」，見《禮記·檀弓上》「褚幕丹質」及陸德明《釋文》。又《左傳》哀公三十年「取我衣冠而褚之」，徐鍇《說文解字繫傳》曰：「褚，衣之橐也。」《玄應音義》卷十四「褚繩」注：「褚，謂以綿裝衣也。」故「帒」即是以綿類織品所製成的盛衣冠的箱、囊。

[二] 橎，《說文》：「木也。从木，番聲。讀若樊。」《集韻》：「橎，堅木，不華而實。」

棫，《爾雅·釋木》：「白桵也。」郭璞注：「小木，叢生有刺，實如耳璫，紫赤可啖。」《詩經·大雅·緜》：「柞棫拔矣，行道兑矣。」陸德明《釋文》引《三蒼》云：「棫，即柞也。」

柞木，亦即冬青，常綠灌木或小喬木，有棘刺，木質堅硬。

[三] 桐梓，即「桐梓」。《急就篇》卷三「桐梓樅桼榆椿樗」，顏師古注曰：「桐，即今之白桐木也，一名榮。梓，楸類也，一名椅。」《山海經·北山經》「其下多桐椐」，郭璞注：「桐，梧桐也。」梧桐，亦稱「青桐」，落葉喬木，種子可榨油。梓亦爲落葉喬木，樹幹端直，木材輕軟，耐朽，適於製器。

杜，《爾雅·釋木》：「甘棠。」郭璞注：「今之杜梨。」《急就篇》卷一「柏杜楊」，顏師古注：「杜，甘棠也。牡者曰棠，無子者也。牝者曰杜，有子者也。」

楊，《爾雅·釋木》：「蒲柳。」又《急就篇》卷一「柏杜楊」，顏師古注：「楊，一名蒲柳，可以爲矢。」「蒲柳」亦即水楊，早凋，故被用來比喻體質衰弱或低賤。

[四] 欝，即「鬱」字。上部棥形，承襲殷墟甲骨文與西周金文形體而略有差異，兩木中間从爻而非从「人」，或是所从「人」的譌變。其字形與睡虎地秦簡的鬱（□）字接近但又有所不同，「勹」形尚未譌成「冂」形。《玉篇》：「鬱，芳草也，鬱金香也，赤鬱也。」又，《說文》：「鬱，木叢生者。」指草木茂盛狀。

棣，即「棣」字，秦漢簡牘文字常將「隶」旁寫成「聿」，是一種簡化方式。但這一變化並未能在後來保持下去，「隶」的寫法仍被保存下來。棣，木名，亦名常棣、郁李。爲落葉小灌木。春季開花，粉紅色或近白色。《詩經·小雅·常棣》：「常棣之華，鄂不韡韡。」「韡韡」，鮮明貌。其果實可食。《急就篇》卷二「棗杏瓜棣饊飴餳」，顏師古注：「棣，常棣也，其子熟時正赤色，可啗，俗呼爲山櫻桃，隴西人謂之棣子。」

[五] 榆，即「榆」字。《爾雅·釋木》：「榆，白枌也。」《詩經·陳風·東門之枌》：「東門之枌，宛丘之栩。」毛傳：「枌，白榆也。」爲一種白皮的榆樹，屬落葉喬木，生長快，高可達二十五米，耐乾冷。

桒，即「桑」字，木名。「桑」字在秦漢簡牘文字中，並不如小篆字形那樣从木从叒，而是承襲戰國文字作「桒」形，已將樹之枝葉與樹幹脱離，又略有變形。

[六] 藿，應即《說文》「萑」字。《說文》曰：「萑，薍也。从艸，雈聲。」「薍，剡也。从艸，亂聲。八月薍爲葦也。」《廣韻》曰：「萑，萑葦，《易》亦作萑，俗作藿。」即初生之葦。

葦，即蘆葦。《說文》：「葦，大葭也。从艸，韋聲。」葭，《說文》訓爲「葦之未秀者」。

菅，《爾雅·釋草》：「白華，野菅。」郭璞注：「菅，茅屬。」即菅茅，《詩經·陳風·東門之池》「可以漚菅」，朱熹《集傳》曰：「菅，葉似茅而滑澤，莖有白粉，柔韌宜爲索也。」爲多年生草本植物，生於山坡草地。可用以編苫以覆屋，編草鞋。亦爲造紙材料。

蔚，即「蔽」字，亦作「蒯」，《左傳》成公九年：「《詩》曰：『雖有絲麻，無棄菅蒯。』」菅蒯，《玉篇》引作「菅蔽」。《字彙》曰：「蒯與菅，皆莒也。黃華者，俗名黃芒，即蒯也。白華者，俗名白芒，即菅也。」爲多年生草本植物，叢生於水邊。其莖可以編繩索、編席、造紙。

[七] 莞蒲，亦名「蒲」，水草名。《爾雅·釋草》：「莞，苻蘺。」郭璞注：「今西方人呼蒲爲莞蒲。……今江東謂之苻蘺。西方亦名蒲，……用之爲席。」亦稱「夫離」。俗名「水葱」、「席子草」。段玉裁《說文解字注》曰：「莞之言管也。凡莖中空者曰管。莞蓋即今『席子艸』。細莖，圓而中空。」亦指莞草編的席。

藺，《說文》：「莞屬。从艸，閵聲。」《玉篇》：「藺，似莞而細，可爲席。」亦名「燈芯草」。

蔣，《説文》：「苽蔣也。从艸，將聲。」亦即菰蔣，禾本科，多年生的水生宿根草本植物，其基部嫩莖稱「茭白」，穎果作狹圓柱形，稱「菰米」。《玉篇》：「其實雕胡也。」其莖可編席。《韓非子・十過》記由余與秦穆公言及禹曾：「縵帛爲茵，蔣席頗緣。」頗緣，即飾其緣斜織之。

〔八〕耑，即「端」。

末，《説文》：「木上曰末。」《玉篇》：「末，端也，顛也，盡也。」

根、本，「根」義同「本」。

〔九〕榮，《爾雅・釋木》：「桐木。」又《爾雅・釋草》：「木謂之華，草謂之榮。」即云木本植物的花稱爲「華」，草本植物的花稱爲「榮」。引申而有「榮華」、「光華」、「秀」、「美」諸義。

葉，草木之枝葉。亦爲表時之詞。《詩經・商頌・長發》「昔在中葉」，毛傳：「葉，世也。」

莠，《説文》：「禾粟下生莠。从艸，秀聲。讀若酉。」即狗尾草。禾本科一年生草本植物，穗似狗尾。《詩經・齊風・甫田》「維莠驕驕」，朱熹《集傳》曰：「莠，害苗之草也。」亦爲惡草之通稱，用以比喻惡人，如「良莠不齊」。

英，《爾雅・釋草》：「榮而不實者謂之英。」《詩經・鄭風・有女同車》「顔如舜英」，毛傳曰：「英，猶華也。」即花。又爲人中俊傑之稱，《淮南子・氾論訓》「天下雄儁豪英」，高誘注：「才過萬人爲英。」

〔一〇〕麋鹿，俗稱「四不像」，體長可達二米餘，長尾。《孟子・梁惠王上》：「王立於沼上，顧鴻鴈麋鹿。」《楚辭》屈原《九歌》：「麋何食兮庭中？蛟何爲兮水裔？」

熊羆，「熊」，一説即黑熊；「羆」，一説即棕熊。《爾雅・釋獸》：「羆如熊，黄白文。」郭璞注：「似熊而長頭高腳，猛憨多力，能拔樹木。關西呼曰貑熊。」亦称「人熊」。《詩經・大雅・韓奕》「有熊有羆」，又「赤豹黄羆」。

……□堯𡕒〔一〕，禹湯顡卬〔二〕。【趬麔䠠盼】〔三〕，六五

〔一〕堯，小篆字體作[illegible]，簡文字形與之近同。

𡕒，即「舜」字，簡文字形作[illegible]，近於馬王堆帛書《老子》甲本之「舜」字[illegible]，作爲正面人形的「大」仍保存。今所見「舜」的小篆字形[illegible]似由此字形演變而來。

〔二〕顡，即「顡」字，《説文》作「顡」，曰：「顡，癡不聰明也。从頁，豪聲。」可讀作「毅」，《説文》作「毅」，曰：「毅，妄怒也。一曰有決也。从殳，豪聲。」《左傳》宣公二年：「殺敵爲果，致果爲毅。」孔穎達疏：「毅，彊也。」《論語・子路》「剛毅木訥近仁」，何晏《集解》引王肅曰：「毅，果敢也。」

卬，即「卬」字。甘肅水泉子漢簡《蒼頡篇》暫四五此字作「迎」，即「迎」字。《史記・天官書》「迎角而戰者不勝」，朱駿聲《説文通訓定聲》認爲「迎」在此假借爲「卬」。《説文》：「卬，望欲有所庶及也。从匕，从卩。《詩》曰『高山卬止』。」段玉裁注曰：「卬與仰義别，仰訓舉，卬訓望。今則仰行而卬廢。」所謂「舉」即「舉首」。《楚辭》宋玉《九辯》「卬明月而太息兮」，洪興祖《補注》：「卬，望也。」但「卬」亦常假借作「仰」，《荀子・解蔽》「卬視其髮」，楊倞注：「卬，與仰同。」《漢書・刑法志》「爲下所卬」，顔師古注：「卬，讀曰仰。」或亦讀作「昂」，訓作「明」、「高」。又《詩經・大雅・卷阿》「顒顒卬卬，如圭如璋」，毛傳：「顒顒，温貌。卬卬，盛貌。」鄭玄箋：「體貌則顒顒然敬順，志氣則卬卬然高朗，如玉之圭璋也。」

〔三〕趬，字殘。甘肅水泉子漢簡《蒼頡篇》暫四五此字作「趬」。本簡此字剩餘部分仍可看出與「趬」字合（水泉子漢簡此字「喿」上三「口」作「吕」，本簡似作「品」）。《説文》：「趬，疾也。从走，喿聲。」《管子・心術上》：「趬者，不静。」通作「躁」。

麔，即「蟨」，字亦殘，但仍可辨識。此字甘肅水泉子漢簡《蒼頡篇》暫四五作「厥」。《説文》有獸名「蟨」，亦作「蹶」。《吕氏春秋・不廣》曰：「北方有獸，名曰蹶，鼠前而兔後，趨則跲，走則顛，常爲蛩蛩距虚取甘草以與之。蹶有患害也，蛩蛩距虚必負而走。」《説苑・復恩》亦有類似的文字，但歸爲「孔子曰」，「蹶」則作「蟨」。「蹶」亦爲動詞，《禮記・曲

禮上》「足毋蹶」，陸德明《釋文》曰「行急遽貌」。《廣韻》：「蹶，速也。」此字義與「趮」有「疾」義合。《史記・司馬相如傳》之《子虛賦》「蟃邛邛，蹷距虛」，集解引郭璞曰：「邛邛，似馬而色青。距虛即邛邛，變文互言之。《穆天子傳》曰『邛邛距虛，日走五百里』也。」邛、蛩皆群母東部字，可通假。

本句末二字，或即「瞵盼」。《說文》：「瞵，目精也。从目，粦聲。」《楚辭・九懷・昭世》「進瞵盼兮上丘墟」，洪興祖補注：「瞵，視貌。」盼，《說文》：「《詩》曰：美目盼兮。从目，分聲。」《論語・八佾》「美目盼兮」，何晏集解引馬融曰：「盼，動目貌。」

耕部*

* 在本韻部內，押耕部韻的字依次是：䶄，譻、䋫、眚、請，鳴、鶯、莖、冥、耕、靖、甇，絣、朾、熒、娙、醒，扃。

狗獳麢䶄[一]。媥䵎娺餟[二]，斟掇謍譻[三]。觲聊【漏】謦[四]，級絇筐䋫[五]。六六＋二二＋二三

[一] 獳，《說文》：「怒犬皃。从犬，需聲。讀若耨。」《山海經・中山經》：「（釐山）有獸焉，名曰獺，其狀如獳犬而有鱗。」

麢，《集韻》：「鹿子曰麢。」《廣雅・釋獸》：「麛，麢也。」王念孫《疏證》：「小鹿謂之麢。」

䶄，《說文》：「䶄令鼠。从鼠，平聲。」即一種體型小、背面有紅棕色的耗子，亦稱「背䶄」。《廣韻》：「䶄，鼠子。」

[二] 媥，《說文》：「輕皃。从女，扁聲。」《廣韻》：「媥，身輕便皃。」「媥姺」，疊韻聯緜詞，同「蹁躚」，輕盈飄舞的樣子。

䵎，《說文》：「黃黑色也。从黃，耑聲。」段注本作「黑黃色也」。《玉篇》：「䵎，或作煓。」《方言》卷十三：「煓，赫也。」郭璞注：「煓，火盛熾之貌。」

「媥」指身姿之飄逸，「煓」指火焰之盛熾，均表動感之字詞。

娺，《說文》：「疾悍也。从女，叕聲。讀若唾。」朱駿聲《說文通訓定聲》「唾者，啜之誤字。」通作「啜」。《說文》：「啜，嘗也。」即嘗食也，飲也。

餟，《說文》：「小餟也。从食，兑聲。」《方言》：「餟，餽也。」即祭鬼也。「餟」通「啜」，「餟」爲喻母月部字，「啜」爲端母月部字，同韻而聲母皆舌音。

[三] 斟，《國語・周語上》「而後王斟酌焉」，韋昭注：「斟，取也；酌，行也。」《說文》：「酌，盛酒行觴也。」「觴」即敬酒勸飲或自飲。

掇，《說文》：「拾取也。从手，叕聲。」

謍，《說文》：「小聲也。从言，熒省聲。《詩》曰『謍謍青蠅』。」

譻，从言，嬰聲；嬰，从女賏聲。《說文》有「譻」字，曰：「聲也。从言，賏聲。」《文選》張衡《思玄賦》：「拽雲旗之離離兮，鳴玉鸞之譻譻。」「譻」字亦通「嚶」，《說文》：「嚶，鳥鳴也。」《詩經・小雅・伐木》：「鳥鳴嚶嚶。」《類篇》有「譻」字，曰：「怒也，或作謍。」嬰屬影母耕部，謍屬喻母耕部，从「𤇾」得聲字，則多分佈在喻母或影母中，故「譻」通「謍」。

[四] 觲，《說文》：「觲，調弓也。从角，弱省聲。」通作「搦」。《考工記・矢人》：「橈之以眡其鴻殺之稱也。」鄭玄注：「撓搦其幹。」撓，屈曲也。搦，按摩也。

聊，《說文》：「耳鳴也。从耳，卯聲。」段玉裁在《說文解字注》「僇」字「一曰且也」下云：「按此即今所用聊字也。聊者，耳鳴。僇其正字，聊其假借字也。」是「聊」通「僇」，可讀爲「摎」，《廣韻》：「摎，撓也。」《集韻》：「撓，或作摎。」

漏，筆畫已模棱，但字形近「漏」。《說文》：「漏，以銅受水刻節，晝夜百刻。从水，屚聲。」即刻漏計時器。

[五] 鼛，《説文》：「大鼓也。从鼓，咎聲。《詩》曰『鼛鼓不勝』。」與从日咎聲的「晷」通。「晷」即日晷，測日影以定時刻之儀器。《漢書·律曆志上》：「乃定東西，立晷儀，下漏刻。」
級，《説文》：「絲次第也。从糸，及聲。」本指絲的優劣次第，引申爲等次。通作「靸」，《説文》：「靸，小兒履也。从革，及聲。」《急就篇》卷二「靸鞮卬角褐韈巾」，顔師古注：「靸謂韋履，頭深而兑，平底者也。」
絇，《説文》：「纑繩絇也。从糸，句聲。讀若鳩。」段玉裁注曰：「纑者，布縷也；繩者，索也；絇，糾合之謂。」又爲鞋頭之飾，《禮記·曲禮下》疏：「絇爲拘，著履頭以容受繫穿貫也，其屈之形，似漢時刀衣鼻也。」
筥，群母魚部字；笠，匣母魚部字。群、匣分別爲牙、喉音而相近，故「筥」可讀爲「笠」。《説文》：「笠，可以收繩也。从竹，象形，中象人手所推握也。」朱駿聲《説文通訓定聲》作「所以糾繩也」。「糾」有「纏」義，與「綷」皆爲繩治之名。
綷，《説文》：「紆未縈繩，一曰急弦之聲。从糸，爭聲，讀若旌。」段玉裁注曰：「未縈繩，謂未重疊繞之，如環者。紆者，詘也，少少詘曲之而已。將縈繩，先詘曲之，引申爲凡紆曲之偁。……凡器物曲陳之皆曰綷。」

牽嬐婚訾[一]。魁鉅圜艫[二]，與瀨庾請[三]。 百五十二 六七

[一] 牽，簡文中此字所从「衛」的寫法，亦見於秦陶文（高明、葛英會《古陶文字徵》，中華書局，一九九一年，二一二頁，秦一〇三〇、一〇三二、一〇三四），而「牛」譌作丰，秦簡牘文字已出現，漢隸則常見。《説文》：「牽，牛踶牽也。从牛，衛聲。」段玉裁注曰：「牽與衛互訓。踶牽，猶踐蹋也。」踶，蹋也。衛，《説文》訓爲「衛也」。王筠《句讀》云：「牽、衛一字，反足踶人也。」故「牽」即牛以蹄踢踏以自衛。
嬐，《説文》：「敏疾也。一曰莊敬皃。从女，僉聲。」同音字「劍」，《釋名·釋兵》：「劍，檢也，所以防檢非常也。」亦即言劍用以自衛。
婚，《説文》：「俛伏也。从女，沓聲。一曰伏意。」段玉裁曰：「俛者，低头也。伏者，伺也。」並以爲「伏意」當作「服意」，即「悦服之意也」。《集韻》：「婚，服意。」《國語·晉語八》「宵靜女德，以伏蠱慝」，韋昭注：「伏，去也。」又《左傳》僖公五年曰「龍尾伏辰」，孔穎達疏：「星宿不見曰伏。」
訾，《説文》：「惑也。从目，滎省聲。」通作「營」、「熒」。《吕氏春秋·制樂》：「宋景公之時，熒惑在心。」高誘注：「熒惑，五星之一，火之精也。」同文記子韋曰：「熒惑者，天罰也；心者，宋之分野也。」《廣雅·釋天》：「營惑謂之罰星，或謂之執法。」
「婚」訓爲「俛伏」、「服」，似可與熒惑之爲「天罰」相聯繫，《玄應音義》卷二十五「謫罰」注：「罰，折伏也。」

[二] 魁，《説文》：「羹斗也。从斗，鬼聲。」即湯勺。又爲星名，《史記·天官書》：「北斗七星……魁枕參首。」索隱引《春秋運斗樞》云：「第一至第四爲魁。」正義曰：「魁，斗第一星也。」引申爲「首」、「帥」等義。又訓「大」，《漢書·江充傳》：「充爲人魁岸，容貌甚壯。」顔師古注：「魁，大也。」「魁岸」即高大而雄偉狀。
鉅，《説文》：「大剛也。从金，巨聲。」「剛」通「鋼」。段玉裁注曰：「引伸爲鉅大字。」即通作「巨」，大也。《吕氏春秋·尊師》：「東方之鉅狡也。」高誘注：「鉅，大。」
圜，《説文》：「天體也。从口，睘聲。」《玉篇》：「天圜而地方。」通「圓」。
艫，《説文》：「舳艫也。一曰船頭。从舟，盧聲。」或云船頭屋名「艫」，亦作「廬」。又有云船尾謂艫，船頭謂舳，見《小爾雅·廣器》。「艫」通「櫨」，即轆櫨，井上汲水用的圓轉木。又，「艫」同音字有「鑪」，《説文》訓爲「方鑪也」。此外，「櫨」亦有他義，如《玄應音義》卷一「櫨欂」注引《三蒼》曰：「櫨，柱上方木也。」「鑪」、「櫨」作爲方器名，義與義「圓」義相反。

[三] 與，《説文》：「黨與也。从舁，从与。」即同類者、同盟者。引申爲「相從」、「相親」。《國語·齊語》：「桓公知天下諸侯多與己也，故又大施忠焉。」韋昭注：「與，從也。」又《論語·微子》「吾非斯人之徒與而誰與」，邢昺疏曰：「與，謂相親與。」「相從」、「相親」必相近，此其義與下文「瀨」之臨近義相合。
瀨，《説文》：「水厓，人所賓附，頻蹙不前而止。」《漢書·諸侯王表》「北界淮瀕」，顔師古注：「瀕，水涯也。」即水邊。通作「濱」。亦有靠近、臨近之義，如《漢書·賈山傳》「瀕

海之觀畢至」，顔師古注：「瀕海，謂緣海之邊也。」

庾，《詩經·小雅·甫田》「曾孫之庾」，鄭玄箋云：「庾，露積穀也。」即露天所設之糧囤。又爲量名，《左傳》昭公二十六年：「謂子猶之人高齮，能貨子猶，爲高氏後，粟五千庾。」杜預注曰：「庾，十六斗，凡八千斛。」孔穎達疏曰：「《聘禮》記云十六斗曰籔，十籔曰秉。鄭玄云：秉，十六斛。」則其數量關係爲：十斗爲一斛；一庾爲十六斗，則一庾爲一·六斛；五千庾即爲八千斛。又，一秉爲十六斛，則一秉即爲十庾；十籔爲一秉，則籔即等於庾，故《聘禮》云十六斗爲籔，與杜預注所云庾等量。庾爲喻母侯部字，籔爲心母侯部字，而从「俞」得聲字則分佈在喻母、心母中，故庾、籔音近可通。

請，《説文》：「謁也。」「請」與「庾」相連，似與《論語·雍也》所記冉有爲子華母請粟之文字有關。其文曰：「子華使於齊。冉子爲其母請粟。子曰：『與之釜。』請益。曰：『與之庾。』冉子與之粟五秉。」據何晏《集解》引馬曰：「六斗四升曰釜。」孔子因冉有請益，而增加爲一庾，即十六斗，但冉有實際付與子華母的是五秉，即五十庾，超出孔子同意的一庾數量過多。所以所謂「與之庾」，或可能是單位數量，指某一時段給一庾，所付是五十個時段的粟。

鶡雉

鶡　鶡雉牝牡[一]，雄雌俱鳴。屆寵趯急[二]，邁徙覺驚[三]。豜潭僂繚[四]，六八

雉　頗科樹莖[五]。禋稰姪娣[六]，叚耤合冥[七]。踝企瘟散[八]，稙犺播耕[九]。六九

婺頤娑孅[一〇]，婠嫈眇靖[一一]。姑縈姍膭[一二]，訏焚竄煢[一三]。罪蠱訟郄[一四]，七〇

[一]　鶡，《説文》：「似雉，出上黨。从鳥，曷聲。」《山海經·中山經》「其鳥多鶡」，郭璞注：「鶡，似雉而大，青色有毛，勇健，鬭死乃止。」

雉，字或从「鳥」，即「鴇」字。《玉篇》此字寫作「鳵」，與此簡文字形相合。《説文》：「鴇，鳥也，肉出尺胾。从鳥，𠦒聲。鮑，鴇或从包。」「胾」即大塊的肉。段玉裁注曰：「此云出尺胾者蓋謂去此尺胾不食，其餘可食。」《詩經·唐風·鴇羽》：「肅肅鴇羽，集于苞栩。」陸德明《釋文》：「鴇，似鴈而大，無後趾。性不樹止。」

[二]　屆，即「屆」。《説文》：「屆，行不便也。一曰極也。从尸，凷聲。」《詩經·小雅·節南山》「君子如屆」，毛傳：「屆，極。」

寵，可訓爲「尊崇」。《國語·楚語下》：「寵神其祖，以取威於民。」韋昭注：「寵，尊也。」

「屆」訓「極」，「寵」有「尊崇」之意，二字在至高之義上相近。

趯，《説文》：「踴也。从走，翟聲。」「踴」即跳躍。「趯」亦可讀作「躍」，《詩經·召南·草蟲》「喓喓草蟲，趯趯阜螽」，毛傳：「趯趯，躍也。」

急，疾速也。

[三]　邁，即跨進、跨越。《説文》訓爲「遠行也」。《詩經·王風·黍離》「行邁靡靡」，毛傳曰：「邁，行也。」

徙，《爾雅·釋詁下》：「遷、運，徙也。」邢昺疏曰：「皆謂移徙也。」

覺，《説文》：「寤也。从見，學省聲。一曰發也。」即悟知、知曉，引申爲察覺、警覺、啟發。《慧琳音義》卷二六「覺觀」注引《玉篇》曰：「覺，驚也，察也。」

驚，《説文》：「馬駭也。从馬，敬聲。」泛指警駭、震驚。《墨子·號令》「卒有驚事」，孫詒讓《閒詁》：「驚讀爲警。」

[四]　豜，即「豣」。《説文》曰：「豣，獟犬也。从犬，幵聲。一曰逐虎犬也。」段玉裁注：「《廣韻》曰：『逐獸犬。』蓋唐人避諱改。」

漳，《説文》：「飲歃也。一曰吮也。从水，算聲。」「犴」或可讀作「研」，「漳」或可讀作「算」（筭）。《文選》陸機《弔魏武帝文》曰：「長筭屈於短日，遠迹頓於促路。」李善注曰：「筭，計謀也。」此用作名詞。其賦文有句曰：「苟理窮而性盡，豈長筭之所研。」此句中的「筭」則用作動詞，義近於「謀劃」，而李善注引鄭玄《周易》注云：「研，喻思慮也。」是「研」、「筭」字義可相聯繫。

僂，《説文》：「尫也。从人，婁聲。周公韈僂，或言背僂。」《白虎通義·聖人》：「周公背僂。」尫即骨骼彎曲。《吕氏春秋·盡數》「苦水所多尫與傴人」，高誘注：「尫，突胸仰向疾也。」曲背亦曰「尫」，故上引《説文》云周公「背僂」。「僂」亦可讀作「摟」。《爾雅·釋詁下》：「摟，聚也。」郝懿行《義疏》曰：「摟，又通作僂。」「摟」有「曳聚」、「牽引」之義。

繚，《説文》：「纏也。从糸，尞聲。」亦訓爲「繞也」。

僂爲來母侯部字，繚爲來母宵部字，侯、宵旁轉，故「僂」、「摟」、「繚」音實近同。「摟」與「繚」在以動作貼近物件之義上亦相近。

〔五〕頍，《説文》：「頭偏也。从頁，皮聲。」引申爲「偏」、「邪」諸義。阜陽雙古堆漢簡《蒼頡篇》作「秛」（C30），《玉篇》：「秛，禾租。」《廣雅·釋詁二》：「秛，税也。」即田租。

科，《説文》：「程也。从禾，从斗。斗者，量也。」「程，品也。」又，《荀子·致士》：「程者，物之準也。」楊倞注：「程者，度量之摠名也。」

「科」字訓「程」，有度量及品級諸義，與「秛」訓「禾租」亦即「田租」，在字義上有聯繫。

莖，即「莖」。

〔六〕禋，祭名。《爾雅·釋詁上》：「禋，祭也。」郝懿行《義疏》：「禋，通作煙。」即加牲於柴上，燔柴升煙以祭。又《説文》：「禋，潔祀也。一曰精意以享爲禋。从示，垔聲。」

稰，《説文》：「糧也。从米，胥聲。」《玉篇》：「稰，祠神米。」即專用以祭神之米。《楚辭·離騷》「懷椒稰而要之」，王逸注：「稰，精米，所以享神。」選用精米以示其精意，與《説文》訓「禋」爲「潔祀」及「精意以享」語意相近。

「禋稰」在此似亦可讀作「姻婿」。禋爲影母文部字，姻爲影母真部字，文、真均陽聲韻而旁轉。《釋名·釋親屬》：「壻之父曰姻。姻，因也，女往因媒也。」《説文》：「姻，壻家也。」

姪，《爾雅·釋親》：「女子謂晜弟之子爲姪。」「晜」即兄之稱，亦作「昆」。《儀禮·喪服傳》：「姪者何也，謂吾姑者，吾謂之姪。」

娣，《説文》：「女弟也。从女，从弟，弟亦聲。」段玉裁注：「女子謂女兄弟曰姊妹，與男子同，而惟媵己之妹則謂之娣。」《漢書·杜欽傳》「娣姪雖缺不復補」，顔師古注：「媵女之内，兄弟之女則謂之姪，己之女弟則謂之娣。」「媵女」即陪嫁之女。

〔七〕叚，《説文》：「借也。」通作「假」。

耤，見於殷墟卜辭，字作「𦓤」，像人持耒以足踏之以掘土田。後加「昔」爲聲符，又省變作「耤」。通作「藉」。引申爲「借」。《説文》：「耤，帝耤千畮也。古者使民如借，故謂之耤。」《國語·周語上》「宣王即位，不籍千畝」，韋昭注：「籍，借也，借民力以爲之。」

冥，《説文》：「幽也。从日，从六，冖聲。日數十，十六日而月始虧，幽也。」末尾「幽也」，段玉裁注認爲應作「冥也」，並曰：「日之數十，昭五年《左傳》文，謂甲至癸也。歷十日復加六日而月始虧，是冥之意。」知「冥」即幽隱、幽暗之意。「冥」可讀爲「瞑」，《説文》：「瞑，翕目也。」「翕目」即合目、閉目。《詩經·小雅·常棣》「兄弟既翕」，毛傳：「翕，合也。」又「冥合」成詞。《説文》：「𡨦，冥合也。从宀，丏聲。讀若《周書》『若藥不眄眩』。」段玉裁注：「冥合者，合之泯然無迹，今俗云吻合者當用此字。」

〔八〕踝，《急就篇》卷三「蹲踝跟踵相近聚」，顔師古注：「踝，足之内外踝也。」「踝」即踝關節，爲小腿與足交接部分，其兩側有内、外踝兩處明顯之骨突。亦爲腳後跟之稱，如《禮記·深衣》「負繩及踝以應直」，鄭玄注：「踝，跟也。」負繩及踝，即指衣裳背縫達到踝部。

企，《説文》：「舉踵也。从人，止聲。」「踵」即腳後跟，「企」即踮起腳後跟。

瘟，《説文》：「跛病也。从疒，盍聲。讀若脅。又讀若掩。」瘟爲影母葉部字，掩爲影母談部字，談、葉陽入對轉，故瘟、掩音近同，瘟可假借作「掩」。「瘟」所从得聲的「盍」字，有覆蓋之意，《爾雅·釋詁上》訓爲「合也」與「掩」義近。與「瘟」同从「盍」得聲的字有「闔」，《説文》：「闔，一曰閉也。」以上「掩」、「蓋」、「閉」，均與以下「散」訓「分離」、「飛散」字義相悖。

散，即「散」字。《説文》：「散，雜肉也。从肉，柎聲。」《説文》言「散」从「肉」爲誤。與此字形相近的「散」字已見於西周晚期金文，作𢿱（散伯簋，《殷周金文集成》

三七七七至三七八〇），可見所从爲「月」。裘錫圭先生認爲所从林並非「竹」字，而是林之簡寫（《釋殷墟甲骨文裏的「遠」、「甡」（邇）及有關諸字》，收入《古文字研究》第十二輯，中華書局，一九八五年）。此形亦見戰國兵器銘文。秦漢簡牘中此字所从「林」則寫作「林」。殷墟卜辭與西周金文中此字另一字形作㪔或𣀔，秦漢簡牘中从「林」的「散」字，應是承這一字形而來。《廣韻》：「散，分離也。」《慧琳音義》卷六十九「飄散」注引《說文》曰：「散，飛散也。」

［九］ 䅗，阜陽雙古堆漢簡 C042 摹本此字作「賴」。「䅗」字不見《說文》、《玉篇》，應是从耒負聲字。「負」爲並母之部字，而从「音」得聲字多亦在並母之部，或滂母之部，如棓、陪等，如此則「䅗」或即可讀作「棓」字。《玉篇》：「棓，耟屬。」《廣雅·釋地》：「棓，耕也。」古有耦耕之耕作方式。《詩經·周頌·噫嘻》「十千維耦」，朱熹《集傳》曰：「耦，二人并耕也。」《論語·微子》：「耦而耕。」「耦」通「偶」。

犺，《說文》：「健犬也。从犬，亢聲。」按：「犺」可通作「伉」。《廣雅·釋詁二》：「犺，健也。」王念孫《疏證》：「伉與犺通。」「伉」有「對」、「偶」諸義。《後漢書·張衡傳》「疇可與乎比伉」，李賢注：「伉，偶也。」典籍習見「伉儷」一詞。

［一〇］ 嫛，即「嫛」字。《說文》：「嫛，惡也。一曰人皃。从女，毀聲。」段玉裁注：「謗人爲嫛。」朱駿聲《說文通訓定聲》：「謂皃醜惡。」「嫛」通「毀」，即缺損之意。《慧琳音義》卷五「呰毀」注引顧野王曰：「毀，猶損也。內損曰毀，外毀曰傷。」《論語·衛靈公》「誰毀誰譽」，朱熹《集注》曰：「毀者，稱人之惡而損其真。」

顝，即「顝」。《說文》：「顝，繫頭殟也。从頁，昏聲。」即謂被繫頭突然失去知覺，見朱駿聲《說文通訓定聲》。亦作「惛」，《孟子·梁惠王上》：「吾惛，不能進于是矣。」意即神志不清、糊塗。「顝」亦通「昏」，有虧損之意，《釋名·釋天》：「昏，損也，陽精損滅也。」

娑，《說文》：「舞也。从女，沙聲。《詩》曰『市也媻娑』。」《玉篇》：「娑，婆娑，舞者之容。」或通作「沙」。《詩經·魯頌·閟宮》「犧尊將將」，毛傳：「犧尊有沙飾也。」孔穎達疏：「傳言沙，即娑之字也。」

孅，《說文》：「銳細也。从女，韱聲。」《文選》司馬相如《上林賦》「嫵媚孅弱」，李善注引《方言》曰：「自關而西，凡物小謂之孅。」「娑」通「沙」，沙細小，與孅訓銳細字義有聯繫。

［一一］ 婠，《說文》：「體德好也。从女，官聲。讀若楚郤宛。」郤宛，春秋時楚臣，見於《左傳》。活動於魯昭公至定公時期。《廣雅·釋詁一》：「婠。好也。」王念孫《疏證》：「《太平御覽》引《通俗文》云：『容美曰婠。』」桂馥《說文義證》引《通俗文》作「容媚曰婠」。

婡，《說文》：「不媚，前卻婡婡也。从女，陝聲。」徐鍇《說文解字繫傳》：「乍進乍退，無姿制也。」是指女子神色舉止不穩重的樣子。《後漢書·列女傳·曹世叔妻》曰：「若夫動靜輕脫，視聽陝輸，入則亂髮壞形，出則窈窕作態，說所不當道，觀所不當視，此謂不能專心正色矣。」李賢注：「陝輸，不定貌也。」王先謙《集解》引惠棟曰：「陝本作婡。」

眇靖，《說文》：「眇，一目小也。从目，从少，少亦聲。」通「渺」、「妙」，有小、微、細諸義。《說文》：「靖，立竫也。从立，青聲。一曰細皃。」立竫，靜立也，指立容安靜。假借爲「精」，故亦訓「細貌」。字通「婧」，有貌美之義。《文選》張衡《思玄賦》曰「舒眇婧之纖腰兮」，張銑注：「眇婧，纖腰皃。」

［一二］ 姑，《說文》：「小弱也。一曰女輕薄善走也。」

縈，《說文》：「垂也。从惢，糸聲。」即花惢下垂之貌。「縈」與「蕤」皆日母微部字，且皆有下垂義，故二字相通。《文選》左思《吴都賦》「羽毛揚蕤」，吕延濟注云：「蕤，羽毛好皃。」羽毛輕飄與「姑」有女走姿輕薄之義可相聯繫。

姍，《說文》：「誹也。一曰翼便也。从女，刪省聲。」「誹」即「誹謗」。又《漢書·石顯傳》：「顯恐天下學士姍己。」顔師古注：「姍，古訕字。」即譏笑。「姍」與「刪」音同。刪，剟也，刪削、刪除。

賸，即「賸」字。《說文》：「賸，物相增加也。从貝，朕聲。一曰送也，副也。」即以物相贈，故訓「送」，引申爲「剩」、「餘」。字通「勝」，克也、滅也、盡也。

［一三］ 訐，《說文》：「面相斥罪，相告訐也。从言，干聲。」《漢書·賈誼傳》「所上者告訐也」，顔師古注：「訐，謂面相斥罪也。」《論語·陽貨》：「惡訐以爲直者」，何晏《集解》引苞氏曰：「訐，謂攻發人之陰私也。」

熭，《說文》：「暴乾火也。从火，彗聲。」《玉篇》則曰「曝乾也」。「曝乾」與上文「訐」揭露陰私即今所謂「曝光」之義可相聯繫。

竄，《説文》：「墜也。从鼠在穴中。」《玉篇》：「竄，匿也，逃也，隱也，放也，藏也。」

䓨，《説文》：「回疾也。从卂，營省聲。」朱駿聲《説文通訓定聲》曰：「鳥回轉疾飛曰䓨。」「䓨」、「竄」均有快速脱逃之意。

〔一四〕罪，《説文》釋作「捕魚竹網。从网、非。秦以罪爲辠字。」。《禮記・服問》「罪多而刑五」，陸德明《釋文》曰：「罪，本或作『辠』，案『辠』正字也。秦始皇以其似『皇』字，改爲『罪』也。」

蠱，《説文》：「腹中蟲也。」段玉裁注釋「中」爲「自外而入」，曰：「謂腹内中蟲食之毒也。」《周禮・秋官・庶氏》「庶氏掌除毒蠱」，鄭玄注曰：「毒蠱，蟲物而病害人者。」引申爲蠱惑、迷亂，亦引申爲傷害人的各種邪術。又，「蠱」通「罟」，皆是魚部字。《説文》：「罟，网也。从网，古聲。」《詩・大雅・瞻卬》「罪罟不收，靡有夷瘳」，毛傳曰：「夷，常也。罪罟，設罪以爲罟。瘳，愈也。」

訟，《説文》：「爭也。从言，公聲。」即今所謂打官司而爭辯是非。又《周禮・秋官・鄉士》「辯其獄訟」，賈公彦疏曰：「訟，謂爭財。」一説小曰訟，大曰獄。

郤，即《説文》「卻」字，亦寫作「郤」。《説文》曰：「卻，節欲也。从卩，谷聲。」典籍多用爲退卻、去除、退讓之義。「訟」訓爲「爭」，郤（卻）則訓作「退卻」，二字字義相悖。

蔑疑齰圉〔一〕，衺緳糾絣〔二〕。律丸宂戍〔三〕，闔踐矗杅〔四〕。戳烄熱槂〔五〕，七一

蘸火燭熒〔六〕。媨嚂窺鬖〔七〕，悘攖嫖姪〔八〕。樊厭妒秩〔九〕，私醢救醒〔一〇〕。百廿　七二

〔一〕蔑，《説文》：「目眵也。」《急就篇》卷四「癉熱瘻痔眵蔑眼」，顔師古注：「蔑，目眥傷赤也。」即眼眶紅腫。或作「瞜」，與「蔑」通，輕慢之意，《後漢書・班固傳》：「豈蔑清廟，憚勑天乎。」李賢注：「蔑，輕也。」

疑，《説文》：「惑也。」《玉篇》：「疑，嫌也。」「嫌」有憎惡、厭惡之意。

齰，《説文》：「齧也。从齒，昔聲。齚，齰或从乍。」「齧」，咬也。从「昔」得聲字有「籍」，「齰」、「籍」均從母鐸部字。《詩經・豳風・破斧》「四國是皇」，孔穎達疏：「《書傳》云：遂踐奄。踐之者，籍之也。籍之謂殺其身，執其家，瀦其宮。」《莊子・應帝王》「執斄之狗來藉」，陸德明《釋文》引崔云：「藉，繫也。」

圉，《説文》：「囹圄所以拘罪人。」

又，「齰」與「錯」音近可通；「圉」通「迕」，皆疑母魚部字。「迕」有抵觸之義。《文選》宋玉《風賦》「迴穴錯迕」，李善注：「錯迕，雜錯交迕也。」

〔二〕衺，亦可隸作「褺」。从衣，㚔聲。㚔爲泥母緝部字，褺則爲定母緝部字，是「衺」通「褺」。《説文》：「褺，重衣也。从衣，執聲。」段玉裁注曰：「褺讀如重疊之疊。」

緳，《説文》：「刀劍緳也。从糸，𥎦聲。」即纏在刀劍柄上的繩子。緳因纏繞而有重疊之義。

糾，《説文》：「繩三合也。从糸，丩聲。」《後漢書・張衡傳》「騰蛇蜿而自糾」，李賢注：「糾，纏結也。」又《文選》郭璞《江賦》「青綸競糾」，劉良注：「糾，亂。」

絣，《説文》：「氐人殊縷布也。从糸，并聲。」「縷，綫也。」段玉裁注曰：「《華陽國志》曰：武都郡有氐傁。殊縷布者，蓋殊其縷色而相間織也。」綫色殊而「相間織」自然有「雜」義。《漢書・揚雄傳下》「絣之以象類」，顔師古注：「絣，併也。」又引晉灼曰：「絣，雜也。」「絣」訓「併」，與「糾」訓「纏結」，「絣」訓「雜」與「糾」訓「亂」，義均有相通。

〔三〕律丸，《禮記・月令》「律中大蔟」，鄭玄注：「律，候氣之管，以銅爲之。」《文選》陸機《演連珠》「是以寸管下傃」，吕延濟注：「管，律管也。」「管」通作「筦」，皆見母元部字。《玉篇》：「管，亦作筦。」「丸」爲匣母元部字。元部字中，从「完」得聲字與从「官」得聲字，皆分佈在見母與匣母（或影母）中，所以「律丸」亦即可以讀作「律筦」或「律管」。

宂，《説文》：「椒也。从宀，人在屋下，無田事。」椒，即「散」字。「宂」俗亦寫作「穴」、「冗」、「冗」。嶽麓書院藏秦簡「宂」字作（叁　猩一一一八）、（叁　猩一四八〇，以上見《嶽麓書院藏秦簡（壹—叁）文字編》，上海辭書出版社，二〇一七年），後一字形「人」與「宀」横筆相連，「宀」上一點已與「人」上端近於接觸。本簡文中「宂」字，「人」與「宀」上一點已訛爲一筆。戍，《説文》：「守邊也。」《史記·陳涉世家》「適戍漁陽」，司馬貞索隱：「戍者，屯兵而守也。」《漢書·陳勝傳》「勝、廣皆爲屯長」，顔師古注：「人所聚曰屯。」此「聚」義與「宂」之「散」義相詩。此外，出土文獻中有以下用例：里耶秦簡八—六六六「宂（原書隸作冗，下同）戍士五□」，睡虎地秦簡《秦律雜抄》三六「宂募歸」，里耶秦簡八—一三二一「☐宂募群戍卒百卌三人」，嶽麓秦簡〇九一四及〇七九五皆云「宂募群戍卒」等。

［四］闒，《説文》：「樓上户也。从門，㬎聲。」「闒」通作「蹋」。《説文》：「蹋，踐也。从足，㬎聲。」

踐，《説文》：「履也。从足，戔聲。」《禮記·曲禮上》：「毋踐履。」孔穎達疏：「踐，蹋也。」

贔，即「奰」字，朱駿聲《説文通訓定聲》曰：「奰，字亦作羸。」《説文》：「奰，壯大也。」

朾，《説文》：「橦也。从木，丁聲。」「橦，帳極也。」「極」即「棟」，梁也，故「朾」亦即支撑帳之大樑，自然可謂壯大。

［五］戳，《説文》：「斷也。从戈，雀聲。」《玉篇》：「戳，齊也，治也，斷也。亦作截。」《詩經·商頌·長發》「海外有截」，鄭玄箋：「截，整齊也。」

烄，《説文》：「交木然也。从火，交聲。」「然」即「燃」也。「烄」通「交」，有交錯之意，與「戳」訓爲「齊」字義相反。

樠，《左傳》莊公四年「王遂行，卒于樠木之下。」《漢書·烏孫國傳》「山多松樠」，顔師古注：「木名，其心似松。」《莊子·人間世》匠石曰櫟樹「以爲門户則液樠」，成玄英注：「樠，脂汗出也。」陸德明《釋文》：「謂脂出樠樠然也。」則「樠」字在此指木脂溢出之狀態。木脂如大量溢出當是受熱之故。

［六］蘸，通「爇」，《漢書·地理志下》「可爇」，顔師古注云：「爇，古然火字。」讀同「燃」。「燃」、「爇」均日母元部字，可通。

燭，《説文》：「庭燎火燭也。从火，蜀聲。」《禮記·曲禮上》「燭不見跋」，鄭玄注：「跋，本也。燭盡則去之。」孔穎達疏：「本，把處也，古者未有蠟燭，唯呼火炬爲燭也。」「跋」即本，亦即炬下部手持部分。「蠟燭」即蠟燭。又《漢書·宣帝紀》「燭燿齊宫」，顔師古注：「燭，亦照也。」

熒，《戰國策·趙策二》「熒惑諸侯」，鮑彪注：「熒，火光也，猶眩。」亦稱微弱之火光。如《説文》：「熒，屋下鐙燭之光。」《漢書·敘傳上》「守突奥之熒燭」，顔師古注：「熒燭，熒熒小光之燭也。」

［七］媨，即《説文》「䣹」字，《玉篇》作「媨」。《説文》：「䣹，醜也，一曰老嫗。从女，酋聲。讀若蹴。」桂馥《義證》：「䣹，或作媨。」《方言》卷十三：「媨，惡也。」

嬞，《説文》：「過差也。从女，監聲。」段玉裁注：「凡不得其當曰過差，亦曰嬞。今字多以濫爲之。」

窺，《説文》：「小視也。从穴，規聲。」即竊視也，《禮記·少儀》：「不窺密，不旁狎，不戲色。」又引申爲從穴中竊視曰窺，從門中竊視曰闚，見《韓非子·喻老》王先慎《集解》引畢沅《考異》。

鬠，《説文》：「髮皃。从髟，㝉聲。讀若宀。」「鬠」、「宀」皆明母元部字。字亦作「鬘」。同音字有「眄」，《説文》訓爲「衺視也」，即斜視。

［八］悘，《説文》：「快心。从心，匧聲。」同「愜」。《玉篇》：「愜，服也，又快也。」《廣韻》：「愜，心伏也。」「愜」有「心服」之義，與下文「擾」字可訓「服」、「順」相合。

擾，《説文》：「煩也。从手，夒聲。」朱駿聲《説文通訓定聲》曰：「今字作擾。」「擾」在典籍中字義多爲「煩」、「亂」，但亦訓爲「順」、「服」，《史記·夏本紀》「擾而毅」，裴駰集解引孔安國曰：「擾，順也。」《漢書·高帝記贊》「其後有劉累，學擾龍」，顔師古注引應劭曰：「擾，馴也。」「擾」義本爲「煩」、「亂」，所以能又有「順」、「服」之義。清代學者多以爲是假借爲「㹛」，見朱駿聲《説文通訓定聲》。《周禮·天官·大宰》「以擾萬民」，孫詒讓《正義》説同。「㹛」，《説文》訓爲「牛柔謹」，《玉篇》訓爲「從也，安也，又馴也」。

嫖，即「嫖」字，《説文》「嫖」字之小篆正體當隸作「嬰」，其文曰：「輕也。从女，㮸聲。」《玉篇》：「嫖，輕嫖也。」指身體輕便之貌。

娙，即「娙」。《説文》：「娙，長好也。从女，巠聲。」《玉篇》：「娙，身長好皃。武帝所幸邢夫人號娙娥。」所云邢夫人號見《史記·外戚世家》。

［九］樊，在典籍注釋中多訓爲藩籬或籠。《説文》：「樊，騺不行也。从𠬜，从棥，棥亦聲。」段玉裁注曰：「《莊子》『澤雉畜乎樊中』，樊，籠也，亦是不行意。」

厭，即「厭」字。《説文》：「厭，笮也。从厂，猒聲。一曰合也。」「笮」，《説文》訓作「迫也，在瓦之下棼上」，段玉裁注釋「棼」爲《説文》所云「複屋棟也」。《釋名·釋宫室》：「笮，迮也，編竹相連迫迮也。」是「笮」可作動詞用，即壓榨之意，此亦即「厭」所以訓爲笮之故，此義之「厭」亦可讀作「壓」。「笮」亦可作名詞用，指在屋頂瓦下、棼上所鋪設的竹席。其所以稱「笮」，除以上《釋名》所釋外，王筠《説文句讀》認爲是因其「在瓦、棼之間，爲所迫窄」。段玉裁《説文解字注》則解釋爲因迫居於上下椽木之間。「厭」殆因可訓作「笮」，而「笮」爲鋪屋頂之席，與「樊」爲藩籬（或籠）均係編連而成，故字義有相合處。

妮，應即《説文》之「妮」字，《玉篇》與段玉裁《説文解字注》作「妮」，其小篆所从「戹」中之「巴」實即被寫成「㔾」形的「卩」字。小篆與隸書中這種作「㔾」形的「卩」字，後來在楷書中多寫成「㔾」或「巴」，如「肥」、「邑」、「絶」、「把」等中的「巴」原皆是「㔾」，即「卩」字。《説文》：「妮，婐妮也，一曰弱也。从女，戹聲。」「婐妮」爲疊韻聯緜詞。《廣韻》：「妮，好皃。」段玉裁《説文解字注》「婐」下曰：「『婐妮』……俗作『婀娜』。」婐、婀分别爲見母歌部字與影母歌部字，而歌部字中从「果」與从「奇」得聲的字，聲母則分佈在見母與影母中。故「婐」、「婀」音近同。妮、娜均泥母歌部字。故「妮」即「婐妮」，是言女子體態輕盈柔美。

秩，《説文》：「積也。从禾，失聲。」即「積聚」。亦有「品級」、「次序」義。「秩」有「美」義。《後漢書·傅毅傳》「秩秩大猷」，李賢注曰：「秩秩，美也。」又「秩」通「佚」。《楚辭·離騷》「見有娀之佚女」，王逸注：「佚，美也。」「佚」亦作「妷」。《玄應音義》卷三「妷夫」注引《蒼頡篇》曰：「佚，蕩也。」

〔一〇〕私醞，《説文》：「私，禾也。从禾，厶聲。」典籍中多用爲與「公」義相反的字義，如「不公」、「私心」、「私臣」之「私」。「私」爲心母脂部字，與屬從母脂部字的「齊」音近同。「齊」，《説文》釋爲「禾麥吐穗上平也」，與「私」訓「禾」之義有聯繫，在典籍中，「齊」指稱食物時，亦屬醬類。如《禮記·曲禮》：「卒食，客自前跪，徹飯齊以授相者。」鄭玄注：「齊，醬屬也。」《禮記·少儀》：「凡齊，執之以右，居之以左。」鄭玄注：「齊，謂食羹醬飲有齊和者。」此「齊」即指用調味品（鹽、梅等）調和好的食羹醬飲。又，《周禮·天官·醢人》：「王舉，則共醢六十甕，以五齊、七醢、七菹、三臡實之。」鄭玄注認爲「齊」在此當讀作「齏」，即切細的肉與菜。此「五齏」多拌入醢醬中，自然亦屬於「醢」的組成部分。

醞，即「醢」。《説文》：「醢，肉醬也。从酉、㕣。」所附籀文字形即从「有」。

救，有禁止之義。《周禮·地官·序官》「司救中士二人」，鄭玄注：「猶禁也，以禮防禁人之過者也。」「救」亦訓「治」，《吕氏春秋·勸學》「是救病而飲之以堇也」，高誘注：「救，治也。」此二字義均可與下文訓酒病的「酲」相聯繫。

酲，《説文》：「病酒也。」指飲酒過量後産生的病況。《詩經·小雅·節南山》「憂心如酲」，朱熹《集傳》曰：「酒病曰酲。」

……院，閿闋闟扃[一]。增竲專斯[二]，七三

〔一〕閿，《説文》：「外閉也。从門，亥聲。」即自外關門。段玉裁注曰：「有外閉則爲礙。」「閿」、「礙」均疑母之部字而通用。

闋，即「關」字。《説文》：「關，以木横持門户也。从門，𢇇聲。」即以門栓關閉門户，引申爲門栓之稱，又引申爲凡關閉之稱以及關塞、關口之稱。

闟，《説文》：「關下牡也。从門，龠聲。」朱駿聲《説文通訓定聲》曰：「闟者，以直木上貫關，下插地者也。」

扃，《説文》：「外閉之關也。从户，冋聲。」即從外關閉門户所用之門栓。

《説文》以「閿」、「闇」、「關」、「闟」四字相連。

〔二〕增，《爾雅·釋言》：「益也。」《玉篇》：「增，加也，重也。」

竲，《説文》：「北地高樓無屋者。从立，曾聲。」《禮記·禮運》：「冬則居營窟，夏則居橧巢。」鄭玄注：「寒則累土，暑則聚薪柴居其上。」陸德明《釋文》曰：「橧，本又作增，又作曾。」段玉裁《説文解字注》「竲」下曰，鄭玄注《禮運》所云是「竲」之始也。竲當有重、疊加的意思，故《廣韻》曰：「竲，高皃。」《集韻》曰：「窮高謂之竲。」

尃，《説文》：「布也。从寸，甫聲。」即分佈。或假借爲敷、溥，此二字亦有「佈」、「鋪」、「遍」諸義。

斯，《詩經・陳風・墓門》「斧以斯之」，毛傳曰：「斯，析也。」因指劈木使木分析，故又引申爲泛指的「分離」、「撕裂」、「破散」等意。「専」、「斯」二字在皆有「分」義上相聯繫。

未能分韻部

陜邮宮[一]……七四

[一] 陜，秦時邑名，漢時爲縣名。在今河南三門峽市西。

邮，即「邮」。亭名。《説文》：「邮，左馮翊高陵。从邑，由聲。」《玉篇》：「左馮翊高陵縣有邮亭。」左馮翊，漢時職官名，所轄政區亦名左馮翊，相當於一郡，治所在長安（今屬西安市）。高陵在今陜西涇陽東臨潼西北。

……【郡邊】……七五

……莁，蚡掔陬□[一]。雋陼郝郢[二]，七六

[一] 蚡，疑爲「蚡」字，《説文》認爲是「鼢」的别體。《類篇》曰即是偃鼠。同爲从「分」得聲的字有「扮」，《説文》：「扮，握也。」

掔，似是从手取聲字。《字彙補》有「取」字，曰：「照昔切，音隻，目病也。」此字不見《説文》。《説文》有「掔」字，曰：「手掔也。楊雄曰：掔，握也。从手，臤聲。」《儀禮・士喪禮》「設決麗于掔」，鄭玄注：「掔，手後節中也……古文麗亦爲連，掔作捥。」是「掔」即「腕」字，手腕也。這一字形亦見《張家山漢墓竹簡・引書》簡一〇二「反掔手以利足蹢」，在這裏即當讀作「腕」（參見陳劍《柞伯簋銘補釋》，收入《甲骨金文考釋論集》，綫裝書局，二〇〇七年）此外，《漢書・游俠傳》：「搤掔而游談者，以四豪爲稱首。」顔師古注曰：「搤，捉持也。掔，古手腕字也。」《龍龕手鑑》目部有「睅」字，曰：「俗，烏半反，正作腕，手睅也。」以上「掔」、「睅」、「腕」均應是「掔」字的譌變。簡文此字作「掔」，疑亦爲掔字譌變後的字形。

陬，《説文》：「阪隅也。从阜，取聲。」即山的角落。但「陬」不限於僅指山之角落，其引申義泛指一切角落，如《山海經・海外南經》「海外自西南陬至東南陬者」，郭璞注：「陬，猶隅也。」

[二] 雋，即《説文》「雋」字。《説文》：「雋，肥肉也。从弓，所以射隹。」在典籍中「雋」可讀作「俊」。《慧琳音義》卷九十一「寒雋」注引《考聲》曰：「才出千人之上謂之雋。」

陼，《説文》：「如渚者，陼丘，水中高者也。从阜，者聲。」《釋名・釋丘》：「如陼者曰陼丘，形似水中之高地，隆高而廣也。」

郝，字未見《説文》。「亦」、「夜」均喻母鐸部字。「夜」，《説文》曰：「从夕，亦省聲。」戰國文字「夜」也有从「亦」而不省的。故「郝」可讀作「郲」，亦即夜邑。《戰國策・齊策六》「當今將軍東有夜邑之奉」，姚宏注：「夜邑，《説苑》作掖邑。」《後漢書・儒林傳・歐陽歙傳》「九年，更封夜侯」，李賢注：「夜，今萊州掖縣。」即今山東萊州市。

邪，即「郅」。《玉篇》：「郅，胡經切，鄉名，在高密。左氏傳曰『戰于井郅』。」高密，今山東高密一帶。「井郅」之「郅」亦作「陘」。井陘在今河北井陘北。

……冒□，□□嘖唂。百廿八 七七

起起䞣…… 七八

……□渠波□ 七九

附录

北大藏漢簡《蒼頡篇》一覽表

一　本附録内容包括本卷所收《蒼頡篇》竹簡的編號和相關數據。

二　表中的「整理號」是指竹簡經過拼綴、編聯之後的最終編號，即本書採用的編號。「標籤號」是竹簡清理、拍照時給予的臨時編號。

三　「保存狀況」是指竹簡本身的物理狀態，分爲「整」、「斷」、「殘」、「缺角」四種。「整」表示竹簡完整無缺，或雖略有殘缺，但對長、寬、契口位置等要素的測量没有影響。「斷」表示竹簡折斷，但無殘缺。「殘」表示竹簡有殘缺，並影響到長、寬等要素的測量。「缺角」表示竹簡兩端有一角殘缺，不影響長、寬的測量，但可能影響契口位置的測量。

四　「契口」指竹簡上用於固定編繩的小缺口，「編痕」指編繩在竹簡上的殘留或印痕。在契口清晰可見的情況下，一般測量契口的位置；在契口不清晰而編痕可見的情況下，則測量編痕的位置。若契口（編痕）殘缺，則注明「殘」；若兩者皆不清晰而無法判明其位置，則注明「不清」；若一枚竹簡由多段殘簡綴合而成，其中某段殘簡上無契口（編痕），則用「—」表示；有些竹簡因殘、斷導致契口（編痕）與兩端的距離無法測量，則注明「無法測量」。上、中契口（編痕）一般測量其與竹簡頭端之間的距離，下契口（編痕）一般測量其與竹簡尾端之間的距離。

五　「劃痕」指竹簡背面的斜直刻劃痕迹，一般測量其左端起始位置和右端終止位置各自與竹簡頭端之間的距離。少數竹簡背面有上下兩道劃痕，其數據用斜綫隔開。未發現劃痕的竹簡則注明「無」。

六　若竹簡預定測量的一端殘斷，而另一端完整，則契口（編痕）和劃痕起止位置均改爲測量其與竹簡另一端之間的距離。在這種情況下，讀者根據表中完整竹簡的平均長度，即可大致推算出契口（編痕）和劃痕的實際位置。

七　對於一些特殊情況，如竹簡殘斷導致測量方式改變，竹簡背後有兩道劃痕，竹簡從劃痕處折斷而使劃痕缺失等，均在備注中用文字説明。

八　表中所有數據的長度單位均爲「厘米」，精確到小數點後一位。

整理號	標籤號	保存狀況	長	寬	上契口/編痕	中契口/編痕	下契口/編痕	劃痕（左）	劃痕（右）	備注
一 a	3455	下殘	19.6	0.9	1.4	15.0	殘	2.5	3.1	
一 b	3672	上下殘	2.3	0.9	—	—	—	無	無	
一 c	3687	上下殘	3.1	1.0	—	—	無法測量	無	無	
二	2304	整	30.4	0.9	1.6	15.1	1.6	3.2	3.9	
三	2300	整	30.4	1.0	1.5	15.2	1.6	4.0	4.7	
四	2398	整	30.4	0.9	1.6	15.2	1.6	4.6	5.2	
五	2399	整	30.4	0.9	1.6	15.2	1.6	5.3	5.8	
六	2397	整	30.4	1.0	1.5	15.2	1.6	6.5	7.2	
七	2200	整	30.3	0.9	1.4	15.0	1.6	7.2	7.8	
八	2469	整	30.4	0.9	1.5	15.1	1.6	8.0	8.6	
九	2396	整	30.4	1.0	1.6	15.2	1.6	8.5	9.2	
一〇	2148	整	30.5	0.9	1.5	15.0	1.6	9.2	9.8	
一一	1583	整	30.3	0.9	1.5	15.0	1.5	10.0	10.6	
一二	3859	整	30.3	0.9	1.5	15.1	1.5	6.9	7.5	
一三	3856	整	30.4	1.0	1.6	15.1	1.5	7.7	8.3	
一四 a	1630	斷	16.6	0.9	1.5	15.1	—	8.2	8.9	
一四 b	1628	斷	13.9	1.0	—	不清	1.6	無	無	
一五	3845	下殘	28.0	1.0	1.5	15.1	殘	8.9	9.4	
一六	1592	整	30.3	0.9	1.3	15.1	1.5	1.7	2.5	
一七 a	3842	斷	20.5	0.9	1.5	15.1	—	2.8	3.6	
一七 b	5186	上斷下殘	6.5	0.9	—	—	—	無	無	
一八	3848	整	30.3	1.0	1.5	15.1	1.6	3.7	4.5	
一九	3841	整	30.3	0.9	1.5	15.1	1.5	7.8	8.4	
二〇	3847	下缺角	30.3	1.0	1.5	15.1	殘	9.5	10.0	
二一	3858	整	30.3	0.9	1.5	15.1	1.5	10.2	10.7	
二二	3414	上下殘	10.4	0.9	殘	無法測量	殘	無	無	
二三	3201	上殘	9.5	0.9	殘	殘	1.5	無	無	
二四	2202	整	30.3	0.9	1.5	15.0	1.5	3.0	3.7	
二五	3829	整	30.3	0.9	1.5	15.1	1.5	4.5	5.0	
二六	3849	整	30.3	1.0	1.5	15.1	1.5	5.2	5.8	
二七	2243	下殘	28.9	1.0	1.4	15.0	殘	5.8	6.5	
二八	3834	整	30.3	1.0	1.5	15.1	1.5	7.1	7.6	
二九	3833	整	30.3	1.0	1.5	15.1	1.5	7.8	8.4	
三〇	3840	整	30.4	1.0	1.5	15.1	1.5	8.4	9.0	
三一	2242	整	30.4	0.9	不清	15.0	1.6	7.2	7.8	
三二	3839	整	30.4	1.0	1.5	15.0	1.6	8.5	9.1	
三三	3853	整	30.4	1.0	1.5	15.1	1.6	9.3	9.9	
三四	2301	整	30.3	1.0	1.4	15.2	1.6	1.0/11.7	1.9/12.3	兩道劃痕
三五	3836	整	30.3	1.0	1.5	15.1	1.5	1.9	2.8	
三六	3831	整	30.4	1.0	1.5	15.1	1.5	2.9	3.6	
三七	3851	整	30.3	0.9	1.6	15.2	1.5	3.7	4.4	
三八	3473	上殘	10.5	1.0	—	—	1.5	無	無	
三九	1608	下殘	30.3	0.9	1.6	15.1	殘	8.3	9.0	
四〇 a	3899	斷	26.1	1.0	1.5	15.1	—	9.7	10.3	
四〇 b	5211	斷	4.6	1.0	—	—	1.6	無	無	

(續 表)

整理號	標籤號	保存狀況	長	寬	上契口/編痕	中契口/編痕	下契口/編痕	劃痕（左）	劃痕（右）	備注
四一	3850	整	30.3	1.0	1.5	15.1	1.6	10.4	11.0	
四二	3857	整	30.3	1.0	1.5	15.1	1.5	0.4/11.9	1.1/12.5	兩道劃痕
四三	3846	整	30.3	0.9	1.5	15.2	1.5	1.3/12.5	2.0/13.1	兩道劃痕
四四	3838	整	30.4	1.0	1.5	15.0	殘	5.0	5.7	
四五	3871	下殘	26.1	1.0	1.5	15.1	殘	6.1	6.8	
四六	2303	整	30.3	1.0	1.6	15.2	1.5	4.1	4.9	
四七	2395	上缺角	30.2	0.9	殘	15.1	1.5	4.8	5.5	
四八 a	2585	斷	13.3	0.9	1.5	—	—	5.7	6.4	
四八 b	2571	斷	16.8	0.9	—	15.1	1.5	無	無	
四九	2013	整	30.4	0.9	1.6	15.1	1.6	7.2	8.0	
五〇 a	3843	斷	22.6	1.0	1.5	15.1	—	8.1	8.7	
五〇 b	5123	斷	7.8	0.9	—	—	1.6	無	無	
五一	2150	整	30.5	0.9	1.5	15.0	1.6	8.8	9.5	
五二	2241	整	30.4	0.9	1.5	15.0	1.6	9.6	10.3	
五三	2182	整	30.4	1.0	1.6	15.3	不清	10.3	11.0	
五四	1586	整	30.4	0.9	1.5	15.0	1.5	11.0	11.6	
五五 a	3844	斷	24.4	0.9	1.5	15.1	—	11.6	12.3	
五五 b	5120	斷	6.1	1.0	—	—	1.6	無	無	
五六	2160	整	30.3	1.0	1.5	15.0	1.4	0.9	1.8	
五七	2051	整	30.3	1.0	1.5	15.0	1.5	1.9	2.7	
五八	3867	整	30.3	0.9	1.5	15.1	1.4	2.8	3.5	
五九	3828	整	30.4	1.0	1.5	15.1	1.5	3.7	4.2	
六〇	2154	下殘	28.9	0.9	1.5	15.1	殘	4.3	5.0	
六一	3835	整	30.4	1.0	1.5	15.1	1.6	5.1	5.8	
六二	3852	整	30.4	1.0	1.5	15.1	1.5	5.9	6.5	
六三	2302	整	30.3	1.0	1.5	15.1	1.6	8.8	9.5	
六四	3860	整	30.3	0.9	1.5	15.1	1.4	9.5	10.1	
六五	2770	上殘下缺角	16.6	0.9	殘	15.0	殘	無	無	
六六	3212	下殘	11.1	1.0	1.4	殘	殘	9.2	9.8	
六七	3854	整	30.4	1.0	1.5	15.1	1.5	11.0	11.5	
六八	3855	整	30.3	1.0	1.5	15.1	1.6	0.0	0.9	
六九	3827	整	30.4	1.0	1.5	15.1	1.6	1.0	1.8	
七〇	3837	整	30.4	1.0	1.4	15.1	1.6	1.9	2.7	
七一	3830	整	30.3	1.0	1.5	15.1	1.5	8.9	9.5	
七二	3832	整	30.3	1.0	1.5	15.1	1.5	9.5	10.1	
七三	3169	上殘	14.5	0.9	殘	殘	1.7	無	無	
七四	3575	下殘上缺角	6.0	0.9	不清	殘	殘	3.4	4.1	
七五	3729	上下殘	2.8	0.7	殘	殘	殘	無	無	
七六	3466	上殘	14.5	0.9	殘	殘	1.6	無	無	
七七	2533	上下殘	23.6	1.0	殘	不清	殘	無	無	
七八	2576	上下殘	5.8	0.5	殘	殘	殘	無	無	
七九	1466	上下殘	6.6	0.8	殘	殘	殘	無	無	

北大藏漢簡《蒼頡篇》非常用字現代音注*

* 現代音注使用漢語拼音。漢語拼音主要依據宗福邦、陳世鏡、蕭海波主編之《故訓匯纂》（商務印書館，二〇〇三年），同時參考了郭錫良編著之《漢字古音手册（增訂本）》（商務印書館，二〇一一年）。

之、職合韻部

□禄

禄　寬惠（惠）善志。
桀紂迷惑，
宗幽不識。
寂（寂，jù）□肄宜，
□□獲得。一

賓勦（勦）向尚，
馮奕青北。
係孫褎（bāo）俗，
貇鬵（qín）吉忌。
瘛（chì）瘙（lóng）癰（癰，yōng）痤（cuó），二

疢（chèn）痛遬（速，嗽）欬（咳）。
毒藥醫工，
抑（抑）按啟久。
嬰但捾（wò）援，
何竭負戴（戴）。三

谿谷阪（bǎn）險，
丘陵故舊。
長緩肆延，
渙奐若思。
勇猛剛毅（毅），四

便疌巧亟（亟）。
景桓昭穆，
豊（豐）盈爨（cuàn）熾（熾）。
嬛（qióng）蓉（jiù）蜎（juàn）黑，
婉（婉，yuàn）娒（姆）款餌。五

戲藂（叢，cóng）奢掩，
顯（顛）覼（願）重該。
悉起臣僕，
發傳約載（載）。
趣遽（jù）觀望（望），六

行步駕服。
逋逃隱匿，
往來眄（眄，miǎn）睞（lài）。
百五十二　七

漢兼

漢　漢兼天下，
海内并廁。
胡無噍（jiào）類，
菹（zū）醢（醢，hǎi）離異。
戎翟給賨（cóng），八

兼　百越貢織。
飭（chì）端脩灋（法），
變（變）大制裁（裁）。
男女蕃殖，
六畜逐字。九

欄一

(續 表)

顫艦（艦 zhì）觭（jī）羸，
骫（wěi）奊（xié）左右。
勢（háo）悍驕（驕）裾（jū），
誅罰貲（zī）耐。
丹勝（勝）誤乳（亂），一〇

圄（yǔ）奪（奪）侵（侵）試。
胡貉（mò）離絶，
冢（冢）章（郭）棺柩。
巴蜀筡（tú）竹，
筐篋（qiè）斂（liǎn）笥（sì）。一一

之部

闊錯

闊　闊錯蹙（cù）葆，
　　堂（chēng）據趠（趣、趆，chě）等。
　　涗（shuì）虺（虺，huǐ）隖（wù）闉（yīn），
　　鈐（qián）鏅（鏅，duò）閨悝（kuī）。
　　騁虧刻枊（枊，àng），一二

錯　莤（韰，jī）肆（津）郖（dòu）鄙。
　　祁紨（běng）鐔（xín）幅，
　　芒隒（yǎn）偏有。
　　泫沄孃（孃，niáng）姪，
　　髳（máo）茀（fó）絰（dié）枲（xǐ）。一三

幽宵合韻部

鵰（diāo）煦（xù）窅（yǎo）閣，
泠（líng）竁（cuì）遏包。
穗（穗）稍（juān）苫（shān）婡（qiè），
挾（xié）貯施褭（衷，diào）。
狄署賦賨（cóng），一四

狧（tà）驁（ào）駴（ě）謷（ào）。
贛（贛）害輟（chuò）感，
甄觳（觳，kòu）燔（fán）窯（yáo）。
秅（chá）秭（zǐ）麻（麻）苔（dá），
毄（毄，kū）蘖（蘖，niè）鞠（鞠，qū）□。一五

幽部

猜常袞（gǔn）土，
橘蘨（蘨，yáo）葽（葽，yāo）苞。
塵埃嘌（票）風，
嫠鬓（mà）㝠（mián）擾（擾）。
嫳（piè）𣢁（xiān）嬈（rǎo）嫸（zhǎn），一六

嫺（xián）孈（孈，huì）范麀（yōu）。
帗（fú）幓（sàn）裘褐，
鋑（鐏，jùn）屨（屨，jù）幋（pán）袍。
鷮（鷮，jiāo）氿冄（rǎn）愁，
焦讎（chóu）□□。一七

欄二

鰿（zé）娭（xī）齺（zōu）齞（yǎn），
齧（niè）繞黜（chù）剹（lù）。
弄鱁（數）券契，
筆研筭（算）籌（籌）。
鞫（鞫，jū）竅（zhuó）訏窬（窬，yú），一八

塍（塍，chēng）籥陘（zhào）沙，
遮泄（zhì）沓（tà）謟（táo）。
鏠（鏠，xiá）鍵蘻（fàn）總，
納韔（chàng）戀（戀，pèi）櫜（gāo）。
箻（葬）墳鬑（lián）獫（xiàn），一九

飫（yù）猒（猒，yàn）然稀，
丈袤（máo）牒膠（jiāo）。
竊（竊）鮒（fù）鮭（xiè）鰖（鰖，duò），
鱣（zhān）鮪（wěi）鯉鰌（鰌，qiū）。
慘（sān）犕（bèi）羭（羭，yú）知，二〇

羒（fén）犩（wù）羜（zhù）羔。
冤暑（暑，pó）暖（xuān）通，
坐鄹（遷）謜（juàn）求。
䓬（zhā）閻堪況，
燎灼（zhuó）煎（煎）炮。二一

魚部

莎荔莫（莫，gāo）蕁（蔓），
蓬蒿蒹（jiān）葭（jiá）。
薇蘚（薛）莪（é）蔞（lóu），
蘿（藿）蔾（lí）蓟荼（tú）。
薺（jì）芥萊荏（rěn），二四

茱臾蓼（liào）蘇（蘇）。
果蓏（luǒ）茄（jiā）蓮，
枽（榛，zhēn）栗瓠（hù）瓜。
堅彀（彀，gòu）擥（lǎn）繳（qǐ），
饒飽糞（糞）餘。二五

肸（xī）齍（qí）尼睆（huǎn），
鮀（è）餓鰜（lián）餔（bū）。
百廿八　二六

幣帛

幣　幣帛羑（羞）獻，
　　請謁任辜。
　　禮節揖（yī）讓（讓），
　　送客興居。
　　雗（鶉，chún）鵪（ān）鴚（gē；鳶，yuān）誰（què），二七

帛　雉（zhì）兔鳥烏。
　　鷚（liù）雛（chú）芸卵，
　　禁堇（jǐn）菧（zhī）菹（zū）。
　　貔（貔，pí）獺（tǎ）鼨（liú）彀（彀，hù），
　　貖（yì）鼩（qú）貂（diāo）狐。二八

　　蛟龍虫蛇，
　　黿（黿，yuán）鼉（鼉，tuó）鼈魚。
　　陷阱鍲（鍲，mín）釣，

欄三

(續 表)

罾（zēng）笱（gǒu）罘（fú）罝（jū）。
毛䱙（䲡，qiú）觳（觳，hù）矰（zēng），二九

收繳縈（yíng）紆（yū）。
汁洎（jì）流敗，
橐（蠹，dù）臭腑胆（qū）。
貪欲資貨，
羕（yàng）溢跂輿（輿，jū）。三〇

頑袥（tuō）椷（jiān）師，
鰥（guān）寡特孤。
百廿八　三一

□悝

悝　顇（cuì）勃醉酤。
趬（qiào）文窣（sū）窔（突），
差（差）費歈（yǐn）酺（pú）。
細小貧窶（窶，jù），
乞（乞）匃貰（shì）捈（tú）。三二

歜（chù）潘閒（jiàn）簡，
鞞（pí）鼓歌醵（jù）。
盪娶裹（niǎo）嬛（嬛，yuān），
鄭舞炊竽。
鬹（嫛，guī）捐䤉（guǐ）嫿（huà），三三

柳櫟（lì）檀柘（zhè），
杜橈枝柎（fú）。
瓦蓋焚櫋（mián），
晋（yà）溉㯰（néi）杅（yú）。
端直準繩，三四

媌（miáo）噲（kuài）菁莝（華）。
姣窔（yào）娃嬇（huì），
啜（chuò）啗（dàn）黎樝（zhā）。
粉黱（黱，dài）脂膏，
鏡（鏡）籋（niè）比疏。三五

䙻（zī）髦（máo）鬋（鬋，jiǎn）搣（miè），
須䫇（rǎn）髮膚。
癉（dàn）熱疥（jiè）癘（癘），
瘕（jiǎ）痹（bì）癧（lì）疽（jū）。
旃（zhān）翳（yì）簦（dēng）笠，三六

羽扇聶譽。
栒（栒，xún）梗移（yí）棘，
篠（篠）篲（彗，huì）欒樗（chū）。
百一十二　三七
……貘麋（麢，yù）。
麃（páo）欻（xū）脼（lǎng）䍐，三八

支脂合韻部

崈（崇）晉（替）諫（諫）敦（敦），
讀飾柰（nài）璽。
瘧斷瘃（duó）痡（chān），
膩僞槃（檄，xí）槃（棨，qǐ）。
淺汙（wū）盱（xū）復，三九

欄四

支部

娓（wěi）敐（chéng）譬（mǎn）娛（媠，duò），
蠻喊趍（chí）恚（huì）。
魃（jì）袳（chǐ）姊再，
篡（shuàn）梮（jú）輴（kēng）解。
鴦（yāng）婞（xìng）黠媿（kuì），四〇

督（pán）媻（pán）嬬（rú）媞（shì）。
顈壞蠉（xuān）虩（xì），
愡（cōng）序茂（huán）讗（讗，xié）。
癟（癟，wěi）效姰（jūn）臥，
滫（xiǔ）䳯（cāng）鷽（xué）跂（qí）。四一

賫購

賫　賫（jī）購件妖，
羕（yàng）櫄（chūn）杪（miǎo）柴。
箸涏（tǐng）縞（gǎo）給（jǐ），
勸怖（pèi）槈（nòu）桂（guī）。
某枏（nán）早蠸（quán），四二

購　寱（yì）椅姘（pīn）鮭（guī）。
戾（lì）弇（yǎn）焉宛，
部簍埒（liè）畦（qí）。
狛（bó）賜（guì）溓（lián）縈，
蠶繰（繰，sāo）屡（展）庳（bì）。四三

脂部

牾（wǔ）域邸（dǐ）造，
肂（sì）縠（縠，hú）殂（cán）耆（qí）。
倏（候）騎漳（淳）沮（jù），
決議篇稽（稽）。
嬔（fàn）欺蒙期，四四

耒旬叒（隸）氏。
百卌四　四五

陽部

顓項

顓　顓（zhuān）頊（xū）祝融，
柖（shāo）榣（榣，yáo）奮（奮）光。
顤（qiāo）豫録恢，
佝（xùn）隋（隋）愷（kǎi）襄（襄）。
鄢（yān）鄧析酈（lí），四六

項　宛鄂（鄂）䣾（háo）鄴（鄴）。
閱㣿（㣿，chè）竈（zào）趕（bì），
滕（滕）先登慶。
陳蔡宋衛（衛），
吴邗（hán）許莊。四七

建武牴觸，
軍役嘉臧。
貿易買販，
市旅賈（gǔ）啇（商）。

欄五

(續 表)

䚡（sāi）㞋（展）賁（bì，bēn）達，四八

游敖周𩏑（章）。
黚（qián）黶（黶，yǎn）黯（àn）䵘（dǎn），
黦（黦，yuè）黝（yǒu）黭（yǎn）黮（yàng）。
黅（jīn）黤（yǎn）赫赧（nǎn），
儵（tiáo）赤白黄。四九

殣（jǐn）弃（棄）臞（臞，qú）瘦，
兒孺旱殤（殤，shāng）。
恐懼（懼）懷歸，
趨走病（bìng）狂。
疵（cī）疕（bǐ）禿瘻（lòu），五〇

齮（yǐ）齕（齕，hé）痍（yí）傷。
毆伐痕（zhǐ）痏（wěi），
肤（jué）胅（dié）睛盲。
執（執）囚束縛，
論訊既詳。五一

卜筮（shì）𣃘（zhào）占，
祟在社場。
寇賊盜殺，
捕獄問諒。
百卌六　五二

室宇

室　室宇邑里，
縣（縣）鄙封彊。
徑（徑）路衝（衝）術，
街巷垣蘠（qiáng）。
開閉門閭，五三

宇　闕（què）廷廟（廟）郎。
殿（殿）層屋内，
窻（chuāng）牖（yǒu）户房。
桴（fú）楣（楣）榱（cuī）梍（梍，pí），
柱枅（枅，jī）橋（橋）梁。五四

屏圂（hùn）廬廡（wǔ），
亭庉（dùn）陛（bì）堂。
庫府廥（kuài）廄（jiù），
囷（qūn）窖廩（廩，lǐn）倉。
桶概（槩，gài）參（cān）斗，五五

犀犛（lí）豺狼。
貙（chū）貍麈（zhǔ）豻（àn），
麢（líng）麂（shǐ）麐（麐，jǐ）麠（麠，jīng）。
鳿（hóng）鵠（hú）鳧（lì；鳧，fú）鴈（鴈，yàn），
鳩鴞（xiāo）鴽鴂（鳶）。五六
陂（bēi）池溝洫（xù），
淵泉隄（dī）防。
江漢澮（huì）汾，
河泲（jǐ）涊（rěn，niǎn）漳（漳）。
伊雒（luò）涇（涇）渭，五七

維楫（jí）舩（xiāng）方。
百四　五八

欄六

雲雨

雲　雲雨賈（yǔn）零，
霚（霧，wù）露雪（雪）霜。
朔（朔）時日月，
星晨紀綱。
冬寒（寒）夏（夏）暑，五九

雨　玄氣陰陽。
杲（gǎo）旭宿（xiù）尾，
奎婁軫（zhěn）亢（kàng）。
弘競（競，jìng）翦（翦）屑（xiè），
霸暨（jì）傅庚。六〇

嶊（嶊）巒岑（cén）崩，
阮嵬陀（阤，tuó）阬（kēng）。
阿尉駁（sà）瑣，
漆鹵（鹵，lǔ）氐羌。
贅拾鋏（jiá）鎔，六一

鑄（鑄）冶容鑲（鑲）。
顗（yǐ）視歡（歡，zú）豎，
偃鼂（鼂，cháo）運糧。
攻穿襜（chān）魯，
壘郼（鄣）墜（zhuì）京。六二

□輪

輪　㻂（𨌫，píng）畚（畚，běn）柠（zhǔ）箱。
松柏樠（fán）棫（yù），
桐梓（梓，zǐ）杜楊。
鬱（鬱，yù）棣（棣，dì）桃李，
棗杏榆（榆）桑（桑）。六三

藿（萑，huán）葦菅（jiān）蒯（蒯，kuǎi），
莞（guān）蒲藺（lìn）蔣。
耑（duān）末根本，
榮葉莠英。
麋鹿熊羆（pí），六四

……□堯舜（舜），
禹湯顡（顡，wài）卬（卬，yǎng）。
趮（zào）蟨（蟨，jué）驎（lín）盼，六五

耕部

狗獳（nòu）𤞞（nuàn）䶄（píng）。
媥（piān）黇（tuān）娺（zhuó）六六 餟（shuì）
㪲掇（duó）謍（yíng）譻（yīng），
鶒（nuò）聊二二 漏㬷（gāo）。
級絇（qú）筥（jù）綼。二三
韋（韋，wèi）嬐（xiān）媘（tà）嫈（yíng）。
魁鉅圜艫（lú），
與瀕庾（yǔ）請。
百五十二　六七

鶡锥

鶡　鶡（hé）锥（bǎo）牝（pìn）牡，

欄七

(續 表)

雄雌俱鳴。
屆（屆）寵趯（tì）急，
邁（mài）徙（xǐ）覺驚。
豣（豣，yàn）潃（suō）僂（lóu）繚（liáo），六八

犨 頗（pō）科樹莖（莖）。
禋（yīn）稰（xǔ）姪娣，
叚（jiǎ）耤合冥。
踝（huái）企瘑（è）散（散），
粨（棓，bàng，póu）犺（kàng）播耕。六九

嫛（嫛，huǐ）顧（顫，mén）娑（suō）孅，
婠（wān）婆（shǎn）眇（miǎo）靖。
姑（chān）縈（ruǐ）姍臏（賸，shèng），
訐（jié）篲（wèi）竈煢（qióng）。
罪蠱訟郤（卻），七〇

蔑（miè）疑齰（zé）圉，
袠（褺，diē）緱（緱，gōu）糾絣（bēng，bīng）。
律丸宂（rǒng）戍，
闒（tà）踐贔（奰，bì）朾（chéng）。
截（jié）烄熱樠（mán），七一

蘸（爇，rán）火燭熒。
媨（敨，cù）嬂（làn）窺鬘（mián），
悘（qiè）擾（擾，rǎo）嫖（嫖，piào）娙（娙，xíng）。
樊厭（厭）妮（妮，nuǒ）秩，
私醢（醢，hǎi）救酲（chéng）。
百廿 七二

……院，
閡（ài）闗（闗）闟（yuè）扃（jiōng）。
增竲（céng）尃（fū）斯，七三

欄八

未能分韻部

陝郎宮……七四

……郡邊……七五

……茈，
蚼掔（掔，wàn）陬（zōu）□。
雋（雋，juàn，jùn）陼（zhǔ）郝（郗）郅（郅，xíng），七六

……冒□，
□□嚽咳。
百廿八 七七

𧺆𧺆奞……七八

……□渠波□七九

欄九

北大藏漢簡《蒼頡篇》與其他出土簡本對照表

本表爲北大藏漢簡《蒼頡篇》與阜陽雙古堆簡《蒼頡篇》、英國國家圖書館藏斯坦因所獲削柿《蒼頡篇》、甘肅永昌水泉子漢簡七言本《蒼頡篇》三種簡本所存文字的對照表[一]。這三種簡本的釋文及照片（或摹本）分別見於：

一、文物局古文獻研究室、安徽省阜陽地區博物館阜陽漢簡整理組《阜陽漢簡〈蒼頡篇〉》，《文物》一九八三年第二期。

二、胡平生、汪濤《英國國家圖書館藏斯坦因所獲未刊漢文簡牘釋文》，收入汪濤、胡平生、吴芳思主編《英國國家圖書館藏斯坦因所獲未刊漢文簡牘》，上海辭書出版社，二〇〇七年。

胡平生《英國國家圖書館藏斯坦因所獲簡牘中的〈蒼頡篇〉殘片研究》，收入《英國國家圖書館藏斯坦因所獲未刊漢文簡牘》，上海辭書出版社，二〇〇七年。

[一] 除三種簡本的《蒼頡篇》可與北大簡對照外，還有以下幾種更爲零散的漢簡《蒼頡篇》文本可作對照，因數量太少，不便再開闢專欄。這幾種簡本中可與北大簡本對照的文字是：

羅振玉、王國維《流沙墜簡》（中華書局，一九九三年）所收二十世紀初斯坦因於敦煌漢代鄣燧遺址發現的《蒼頡篇》中，「游敖周章」至「儵赤白黄」五句（卷一・一，圖版一：1）同於北大簡四九；「趨走病狂，疵疕禿瘻」（卷一・二，圖版一：2）見於北大簡五〇，惟「病」字，北大簡作「痛」；「貍獄𨞪縠」（卷一・三，圖版一：3。按：原書釋文中的「貍」字，細審圖版，似應是「貙」字，同於北大簡）見於北大簡二八，「貍獄」北大簡作「貙獺」。

一九三〇年西北科學考察團在額濟納河流域漢代長城居延段發現的漢簡中也有《蒼頡篇》（其照片見勞榦《居延漢簡》圖版之部，《中研院歷史語言研究所專刊》之二十一，一九五七年，臺北），其中書寫在一支三棱觚上的《蒼頡篇》文字（九・一A、九・一C、九・一B）與北大簡六至九中自「戲叢奢掩」至「百越貢織」一段文字近同，「往來眄」比照北大簡本知其後漏寫了「睞」字，「䀇」字北大簡作「醯」。

一九三三年中日聯合尼雅遺迹考察隊在新疆塔克拉瑪干沙漠腹地尼雅遺址N14地點發現一枚書有《蒼頡篇》文字的殘簡（見王樾《略説尼雅發現的〈蒼頡篇〉漢簡》，《西域研究》一九九八年第四期。王樾將該簡編號爲N14：1），内容與北大簡四「谿谷阪險」至「渙奂若思」一段同，惟尼雅簡止於「渙」字。

胡平生《〈英國國家圖書館藏斯坦因所獲未刊漢文簡牘〉補遺》（稿本），二〇一五年[一]。

三、張存良、吳葒《水泉子漢簡初識》，《文物》二〇〇九年第十期。

張存良《水泉子漢簡七言本〈蒼頡篇〉蠡測》，《出土文獻研究》第九輯，中華書局，二〇一〇年。

張存良《〈蒼頡篇〉研究的新進展》，發表於北京大學出土文獻研究所、湖南大學嶽麓書院主辦「秦簡牘國際學術研討會」，二〇一四年十二月，長沙。

胡平生《讀水泉子漢簡七言本〈蒼頡篇〉》，復旦大學出土文獻與古文字研究中心網，二〇一〇年一月二十一日。[二]

在本表中，北大簡本與以上三種簡本各佔一欄，以茲對照。北大簡本釋文仍用嚴式，在每枚簡之釋文後標明該枚簡在本書中的編號；其他簡本釋文則基本依照發表時原作者隸定之字形，各枚簡（或削柹）的簡號亦仍依照原釋文所給編號，其中水泉子簡本簡號中的「暫某」爲上舉《出土文獻研究》第九輯圖版八至圖版拾壹中的照片編號，而「例某」爲上舉張存良《水泉子漢簡七言本〈蒼頡篇〉蠡測》一文中例舉簡文之序號，凡此「例某」均未提供簡文照片，其釋文承作者賜告，對已發表者略有訂補。

〔一〕此稿本係胡平生先生對收入補編部分的簡牘殘片（編號在1798至1925間，約一百二十片左右）上的文字所作釋文。釋文所據圖版由吉林大學古籍研究所吳良寶教授、沈剛教授與何景成教授取自英國國家圖書館。謹在此向上述諸位先生表示感謝，並向英國國家圖書館致以謝忱。

〔二〕按：水泉子漢簡七言本《蒼頡篇》釋文當在將來報告正式出版，刊佈全部清晰照片後確定。

北大簡本	雙古堆簡本	英圖藏削杮本	水泉子簡本（七言）
之、職合韻部			
□祿		賞禄（3289）	
		禄賢知	
		賜（2506）	
		賢知	
	□予分貸	賜予分貸	
	壯犯者（C054）	莊犯（3430）	
		高嚚平（2699）	
		嚚平夷	
禄　寬惠善志。		寬葸（？）善（？）（1845）	
桀紂迷惑，	紂迴惑	紂迷（3301）	
宗幽不識。	宗幽不識	蠿不識	
㝡□肆宜，	㝡穀肄宜	㝡□（3024）	
		識	
		㝡穀（2739）肆宜	
□□獲得。（1）	益就獲得	益就獲得（1843）	
		獲得（3170）	
賓勦向尚，	賞勦向尚（C009）	實剿向尚	
馮奕青北。		馮亦青（3562）	
係孫褭俗，	□□俗	係孫□（1947）	
貌鶩吉忌。	貇鶩吉忌	貇簪吉忌	
瘛瘁癰痤，（2）	瘛瘁癰痤	□瘁癰痤	擁痤鍰（例 16.5）
		▲賞（3382）	
		□□背	
		係孫葆俗	
		貇鶩吉忌	
		瘛瘁（1817）癰痤	
		賞賜（3543）	
疢痛遬欬。	疢痛遬欬		
毒藥醫工，	毒（C007）藥醫（C095）	藥醫工（3611）	
	冒工	□	
抑按啟久。	印按剈久	抑□（1910）	開灸疾偷廷
	被（C037）		
嬰但捾援，			嬰（暫 1）
何竭負戴。（3）	負載		
谿谷阪險，	谿谷阪險	谿谷阪險（3040）	
		谷阪險（3683）	
		□險	
丘陵故舊。	丘陵故舊	丘陵故（3681）	
長緩肆延，	長脹肆延（C008）		
渙奐若思。			
勇猛剛毅，（4）			
便疌巧亟。	亟	便接（？）巧亟（3441）	
		亟	
景桓昭穆，	扃柦昭穆	景桓昭穆（3477）	
豐盈爨戠。	豐盈爨熾		
嬛蓉蜎黑，	噮□䏘□（C005）		
媿姷款餌。（5）		媿冒訽（？）珥（3438）	

(續 表)

北大簡本	雙古堆簡本	英圖藏削柿本	水泉子簡本（七言）
戲叢奢掩，			
顯顯重該。		□重□（1907）	
		顚頟□（1938）	
悉起臣僕，	已起臣僕	□起臣僕	起臣僕毋老丁
發傳約載。	發傳約載	發傳（1861）	發（暫 38）
趣遽觀望，（6）	趣遽觀望	趣據觀□（3519）	朢岜罒岀
		觀望	
		行（3407）	
		望	
行步駕服。	行步駕服	行步□（3046）	行步駕服趨使令
		駕服	
逋逃隱匿，	逋逃隱匿（C001）	逋逃（3216）	逋（例 9.10）
		逃隱（3122）	
		□隱匿	
往來盱睞。		往來（3173）眲睞（2879）	
百五十二　（7）			
漢兼			
			□□心不平
漢　漢兼天下，	□兼天下	漢（2879）　天下毋（3722）	漢兼天下盡安寧
海內并廁。	海內并廁		海內瘠痸（暫 14）
胡無噍類，		燋類	
菹醢離異。		菹（1877）	□蘊離異毋入刑
戎翟給賨，（8）			戎翟給賨賦斂（暫 15）
兼　百越貢織。		□越貢（2094）	
飭端脩灋，	飭端脩灋	飭端脩法（3248）	皋陶主
變大制裁。	變伍（C002）	大制裁（1923）	變大制裁好衣服
男女蕃殖，			男女藩□（暫 12）
六畜逐字。（9）			
顫飀觭贏，	觭□（C089）		觬觭贏思美食
骫奊左右。	骫奊佐宥		骫奊左右行（例 15.3）
勢悍驕裾，	憝悍驕裾		
誅罰貲耐。	誅罰貲耐	□罰貲（2317）	耐責未塞
		貲耐	
丹勝誤乳，（10）	政勝誤亂（C003）	丹（2231）	丹勝誤亂有所惑（暫 20）
圄奪侵試。			
胡貉離絕，	絕		
冢章棺柩。	冢章棺匛		冢椁棺柩不復出
巴蜀筡竹，	巴蜀筡杆	巴蜀苿竹	巴蜀（暫 25）
筐篋𥶡笥。（11）	筐篋𥶡笥	□（2470）　□笥	
	厨宰犓豢（C004）	□□（1848）	□□犓豢肥突突
			甘酸羹胾（暫 36）
之部			
闊錯			
闊　闊錯蹵葆，			
堂據趌等。	堂據趑等		
祱䄡隖闉，	礿（C022）		
鈐鏅閏悝。			
騁虧刻枊，（12）			

(續 表)

北大簡本	雙古堆簡本	英圖藏削柿本	水泉子簡本（七言）
錯　蔺肆郖鄙。 祁緂鐔幅， 芒隒偏有。 泫沄孃姪， 髳弟絰臬。（13）			
幽宵合韻部			
鳴煦窅閣， 泠竉過包。 穗稍苦姎， 挾貯施褎。 狄署賦賨，（14）	 □姎 挾（C071）		
茩鶩駣謷。 輡害輟感， 甄觳燔窯。 秏秭麻荅， 㲉蘗鞠□。（15）	 □ 叺吺噃□ 吡□（C103）		
幽部			
猜常衰土， 橘蘇蘡苞。 塵埃㬜風， 嫳鬟寡攖。 嫳歎嬈嬉，（16）	 旁櫻 嶅（C088）		
媢嬬范麀。 帔帴裘褐， 毲屨幣袍。 鷮汨幵愁， 焦餓□□。（17）	 褐 毲屨吺袍 嘺決（C039）		
齻嫔齺齯， 齧繞黜勠。 弄黢券契， 筆研筭籯。 鞫寢訏窬，（18）	齞齞齞（C068） □ □數□（C104）		
艖籥陘沙， 遮迣沓詾。 鏠鍵虋總， 納韔戀橐。 篺墳鬑獫，（19）			
飫猒然稀， 丈亥牒膠。 穱鮒鰤鯖， 鱣鮪鯉鮂。 犙犻羭羖，（20）			
羒羥羜羔。 冤謈暖通， 坐嚳謏求。 寥閻堪況， 燎灼煎炮。（21）			

(續 表)

北大簡本	雙古堆簡本	英圖藏削柹本	水泉子簡本（七言）
魚部			
莎荔莫蕁，			
蓬蒿蒹葭。			
薇蘚莪蔞，			
虇藜薊荼。			
薺芥莱荏，（24）			
茱臾蓼蘸。			
果蓏茄蓮，			
汞栗瓠瓜。			
堅穀攡緻，			
饒飽糞餘。（25）			
肸齹尼晥，			
餢餓鎌餔。			
百廿八（26）			
幣帛			
幣　幣帛羞獻，			
請謁任辜。			
禮節揖讓，			
送客興居。			
鞞䪅鴃䧿，（27）			
帛　雉兔鳥烏。			
雞雛芸卵，			
禁堇菧菹。	荼堇菧菹		
貔獺鼬鷇，	貔獺鼬鷇		
貖鼩鼦狐。（28）	鼸鼩貂狐		
蛟龍虫蛇，	蛟龍龜蛇（C015）		
黿鼉鼈魚。	鼈魚		
陷阱鍸釣，	陷阱釦釣		
罾笱罘罝。	簹笱罯罝（C013）		
毛䲑觳矰，（29）	□栖㱿噌		
收繳縈紆。	收絛縈紆（C017）		
汁洎流敗，			
臺臭腑胆。			
貪欲資貨，			
羕溢跂奭。（30）			
頑祐棫師，			
鰥寡特孤。			
百廿八（31）			
□悝	黄（？）悝（1868）		
悝　穎勃醉酟。			
趬文窣窔，			
差費歆酺。			
細小貧窶，			
乞匃貰捈。（32）			
歠潘閒簡，			
鼙鼓歌醵。			

(續 表)

北大簡本	雙古堆簡本	英國藏削柹本	水泉子簡本（七言）
璽娶褭嬛，			
鄭舞炊竽。		褭觷（2442）	
覣捐婏孈，（33）			
柳櫟檀柘，			
杜橈枝柭。			
瓦蓋焚櫋，			
晉溉欆杅。			
端直準繩，（34）			
媌嗿菁蕐。			
姣窔娃婕，			
啜啗黎樝。			
粉黱脂膏，			
鏡籲比疏。（35）			
鬊髦鬗搣，	須鬋𨸏䖒		
須鬋髮膚。	癉疕疥癘		
癉熱疥厲，	瘧瘍癰𦚏		
瘕痹癰疽。	□（C016）		
旃翳簦笠，（36）	□□		
	□翳（C092）		
羽扇聶譽。			
樗梗移棘，			
條篲欒椁。			
百一十二（37）			
……貘廙。	䴢		
麃欻腺䍐，（38）	麃□（C060）		
支脂合韻部			
宻晉諫敂，			
讀飾柰壐。	柰毒		
瘧斷瘚痏，	瘋斷瘚痏		
膩僞縈檠。	膩（C045）爲檄檠（C096）		
淺汙盱復，（39）	淺盂盱復（C018）		
支部			
娓敫讆娭，			
蠻喊趍恚。			
魃移姊再，	祋移姊再		
籗暈輴解。	籗昌（C043）		
姎婞黠媿，（40）			
瞀嫛嬬媞。			
頪壞蠉虢，			
虙序戊讗。			
癟效姰臥，			
潃雒鶩赽。（41）			
齎購			
齎　齎購件妖，	賣購件如		
羕櫄杪柴。	枊枊枊柴		

（續 表）

北大簡本	雙古堆簡本	英國藏削柹本	水泉子簡本（七言）
箸涏縞給， 勸怖槈桂。 某枏早蠸，（42）	箸（C044）梃縞給 □（C075）	紀縞（1875）	
購　寞椅姸觟。 戾弇焉宛， 郈篗埒畦。 狛鴘溓滎， 蠶緤屡庳。（43）	 紀展（C064）		
脂部			
锫域邸造， 殚觳殈耆。 倏騎漳沮， 泱議篇稽。 媲欺蒙期，（44）	 蒙期		
末旬緑氏。 百卌四　　（45）	末旬（C062）		
陽部			
顓頊			
 顓　顓頊祝融， 柖榣奮光。 頪豫録恢， 彴隋愷褱。 鄏鄧析酈，（46）		員肌□ 顓頊（2674） 柖揺奮光 頣豫（3509） 頊祝融 柖榣奮光 頣（1827）	
頊　宛罶鄂鄹。 閔衞竈趕， 縢先登慶。 陳蔡宋衛， 吴邗許莊。（47）	 莊	□鄹 閔通竈（2333） □ 陳（1906）　衞（1840） 吴干許莊	 蔡宋衛故有王（暫 27） □邗許莊姓不亡（暫 42）
建武牴觸， 軍役嘉臧。 貿易買販， 市旅賈商。 艒屡責達，（48）	建武（C082） □展責遴	建武（3445）牴觸 軍役（2496）嘉臧 貿易賣□（2469）	
游敖周章。 黚黶黯黮， 黤黝黭黮。 黕黤赫赧， 儵赤白黄。（49）	游敖䟱章（C032） 黚黶黯黮（C033） 〔黤黝黭〕黮（黮） 黕黤赫赧 儵赤白黄		化 黚黶黯黮黑如皮 黤黝黭黮屎（？）（暫 44）訖多 黕黤赫赧（暫 41）
殪弃臞瘦， 兒孺早殤。 恐懼懷歸，	殪棄臞瘦 兒孺早陽 恐懼（C034）		當道魁 兒孺早殤父母悲 恐（例 20.3）

(續 表)

北大簡本	雙古堆簡本	英國藏削柿本	水泉子簡本（七言）
趨走病狂。			疾狂血（例 16.4）朓回
疵疕秃瘻，（50）	疷疕秃瘻		庛庛秃瘻頭傷脊
齮齕痍傷。	齮齕痍傷		齮齕（暫 9）
毆伐疻痏，	毆伐疻痏		
眛昳睛盲。	眛昳（C025）		眛昳䀇盲樂府師
輒囚束縛，			執囚束（暫 4）
論訊既詳。（51）			
卜筮籵占，			
祟在社場。			
寇賊盜殺，	殺		
捕獄問諒。	捕獄問諒（C041）		
百卅六　（52）			
室宇			
室　室宇邑里，	□邑里		
縣鄙封彊。	縣鄙封彊		鄙封彊垣聚土
徑路衢術，	徑路衝□		徑路衝術通（暫 24）
街巷垣蘠。	街巷垣蘠		
開閉門閭，（53）	開閉門閭		閈門閭（例 18.2）堆正怒
宇　闕廷廟郎。	闕（C028）		闕廷廟郎列轂馬（暫 33）
廄層屋内，	室内		
窻牖户房。	窻牖户房		房□母父
桴楦榱梠，	桴椙榱槐		桴椙欀梠惢盖庶
柱枅橋梁。（54）	枏枏橋梁（C029）		柱枅（例 18.4）
屏圂廬廡，	圂廬無（C020）		
亭庑陛堂。			
庫府廥廏，	庫启（C058）廥廐		
囷窖廩倉。	囷窌廩倉		
桶概參斗，（55）	秉蠶參斗		
	升半實當（C035）		
犀犛豺狼。			
貙貍麈豻，			
蠹夐䫇蠹。			
鳿鵠鳧鴈，			
鳩鴉鴛鴦。（56）			
陂池溝洫，			
淵泉隄防。			泉隄防泥式式
江漢澮汾，			江漢澮汾（例 19）
河泲涊漳。			
伊雒涇渭，（57）			雒涇渭流湯湯
維楫船方。			維楫舩方茷（？）（暫 22）
百四　　（58）			
雲雨			
雲　雲雨賈零，			
霚露䨟霜。			
玥時日月，			
星晨紀綱。			
冬寒㬈暑，（59）			

(續 表)

北大簡本	雙古堆簡本	英圖藏削柹本	水泉子簡本（七言）
雨　玄氣陰陽。			
杲旭宿尾，			
奎婁軫亢。	[婁]軫亢		亢宿左張
弘競蒻眉，	弘競蒻眉		弘競前眉不可量（暫 29）
霸暨傅庚。（60）	霸暨専庚		
崋巒岑崩，	崋巒岑崩		崩山柀隮（？）
阮嵬陀阬。	阢嵬（C026）		阮嵬阤阬水不行
阿尉駁瑣，	尉馹□（C098）		阿尉駁（暫 28）
	□瑣（C107）		
漆鹵氐羌。	氐羌		
贅拾鋏鎔，（61）	贅拾鈎鎔		
鑄冶容鑲。	鑄冶鎔鑲（C036）		
顗視歔豎，	剴□黽豎		□
偃黽運糧。	偃黽（C040）		偃黽運糧載穀行（暫 21）
攻穿襜魯，			
壘郫墜京。（62）	□鄣隊亭		亭在北方
	咸圠斥競		咸地庈競陂四旁（例 12.1）
	盡摶四荒		四荒高（例 12.2）
	酆鎬（C031）林禁（C063）		鎬林禁（例 12.3）
□輪			
			□羸帔用載粟
輪　畊畚柠箱。			畊畚畾箱敝（暫 5）
松柏橎棫，			
桐梓杜楊。			楊棺桴朴
鬱棣桃李，			欝棣桃李人所欲
			百五字（暫 16）
棗杏榆桌。（63）			
藿葦菅蔚，			萠編爲薄
莞蒲藺蔣。			莞蒲闇篛織（例 24）
耑末根本，			
榮葉莠英。			禿央文文若若
麋鹿熊羆，（64）			麋鹿熊（暫 34）
……□堯舜，			
禹湯顡卬。		禹湯慘卬	禹湯稱不絶
趮鏖驎盼，（65）		奏（？）厥賓分	□迎趮厥怒佛甘（暫 45）
		笵□（1852）	
耕部			
狗獳蠹鼮。			
媥黼娺（66）餂，			
斟掇謍謖。			
觴聊（22）漏鼛，			
級絇管緈。（23）			
衛嬐婚瞀。			
魁鉅圜臚，			
與瀕庾請。			
百五十二　（67）			

(續 表)

北大簡本	雙古堆簡本	英國藏削柿本	水泉子簡本（七言）
鶡鴟			
鶡　鶡鴟牝牡，	□牡		
雄雌俱鳴。	雄雌具鳥		
屈竉趯急，	屈竉躍急		
邁徙覺驚。	邁送（C006）覔驚		
豣潭僂繚，（68）	豣潭▯婁（C048）		
鴟　頗科樹莖。	柀科尌莖		
禋稍姪娣，	稷穜（？）姪娣（C030）		
㫘棤合冥。	冒棤合▯禺（C076）		
踝企瘟散，	敨散		
穨犺播耕。（69）	頼犺播（C042）		
嫛顫娑孅，	嫛□□（C090）		
婠婆眇靖。			
姑䋻姗膭，			
訏彗窴甇。			
罪蠱訟郄，（70）			
蔑疑齰圂，			
袠緱糾絣。			
律丸宂戍，			
闟踐贔朾。			
戩烄熱樠，（71）			
蘸火燭熒。			
媨嬧窺鬠，			
悘攖嫖娙。			
樊庣妮秩，			
私醖救醒。			
百廿　　（72）			
……院，			
閡闑闟扃。			
增譄専斯，（73）			
未能分韻部			
陝郎宮……（74）			
……郡邊……（75）	□郡（1822a）		
……茄，			
虵掔陬□。			
雋陼郝邛，（76）			
……昌□，			
□□嘖嗞。			
百廿八（77）			
䎿䎿㔯……（78）			
……□渠波□（79）			

未見於北大簡本之《蒼頡篇》簡文集録

此集録包括兩個部分。第一部分是幾種簡本《蒼頡篇》首章的對照表，這幾種簡本是：

一、二十世紀初斯坦因於敦煌漢代長城鄣燧遺址發現的漢簡《蒼頡篇》，收入羅振玉、王國維《流沙墜簡》（中華書局，一九九三年）。

二、英國國家圖書館所藏斯坦因所獲削柿上的《蒼頡篇》，收入《英國國家圖書館所藏斯坦因所獲未刊漢文簡牘》（上海辭書出版社，二〇〇七年）。胡平生《〈英國國家圖書館藏斯坦因所獲未刊漢文簡牘〉補遺》稿本，二〇一五年。

三、一九三〇年西北科學考察團在額濟納河流域漢長城居延段所發現的漢簡《蒼頡篇》，收入勞榦《居延漢簡》圖版之部（《中研院歷史語言研究所專刊》之二十一，一九五七年，臺北）；勞榦《居延漢簡》考釋之部（《中研院歷史語言研究所專刊》之四十，一九六〇年，臺北）。

四、一九七二至一九七四年間發掘甘肅酒泉地區居延甲渠候官（破城子）遺址出土的漢簡《蒼頡篇》，收入甘肅文物考古研究所、甘肅省博物館、中國文物研究所、中國社會科學院歷史研究所合編《居延新簡——甲渠候官、甲渠塞第四隧》（中華書局，一九九四年）。

五、一九七七年八月在甘肅玉門花海農場附近的漢代烽燧遺址出土的漢簡《蒼頡篇》，收入甘肅文物考古研究所編《敦煌漢簡》（中華書局，一九九一年）。

六、一九七九年在甘肅敦煌小方盤城西十一公里的馬圈灣發現的漢簡《蒼頡篇》，亦收入上書。

七、二〇〇八年八月至十月在甘肅永昌水泉子村五號漢墓出土的木簡七言本《蒼頡篇》，見張存良、吴葒《水泉子漢簡初識》，《文物》二〇〇九年第十期，照片見該期《文物》封三。又見張存良《水泉子漢簡七言本〈蒼頡篇〉蠡測》，收入《出土文獻研究》第九輯（中華書局，二〇一〇年），照片見圖版捌至拾壹，編號前冠以「暫」；張文中所舉例的簡文無照片，凡此前面冠以「例」字。〔一〕

〔一〕按：水泉子漢簡七言本《蒼頡篇》釋文當在將來報告正式出版，刊佈全部清晰照片後確定。

以上五、六之《蒼頡篇》釋文參見胡平生《漢簡〈蒼頡篇〉新資料的研究》，收入《簡帛研究》第二輯，一九九六年；梁靜《〈蒼頡篇〉研究》，武漢大學博士後研究工作報告，武漢大學，二〇一二年六月。

第二部分是諸簡本中其他未見於北大簡本的《蒼頡篇》文字的集録。諸簡本出處見上文以及前《北大藏漢簡〈蒼頡篇〉與其他出土簡本對照表》所附説明。這些簡文字句較零散，僅按其出處分別列出。需要説明的是，所集録的簡文，不排除其中有個別字句並不屬於《蒼頡篇》，此有待今後新的發現予以確證。

以上兩部分所録諸簡本中相同的句子如有多個，一般只選擇存字較多的句子而不具列。

敦煌漢簡玉門花海本	敦煌漢簡馬圈灣本	水泉子簡本（七言）
蒼頡作書，	蒼頡作書，	□書智（知）不願，
以教後嗣，	以教後嗣，	以教後嗣世□（暫 31）
幼子承調，	幼子承詔，	□子承詔唯毋（暫 39）
謹慎敬戒，	謹慎（敦 844）	慎敬戒身即完，
勉力調〈諷〉誦，		勉力諷誦傳（？）（暫 43）出官，
晝夜（敦 1461A）勿置，		晝夜勿置功（暫 8）
苛〈茍〉務成史，		史臨大官，
計會辨治，		計會辯治推耐前，
超等（敦 1461B）		超等軼群（例 9.5）
	出尤別（敦 249B）	白黑分
		初離（暫 2）勞苦後必安，
		卒必有（暫 32）
		□事君，
		微密瘱塞天生然，
		□佞（《文物》二〇〇九年第十期封二圖 7）

一、諸簡本《蒼頡篇》首章對照表

《流沙墜簡》本	英國藏削柹本	居延漢簡（舊簡）本	居延新簡本
永永永蒼以頡作（卷二、十七背，牘背，習字之作）		蒼頡作書，	蒼頡作書，
	教後嗣	以教後□（185.20）嗣，	以教後嗣，
	幼子（3041）	幼子承詔，	幼子承昭，
	幼子承（3124）		
	承詔		
	謹慎敬（3126）	謹慎敬戒（167.4）	謹慎敬戒，
	勉力諷（3367）		勉力風誦，
	力諷誦（3565）		
	誦		
	晝夜勿置（3177）	勿，盡〈晝〉夜勿（125.38B）置，	晝夜勿置，
	晝夜勿置		
	苟務（2467）□史	苟務成史（125.38A）	苟務成史，
	計會（3029）		計會辨治，
	羣		超等軼群，
	出尤別異（3704）		出尤別異（EPT50.1A）
	初雖勞苦	初雖勞（260.18A）	初雖勞苦，
	卒（1835）		卒必有意，
	苦		
	卒必有喜（3016）		
	劳苦		
	卒必有憙		
	慤愿（3380）		慤愿忠信，
	愿忠信（3359）		
	忠信		
	微密□（3378）		微密倓言，
			賞（EPT50.1B）
			蒼頡作書，
			以教後子，
			□□史□，
			□（EPT56.40）
			以教後嗣，
			幼子承詔，
			謹慎敬戒，
			勉(EPT56.27A)力諷誦(EPT56.27B)

居延新簡本	敦煌漢簡玉門花海本	敦煌漢簡馬圈灣本	水泉子簡本（七言）	
族姓嫂妹，親戚弟兄。罷病悲哀，號哭死喪。遣□心所，（EPT56.181A）[一] 毚豬豭豶□（EPF22.731） 寃忿怒仇(EPF22.728)[二]	曰書人名姓，趙茝韓碭，范鼠張豬，翟如竇錢，衛中馮鄒，陘涓（1462） 曰書人名姓，趙茝韓鳴，范鼠張豬，翟如賤（1463） ……□營庄邵謙郇郎鄗郢傅贛董僕李貝（1451）	焦黨陶聖，陳穀巍嬰。程頎樛平，梁賢尹寬。滎靡尚（639A） □，岑進露騫。彭績秦參，涉兢夏連。樂恢棫更，（693B） 唐美耿譽。庡沓殷譔，黄文戠山。肥赦桃脩，賈闌鄧（639C） 難，季偃田硯。（639D）[三] □殤□□□□□騂郇□鄗郢傅功董僕李□□□（1260）	□牙齒□中剛，手足蹇隹一胝，□（暫3） 犧羊辟道旁，豯豵豭豶小□（暫6） 給死固當，詘折犇亡離其鄉，（暫7） □疾材過人　百五字（暫10） 牛羊　百五字（暫11） 不亡，雍州葆德富且强，廣大四（暫13） 分有術，黔首驩康歌鼓瑟，爵（暫17） 未得行，驅馳迭踼樂未央（暫18） 貴富萬石君，瞻被卑賤不（暫19） □嘗食黍粱，君侯整齊坐有行　・百五（暫23） 爰磨次貤少巧功，繼續前圖（暫30） 鼓冒冒，藾瑟琴黄師廳（暫35） 肺心腎臧中央脾胃腹（暫37） □□□□達通東箱 百五字□（例5） 〔隨〕(歸)　百五字(例8) □杲粟米家給有，粺糲禾稱盡粟（例14.2） 各異方胆胣醯醬酴醱常菌桂（例15.1） 槎盛酒掾觛勺桮觴醛壽行（例15.2） □帣囊儋若倉　百五字（例15.4） 親戚弟兄宗益强，罷病悲哀卧就牀，號哭死喪（例16.1、2）	欲聽明，面頰頊額宜圓方，首（例21.1） 軒軥轀輬輦郎極，□（《文物》二〇〇九年第十期，封二圖九） 道至矣可，東西諸産皆備力（《文物》二〇〇九年第十期，頁九〇） 聲琅琅，壁碧□（《文物》二〇〇九年第十期，頁八九）

［一］胡平生《漢簡〈蒼頡篇〉新資料的研究》（《簡帛研究》第二輯，一九九六年）曾提出，此枚簡的文字很像是《蒼頡篇》的内容。梁静《〈蒼頡篇〉研究》則指出，水泉子簡有"親戚弟兄宗益强，罷病悲哀卧就牀，號哭死喪"（例16.1、2），故可以斷定居延簡中此枚簡確屬《蒼頡篇》，且可知其押陽部韻。

［二］以上兩枚簡之文字亦有可能屬《蒼頡篇》，見上引梁静文。水泉子漢簡有"犧羊辟道旁，豯豵豭豶小□"句（暫6）。

［三］以上文字（639A—639D）寫於一支四棱觚上，恰六十字，合乎閭里書師本一章的字數，如按照兩句一押韻的編撰體例，應爲耕、元合韻，耕、元皆屬陽聲韻而旁轉。所以從字數與押韻情況看，此章屬於《蒼頡篇》是很有可能的。又，梁静《〈蒼頡篇〉研究》指出，阜陽雙古堆簡《蒼頡篇》有"譔黄"，英國國家圖書館藏削柹《蒼頡篇》有"更唐"（3268）見於此章，又胡平生《英國國家圖書館藏斯坦因所獲簡牘中的〈蒼頡篇〉研究》指出此批削柹中有"沓啟譔黄"（2877），亦見於此章文字中。

二、其他《蒼頡篇》簡文集録

雙古堆簡本		英國藏削柿本		《流沙墜簡》本
爰歷次貤，繼續前圖。輔廑顆昛，軷儋闟居。㘽□（C010） □引汲䡅，猝遇弗虞。貟黖□虘，㭙㛅□。（C011） 蔮絲枲㭾，布絮緊綒。雙軡箽□（C012） 機杼滕榎，絍綜㒒纑。（C014） □□䜴。□□□□，□爽詞語。□（C019） 此云主，而乃之於。縱舍擣挈，攜控抵杅。拘取弫（C021）[一] 盂，槃案梧几，鐙釦□□，業未央（“央”下爲白簡）（C038）[二] □，朋友過□，高囂平夷，□（C046）[三] 錡歐吹衛（C047） 轙咯（C049） 前（C050） 冐稺權騷寄（C051） 手奉（C052） □□思勇（C053） 輩□□砮害□（C055） 歲庾駟（“駟”下爲白簡）（C056） 鼂元虵鼂（C057） □歡志辱（C059） □伳笞欒柎（C061） 舉厭（C065） 孽嘐（C066） 吧剛（C067） 弭聽（？）（C069） 崔飢（C070） □忍（C072）	㖶□（C073） □槖䳾（C074） 頌緊（C077） 喁映（C078） 慜惕署（C079） □妋姦（C080） 茝苗杞芑（C081） 昀黃（C083） 學（C084） 阞□□（C085） □鶩釦（C086） 酷柤（C087） 冒某晏早（C091） 均多（C093） 咆邵邵哷（C094） 訙駟訙（C097） 噌飤□（C099） 思慮（C100） 嘵衛諍如（C101） 啫尋尺扣𡰯（C102） 兒盲靳□（C105） □□柤柤□青□盧□□□□（C108） □盛（C109） □□帛紉□（C110） 米䉷（C112） 蒺（C117） 啳䝰□（C120） □紉紉紉（C123）	□□僵（？）窒厲（1818a） □□侍忿怒爭□（1824） 安曹窒典□（1828） 矦擊紉（1833） 虒紆（1834） □賫疾獨（1844） 頎碩猛（？）（1846） □□送欬□（1847） □□□戀飲食葵菲蔥韭（1850） 系鹿獐□（1859） 馬騎（？）（1863） 歇（？）褚師□（1864） 尊柤肆傷（1881） 臨官使□（1885） 風倚陽（1888） 衣常甑□（1895） 傷復（1896） 靈（？）合利如（？）□（1897） 到（？）居陽（1903） 牧祭祀（1905） 梁黍糜（1909） 師蓋（？）（1913） 公乘（1950） 軍左（佐）車屬（2065） ▲墨陽畢（2250） 米稷（2298） 劍戟鈹鏉（2330） 黲闑鼓（2396） 耳▲邯鄲（2430） □傅作禪堯□（2490） 鑄鑺刻書（2505） 盛臧五穀（2524） 將務武滿（2607）	□纑縷（2672） 鑑甲（？）桀（？）楯弓弩（2855） □麩秫釀（2876） 沓啟譔黃（2877） 紅酘醬（2884） 緣（？）表裏相尚（2916） 中行復同（2982） 毋有民人安（2983） 短有長練經緯（2985） □孌訾窜（3007） 寇頡陘廷□（3021） □産邦毋有操（3022） 黃頭□嬰□（3063） □□□縈絲羅綺□（1823） □紉羅綺羽霜紺紉（3067） □□刻高（3073） 駒犢（3087） 魚酯馬酪蔥橿（3171） 更唐（3268） 案牀槃匜（3422） ▲行唐□（3474） 百事皆（3480） 樘谿黑陽（3492） □豆豉□（3498） 稻粟□□□（3502） 堅車槳楊（？）結□（3550） 財用爲佴□（3572） 左庶上卿欣（3626） 曰書人名姓，趙莤韓□（1792） 韓鳴笵（2569） 翟竇翦（2565） 翦衛（2867）[四]	寸，薄厚廣俠（狹），好醜長短（卷一・四）

[一] 以上自C010至C021諸簡中，圖、居、虞、虘、絮、纑、語、於、杅，均押魚部韻，故這幾句簡文當屬於魚部韻章。

[二] 水泉子漢簡《蒼頡篇》有“驪駝迹（？）踼樂未央”（暫18）。

[三] 英國國家圖書館藏斯坦因所獲未刊削柿《蒼頡篇》有“高囂平”（2699）、“囂平夷”（1845）。

[四] 以上自簡1792至2867文字，亦見於下文録入的《敦煌漢簡》中所收玉門花海發現的《蒼頡篇》簡文（1462、1463），皆屬於所謂“書人名姓簡”。類似的集中名姓的簡文，還見於下文所録《敦煌漢簡》中出土於馬圈灣的一支四棱觚上的簡文（639A—639D），以及1260簡文。

北大藏漢簡《蒼頡篇》的新啟示

朱鳳瀚

北京大學藏西漢竹書《蒼頡篇》，現存簡八十七枚，其中完簡五十三枚，殘簡三十四枚。經綴連後，有完簡六十三枚，殘簡十八枚。完簡長三〇・三至三〇・四厘米，寬〇・九至一・〇厘米。有契口與上、中、下三道編繩，簡背有劃痕。保存有完整字一千三百一十七個（其中含有標題字十五個，重見字七個），殘字二十個。這批竹簡，是迄今爲止所見到的《蒼頡篇》這部久佚古書保存字數最多的一個文本，因而也是最爲重要的一次發現。爲了説明北大藏漢簡《蒼頡篇》的學術價值，特别是這一文本相對於以往多種出土簡本所能給予我們的新啟示，下面將扼要地敘述一下《蒼頡篇》的成書、文本演變與前此出土的《蒼頡篇》簡本的情況，然後説明這一文本與其他《蒼頡篇》簡本之間的差别，此文本的篇章結構、句式等編撰特點及其所引發的幾點思考。

一、《蒼頡篇》的成書、演變與多種簡本的發現

《漢書・藝文志》記載曰：「《蒼頡》七章者，秦丞相李斯所作也；《爰歷》六章者，車府令趙高所作也；《博學》七章者，太史令胡母敬所作也。文字多取《史籀篇》，而篆體復頗異，所謂秦篆者也。」至「漢興，閭里書師合《蒼頡》、《爰歷》、《博學》三篇，斷六十字以爲一章，凡五十五章，併爲《蒼頡篇》」。依此，知西漢時這一被「閭里書師」改編過的文本所收字數是三千三百字。但值得注意的是，《漢書・藝文志》在所著録的「蒼頡一篇」下有班固自注曰：「上七章，秦丞相李斯作。《爰歷》六章，車府令趙高作。《博學》七章，太史令胡母敬作。」從班固所著録的這個漢代皇家圖書館所藏文本分章情況看，是已將秦代《蒼頡》、《爰歷》、《博學》三篇合一且統名之曰《蒼頡篇》，應該已非秦代三篇各自獨立的原本，但分章仍依三篇其舊，合則有二十章，與以上所云被「閭里書師」所合併的六十字一章、五十五章形式的本子不同，不是一種文本。

《漢書・藝文志》还記述，由於《蒼頡篇》「多古字，俗師失其讀」，於是「宣帝時徵齊人能正讀者，張敞從受之」。可知到了西漢晚期，《蒼頡篇》連民間的書師亦已「失其讀」，即不能通其音義了，還需要徵調像張敞這樣的古文字學家來解讀。至西漢末與東漢時，遂有學者爲《蒼頡篇》作訓解並

作續編［一］。

秦代時李斯等用秦篆所寫《蒼頡篇》等三部字書可能在西漢後即不流行了，即使是漢代時合三篇爲一的五十五章之《蒼頡篇》，以及西漢末、東漢年間在《蒼頡篇》基礎上續編的各種字書，雖在北宋時所修《新唐書·藝文志》中仍有，但到元至正年間編撰的《宋史·藝文志》中已不再見於記録。可見這些書在北宋時如還有存，有可能亦多只存於内府，不在民間流傳，此後或即毀於宋室南遷時［二］。

二十世紀初，英籍匈牙利人斯坦因在甘肅敦煌一帶漢代鄣燧遺址中出土的漢簡中首次發現有《蒼頡篇》，其中一部分於一九一四年爲羅振玉、王國維在《流沙墜簡》一書中刊佈，另外還有一部分是從書寫《蒼頡篇》的木觚上削刮下來的所謂「削柹」（亦稱「削衣」）上保留的文字，現存英國國家圖書館，亦已刊佈。自此以後，陸續在額濟納河流域的居延（一九三〇年）、居延破城子（一九七二年至一九七六年）、玉門花海（一九七七年）、敦煌馬圈灣（一九七九年）、新疆塔克拉瑪幹沙漠中的尼雅（一九九三年）等地的漢代遺址以及安徽阜陽雙古堆西漢汝陰侯墓（一九七七年）中出土的漢簡内，先後發現了不同文本的《蒼頡篇》殘文。其中雙古堆《蒼頡篇》，保存文字最多，有五百四十一字，其他幾種皆多僅存幾十字至百餘字不等，内容亦多有重複［三］。

［一］兩漢之際張敞外孫之子杜林作有《蒼頡故》與《蒼頡訓纂》（見《漢書·藝文志》）。揚雄（西漢末人，平帝時任黄門侍郎）於平帝元始年間作《蒼頡訓纂》（《訓纂篇》），增補《蒼頡篇》文字，將《蒼頡篇》增加到八十九章，删去了《蒼頡篇》中重複之字，收五千三百四十字（見《漢書·藝文志》與許慎《説文解字叙》），至東漢明帝、章帝時，班固又爲之作續篇，更增補了十三章、七百八十字，從而使此字書達到一百零二章六千一百二十字。班固自稱至此「六藝群書所載略備矣」（見《漢書·藝文志》）。至東漢和帝時，郎中賈魴以《蒼頡訓纂》末二個字「滂熹」爲名作《滂熹篇》，又續班固所補。揚雄所增補的本子即應是《漢書·藝文志》所載六十字一章共五十五章的本子，亦即閭里書師本。從許慎《説文解字叙》所言字數，可知揚雄所增補之《蒼頡訓纂》每章也是六十字，應該也是四字一句的形式。揚雄《蒼頡訓纂》（及班固爲之所作續編），從上述形式看，仍是開列字形的字書，然既言「訓纂」，似應在文字後附有訓解内容。杜林所作二書，其形式未見記載，但稱「故」（當讀作「詁」）與「訓纂」，亦當是訓解《蒼頡篇》所收文字的書。後人合《蒼頡篇》、《訓纂篇》、《滂喜篇》三書爲一書三卷，晉時人稱之爲《三蒼》。

［二］參見胡平生、韓自强《〈蒼頡篇〉的初步研究》，《文物》一九八三年第二期。

［三］二十世紀初，斯坦因在敦煌漢代鄣燧遺址中發現《蒼頡篇》殘簡，共四十一字（見羅振玉、王國維編著《流沙墜簡》，中華書局，一九九三年）；斯坦因所發現的「削柹」上的《蒼頡篇》殘文現藏英國國家圖書館（見汪濤、胡平生、吴芳思主編《英國國家圖書館藏斯坦因所獲未刊漢文簡牘》，上海辭書出版社，二〇〇七年；又見胡平生先生所作《補遺》稿本）；一九三〇年西北科學考察團在額濟納河流域漢長城居延段發現的漢簡中，也有《蒼頡篇》殘文，去其重複字，計約一百一十字（勞榦《居延漢簡》考釋之部，《中研院歷史語言研究所專刊》之四十，一九六〇年；《居延漢簡》圖版之部，《中研院歷史語言研究所專刊》之二十一，一九五七年）；一九七二年至一九七四年間，在居延甲渠候官（破城子）遺址出土漢簡中又發現有《蒼頡篇》，約五十七字（甘肅省文物考古研究所、甘肅省博物館、中國文物研究所、中國社會科學院歷史研究所合編《居延新簡——甲渠候官、甲渠塞第四隧》，中華書局，一九九四年）；一九七七年在甘肅玉門花海漢烽燧遺址採集的漢簡中有《蒼頡篇》殘文，去重後，有三十五字（甘肅省考古研究所《敦煌漢簡》，中華書局，一九九一年）；一九七七年在安徽阜陽雙古堆西漢汝陰侯墓出土漢簡中，有《蒼頡篇》殘文五百四十一字（文物局古文獻研究室、安徽省阜陽地區博物館阜陽漢簡整理組《阜陽漢簡〈蒼頡篇〉》，《文物》一九八三年第二期）；一九七九年在甘肅敦煌馬圈灣漢烽燧遺址出土漢簡中又發現《蒼頡篇》殘文十七字（甘肅省考古研究所《敦煌漢簡》，中華書局，一九九一年）；一九九三年在新疆尼雅遺址西北區斯坦因編號爲N14的房屋遺址中採集到《蒼頡篇》殘文簡一枚，存十餘字（王樾《略説尼雅發現的〈蒼頡篇〉漢簡》，《西域研究》一九九八年第四期）。除以上發現外，一九九〇年至一九九二年間甘肅省文物考古研究所在敦煌甜水井附近的漢代懸泉置遺址發掘出土的漢簡中有《蒼頡篇》殘本，尚未刊佈（甘肅省文物考古研究所《敦煌懸泉漢簡内容概述》，《文物》二〇〇〇年第五期）。

二〇〇八年八月至十月，甘肅省考古研究所在甘肅永昌紅山窯鄉水泉子村漢墓M5中又發掘出土一百四十餘枚木簡《蒼頡篇》〔一〕，但簡均殘，現存可釋讀的文字約九百七十個。其文本屬於西漢晚期以後的七言本，即將原來四言本的各句後又加上三個字，所包含的原來四言本的字數應約有五六百字。

二〇〇九年入藏北大的西漢簡《蒼頡篇》現存一千三百餘字中，有一部分見於以上所發現的諸種《蒼頡篇》文本，可以對讀。但以上諸種簡本的文字也有一部分是北大藏漢簡《蒼頡篇》所未見到的。

二、北大藏漢簡《蒼頡篇》在篇章結構上的新信息

在北大藏漢簡《蒼頡篇》發現前，通過上述出土的各種簡本，學者們已指出了漢代時《蒼頡篇》在篇章結構方面有三個特點，即：四字一句；每兩句一押韻，即第二句句末一字押韻；韻部多爲單韻，也有音近的兩個韻部合韻。

以上三個特點也體現於北大簡本中。需要補充説明的是，北大簡本中除前已知道的之職合韻外，還出現了幽宵合韻、支脂合韻。其中，幽宵合韻，在羅常培、周祖謨《漢魏晉南北朝韻部演變研究》所製合韻表中統計有十八例，用例較多〔二〕。支脂合韻，在該表中有九例，亦不少。可見這兩種合韻方式，確在那一個時段（可能至少要上推至秦代）是普遍或比較普遍的。但簡文之職合韻的有兩章，而上述合韻表中之職合韻僅收了兩例。如要作細緻的分析，這也許反映了秦至西漢早期和西漢晚期至南北朝時期韻部押韻情況的差別。將來《蒼頡篇》如有更多文本發現，相信會爲秦漢時段韻部的變化情況提供更多的信息。

由於在北大簡本之前發現的各個簡本均殘損較甚，也未能發現記載一章字數爲多少的文字，所以各個簡本一章究竟爲多少字即多未能確知。僅勞榦《居延漢簡考證》認爲《居延漢簡甲乙編》所刊一件書有《蒼頡篇》的木觚（9.1A, B, C）三面共寫六十字，與上引《漢書·藝文志》所述漢代閭里書師改編本一章六十字合）。此外，每章有無題目也無以知曉。

北大藏漢簡《蒼頡篇》顯示的篇章結構則比較清楚，其中有如下四點是此前發現的諸簡本中所未知的：

〔一〕吴紅《甘肅永昌水泉子漢墓》，《文物》二〇〇九年第十期；張存良《水泉子漢簡初識》，《文物》二〇〇九年第十期；張存良《水泉子漢簡七言本〈蒼頡篇〉蠡測》，《出土文獻研究》第九輯，中華書局，二〇一〇年；張存良《〈蒼頡篇〉研究的新進展》，發表於北京大學出土文獻研究所、湖南大學嶽麓書院主辦「秦簡牘研究國際學術討論會」，二〇一四年十二月，長沙。

〔二〕羅常培、周祖謨《漢魏晉南北朝韻部演變研究》，中華書局，二〇〇七年，四六頁。

（一）同一韻部可有若干章

根據簡背劃痕所顯示的簡序，章末簡所標字數，並參考雙古堆《蒼頡篇》簡文，可以推測出北大簡本各韻部至少應有幾章。在存有章名的各韻部諸章中，已知屬陽部韻章的「顓頊」一章（一百三十六字）是完整的，之職合韻部中「□祿」一章，只缺首支簡即爲完整一章（一百五十二字）[一]。這兩章的完整性均有簡背連貫的劃痕及章末字數爲證。其餘諸章所缺簡數不等，但均缺兩枚簡以上。

（二）同韻部諸章可能是相連編綴的

例如：之職合韻部的「□祿」章末簡（簡七）與同韻部的「漢兼」章首簡（簡八）相連；魚部的「幣帛」章首簡（簡二七）與同韻部的上一章末簡（簡二六）相連；陽部的「顓頊」章末簡（簡五二）與同韻部的「室宇」章首簡（簡五三）相連。而屬陽部韻的「雲雨」章之首簡（簡五九）亦與上一陽部章的尾簡（簡五八）相連。

（三）每章簡均以起首的兩個字爲標題，並在前兩枚簡正面頂端依序由右向左書寫

這種書寫標題的方式也見於已刊佈之秦簡，例如雲夢睡虎地秦簡《日書》中的篇題「土忌」（日甲一二九背、一三〇背），荆州沙市周家臺秦簡中的篇題「此（觜）巂」（簡二二五、二二六）[二]。而以文章前面兩個字爲標題的方法與《詩經》多數篇題的設立方法是近似的。北大簡本現存各章標題有十一個，即：□祿、漢兼、闊錯、幣帛、□悝、賫購、顓頊、室宇、雲雨、□輪、鶡鴇。從各章現存簡文可知，這些章題雖有的可以看出與本章所收部分字之字義有聯繫，但並不能涵括全章所收字詞之意義，收入同一章內的文字，即使是下文所云「羅列式」句，在字義上亦並非均是義同、義近（或義反）的，甚至在詞類上也並非均是統一的，比如説均是名詞或均是動詞。

（四）各章均在文末標明該章字數

北大簡本中現存標明字數的章末簡有十枚，所標字數，多者「百五十二」，少者「百四」，即一百零四。可知各章字數均在一百以上，但字數不盡相同。

北大藏漢簡《蒼頡篇》已知的每章字數均在百字以上，自然不可能是上述漢閭里書師所改編之五十五章每章六十字的本子。至於是否與班固在《漢書·藝文志》著録的皇家藏書中之二十章本子相同，因爲北大簡本的章數尚不能確知，故此點亦未可確知。上述情況也説明在西漢時期，改造自秦代的《蒼頡篇》、《爰歷篇》、《博學篇》而成的《蒼頡篇》文本，在當時似非僅有一兩種。

[一] 根據英國國家圖書館藏削柿本《蒼頡篇》（3289、2506、3430）可知，「祿」前一字應是「賞」字，此「賞祿」章前兩句是「賞祿賢知，賜予分貸」。

[二] 睡虎地秦墓整理小組編《睡虎地秦墓竹簡》，文物出版社，一九七八年；湖北省荆州市周梁玉橋遺址博物館《關沮秦漢墓簡牘》，中華書局，二〇〇一年。

三、北大藏漢簡《蒼頡篇》的句式與句子的排列形式

北大《蒼頡篇》簡本所見之句式，仍可歸納爲以往學者根據出土簡本所劃分的所謂「羅列式」與「陳述式」兩種[一]。这裏分析句式時所言「句」即指「四字一句」之「句」，所謂「句式」則是指同一句中文字的組合形式。由於北大簡本保存相對較好，相連的句子較多，内容亦較爲豐富，故得以進一步揭示《蒼頡篇》句式的一些細節與句子的排列形式。

（一）羅列式，是將字義相近、相類（少數亦爲相反）或相互有聯繫的字詞組合在一起，排列出來，意在强調相互組合在一句中的各個字詞的含義之内在關係。可以説，《蒼頡篇》絶大多數句子皆屬於此式，但這種排列，自然會使句子無法構成完整的語法關係。其具體組合形式則有如下幾點：

其一，此種句式中的文字，雖可能多是四字字義均相近或相類，如「玥時日月」、「玄氣陰陽」（簡五九），但仔細分辨，則可知前兩字、後兩字之間字義更密切。這一特徵不僅體現於以名詞組成的句子中，也存在於由動詞組成的句子中，如「行步駕服」、「逋逃隱匿」（簡七）亦均是一句中四字義近或相聯繫，但仍是前兩字、後兩字的字義更近。這種情況最爲普遍，因此亦成爲在爲《蒼頡篇》作注釋時，理解與闡釋其字義，揣測編撰者之構思最重要的出發點。

其二，有相當一部分屬羅列式的句子，四個字並非字義相近或相類，而是前兩個字之間、後兩個字之間各有字義（或爲假借義）上的聯繫，是同義字、同類字或義近字，而前兩個字與後兩個字之間並無字義上的聯繫，如「泫沄嬽姪，髳岪經枲」（簡一三）。

其三，在這樣的羅列句式中，或含有聯緜詞（或稱「聯緜字」），如上引簡一三中的「泫沄」，又如「茦臾蓼蕪」（簡二五）之「茦臾」，「覞捐媕嫿」（簡三三）之「媕嫿」，「黚黶黯黮」（簡四九）中的「黯黮」。

羅列式句子在同一章中的分佈、排列，多數可以説是無語義聯繫的，甚至跳躍性很大。例如之職合韻部的「□禄」章中「賓勳向尚，馮奕青北。係孫褭俗，貇鬵吉忌」（簡二），又如支部韻章中「娓敂譼娛，巒㖦趍恚。魃袳姊再，鞶鞏輴解。妜婞點媿」（簡四〇），均屬此種情況。在《蒼頡篇》中此種句子排列方式是較普遍的。

但值得注意的是以下幾種羅列式句子的排列方式：

其一，四字一句中，四字中的每一個字的字義均相近或相類，再由這樣的句子連續兩三句、三四句相組合，此種情況主要存在於魚部、陽部韻諸章中。如魚部韻章中，有「莎荔摹蕁，蓬蒿蒹葭。薇蘚莪蔞，蘿蘱薊荼。薺芥萊荏」（簡二四），所羅列均是草名。又如陽部韻中的「□輪」章有「松

[一] 此句式分類之名稱參見以下論著：胡平生、韓自强《〈蒼頡篇〉的初步研究》；福田哲之著，佐藤將之、王繡雯合譯《阜陽漢簡〈蒼頡篇〉研究》，收入《中國出土古文獻與戰國文字之研究》，萬卷樓，二〇〇五年。福田哲之的「類義字羅列形態」與「連文式形態」，在本文中均暫歸入「羅列式」。他歸入「類義字羅列形態」的例子中，其實有相當一部分似亦當歸入其所謂的「連文式」中。

柏㯳棫，桐梓杜楊。鬱棣桃李，棗杏榆桋。藿葦菅蔚，莞蒲藺蔣。耑末根本，榮葉莠英」（簡六三至六四），亦是連續多句均是植物名（或與植物有關字詞），有樹木，也有花草。但此種句子排列方式，總體來看在《蒼頡篇》中是相對較少的。

其二，連續數句所收字詞的字義彼此間可以説是只在大的語義範疇上相聯繫，如陽部韻章中的「陂池溝洫，淵泉隄防。江漢澮汾，河泲涊漳。伊雒涇渭，維楫舩方」（簡五七至五八），各句所收字詞均與水有關。又如同屬陽部韻的「雲雨」章之「雲雨霣零，霧露雪霜。玥時日月，星晨紀綱。冬寒夏暑，玄氣陰陽。杲旭宿尾，奎婁軫亢」（簡五九至六〇），則各句字義均可統一在天氣、天象之大範疇内。此種排列方式也較集中地體現於陽部韻章中的「室宇」章。

《蒼頡篇》的羅列式句子將字義相近或相類的字詞結合在一起，特别是還有若干這樣的句子相聚合的情況，已體現出「以類相從」的編撰思路，與《爾雅》相似，這自然對於後來中國字書、字典的編撰方式有啟示意義。特别是由於字義相近的形聲字多有共同的形旁部首，這亦就爲此後《説文解字》用形旁作部首的編撰方式開了先河。這一點已有學者作過很好的論述[一]。而這種句式堆垛義近字詞，對漢賦的句式也顯然是有重要影響的。

（二）陳述式，即句子中的字詞間有語法關係，在陳述一個語義，而且這種「陳述式」的句子往往還通過若干連續的句子來陳述一個主旨。最典型的即是「漢兼」章内「漢兼天下，海内并廁……男女蕃殖，六畜逐字」（簡八至九）這一段文字。除「漢兼」一章外，在居延漢簡中所發現的《蒼頡篇》首章，開始作「蒼頡作書，以教後嗣。幼子承詔，謹慎敬戒」，也屬陳述式。但此種句式出現甚少，尤其是若干這樣的句子相連的情況更少。屬陳述式的句子多並非貫穿於全章，而是與屬羅列式的句子混合，並存於一章中。像上引「漢兼」一章中，在「漢兼天下」至「六畜逐字」一段陳述句子後，轉而接「顫䚗觭贏，骫奊左右」（簡一〇）等句，又變爲所謂羅列式。

此種陳述式的句子偶亦會夾雜在若干屬於羅列式的句子當中，而且有的還會與上一句的羅列式句子字詞發生聯繫。如耕部韻的「鶡雉」章中有「鶡雉牝牡，雄雌俱鳴」（簡六八）。後一句爲陳述句，「雄雌」是主語，「俱鳴」是謂語。前一羅列式句子中之「牝牡」則與後一句中「雄雌」又因義近而相聯繫。

四、對北大藏漢簡《蒼頡篇》抄寫與形成年代的推測

北大藏漢簡《蒼頡篇》與阜陽雙古堆漢簡《蒼頡篇》有不少文句相合，字形也多近同，二者均有之職合韻，這些皆昭示二者成文的年代較爲接

[一] 胡平生、韓自强《〈蒼頡篇〉的初步研究》。

近〔一〕。北大簡本在不少文字的結構上保留着小篆及秦隸的寫法，但是在書體上，相比之下，雙古堆簡的書體更近秦隸，而北大簡漢隸筆意則已稍强，表明其抄寫年代可能稍晚。雙古堆簡出自漢汝陰侯墓，汝陰侯卒於漢文帝十五年（前一六五），雙古堆《蒼頡篇》抄寫年代或稍早，下限必不晚於此年。北大藏漢簡《蒼頡篇》抄寫年代略晚，估計約在比雙古堆簡晚五六十年的公元前一百年左右，即在漢武帝後期。這與北大所藏西漢竹書的總體年代是相合的（參見《文物》二〇一一年第六期的簡報）。

北大簡本《蒼頡篇》已有「漢兼天下」句，證明此本已非秦代時李斯的原本，而是在西漢年間經過修改的本子，但每章字數均在百字以上而不等，又與《漢書·藝文志》所記漢「閭里書師」合《蒼頡》、《爰歷》、《博學》三篇爲一，「斷六十字爲一章，凡五十五章」的本子有别。所以，北大簡本《蒼頡篇》雖已合《蒼頡》、《爰歷》、《博學》三篇秦代字書爲一，但可能改動較小，大致保留了三篇秦代字書的面貌，在篇章結構與文句上未作太大的改動。有助於説明這一點的是，北大簡本每章標題採用在首簡與第二簡上端横向書寫的方式，亦合於秦簡，應是保存了秦代原本的書寫方式。此外，北大簡本與雙古堆簡本相同，均有「飭端修灋（法）」句，學者或認爲「飭端」之「端」是秦人因避秦始皇名諱而改，即因爲「端」在字義上與「正」有相同處，故以「端」代「政」〔二〕，這也是此簡本基本保留了秦本面貌的證據。

〔一〕北大藏漢簡《蒼頡篇》在字句上雖多與雙古堆漢簡《蒼頡篇》相合，但也有不同者。如「漢兼」一章中，北大簡本即與雙古堆簡本有所不同。雙古堆簡本《蒼頡篇》C002作「□兼天下，海內并廁。飭端修灋（法），變伯□□」，北大簡本則作「漢兼天下，海內并廁。胡無噍類，菹醢離異。戎翟給賨，百越貢織。飭端脩灋（法），變大制裁」（簡八至九）。北大簡比雙古堆簡多出的四句話是非常重要的。這四句話筆者以爲應是歌頌秦始皇統一六國後，北逐匈奴、南略五嶺的業績，應是出自秦人手筆（見拙著《北大漢簡〈蒼頡篇〉概述》，《文物》二〇一一年第六期）。也有學者認爲此四句話是漢人爲歌頌漢武帝「外事四夷，内興功利」的事業，而補進文中的（梁靜《由北大漢簡查考〈蒼頡篇〉流傳中的一處異文》，武漢大學簡帛研究中心簡帛網，二〇一一年七月十九日），此亦可爲一説。但「兼天下」局面並非西漢王朝所開創，尤其是此四句話正是對「漢（原當是「秦」）兼天下，海內并廁」之解説。秦人對所謂胡、戎狄與百越地區的征服和開拓艱苦異常，由此始實現兼併天下之局面，如《史記·秦始皇本紀》記李斯等所言「今陛下……平定天下，海內爲郡縣，法令由一統，自上古以來未嘗有，五帝所不及」，此一功績，在秦始皇時所立多種刻石中亦均有表述。李斯等編《蒼頡篇》寫上此四句話，頗帶有秦始皇時代風格與秦王朝之氣勢。而西漢早期王朝無論是對匈奴還是對南越的統治局面均已非可與秦始皇時期相比。疑雙古堆簡《蒼頡篇》此四句話未存，或正是西漢早期該文本整理者礙於當時此種政治局面而將之删掉。但北大簡以及居延簡《蒼頡篇》都保存了這四句話，即保留了秦代本子的原貌。這種文本改動多少，因爲並無資料證明是王朝統一進行之行爲，故可能只是與不同改編者個人想法有關，不一定有過深的政治含義。福田哲之《漢簡〈蒼頡篇〉研究——以分章形態爲中心》（「第四届日中學者中國古代史論壇：中國新出土資料學的展開」論文）更指出：陳述句的「漢兼天下」至「六畜逐字」十句，以最初的「漢兼天下，海內并廁」兩句開頭，下面「胡無噍類」至「百越貢織」四句爲外交，再下面「飭端脩灋」至「六畜逐字」四句爲內政，其內容相互間具有緊密的聯繫。所以，説講外交的前四句在秦本中即存在是較爲自然的看法，而言至漢武帝時才增補此四句則頗爲勉强。所言甚是。顏之推《顏氏家訓》卷下《書證篇》引《蒼頡篇》文字有「漢兼天下，海內并廁，豨黥韓覆，畔討殘滅」。學者已指出「滅」與「廁」，分别屬月部和職部，所以後兩句未必應該接在「海內並廁」下（于豪亮先生的看法，文載中華書局總編輯室編《古籍整理出版情況簡報》，一九八一年第三期）。但此後兩句的內容，則顯然是西漢時期漢人頌揚漢高祖勦滅陳豨、韓信之功績，類似於秦本中頌秦始皇兼天下，有可能是西漢時改造過的《蒼頡篇》的又一本子。當然，囿於資料，對北大簡本與雙古堆簡本上述字句差異的原因似還不能遽下結論。

〔二〕胡平生、韓自强《〈蒼頡篇〉的初步研究》。文中引及《史記·秦楚之際月表》「端月」索隱云「二世二年正月也。秦諱政，故云端月」，並指出《吕氏春秋》與雲夢睡虎地秦簡中皆有以端代正之例，故此説應可信。

北大簡本《蒼頡篇》與雙古堆簡本有一處值得注意的異文是，雙古堆 C003 簡有「骫奊佐宥，慠悍驕裾。誅罰貲耐，政勝誤亂」句，而北大簡此處文字則作「骫奊左右，務悍驕裾。誅罰貲耐，丹勝誤亂」（簡一〇）。其中，雙古堆簡「政勝」，在北大簡中作「丹勝（勝）」。甘肅水泉子簡《蒼頡篇》有句子作「丹勝誤亂有所惑」，亦言「丹勝」。學者或認爲雙古堆簡「政勝」之「政」，「可能是漢初抄寫者改回來的」[一]，意即秦本原文當因避秦始皇名諱，採用的是另一字。如上文所述雙古堆簡與北大簡均有「飭端修灋」句，「端」即是用來代「政」的，以「端」來代「政」是當時流行的方法，然而也正因爲在「飭端修灋」句中，「端」已代「政」使用了，而「飭端修灋」句與「丹勝誤亂」句又屬於同一章（即「漢兼」章），且相距較近，作爲字書，這裏或是爲了儘可能避免一字重出，故又用「端」的同音假借字「丹」（二者均端母元部字）來代替「端」，實際皆是爲了代「政」。這也即是說，在西漢時期，有可能是雙古堆簡《蒼頡篇》本子將原秦本「丹」字改回爲「政」，而北大簡本以及水泉子簡本仍據秦簡本而未改。當然這只是一種具可能性的解釋。

從上述諸種情況來看，北大藏《蒼頡篇》這一簡本雖抄寫年代可能已值西漢中期，但其文本形成的年代似不會太晚，當在西漢初年。

五、由北大藏漢簡《蒼頡篇》所引發的幾點思考

在整理與初步識讀北大藏漢簡《蒼頡篇》的過程中，有如下問題筆者感到有進一步思考的必要：

其一，秦代成書的《蒼頡篇》、《爰歷篇》、《博學篇》三種字書，彼此之間的關係問題。

西漢時既採取將此三篇合爲一書的方式，似亦表明三篇所收文字範圍應有所區別，至少不會有太多的重複。如此，則很可能三篇在秦代各自編製時即依某種原則而有大致的分工，比如在所押韻上有分工，各負責編撰不同韻部的章[二]，並對所收不押韻的字在詞類上有大致的分割。

北大藏漢簡《蒼頡篇》中仍有少數重複字[三]，此種情況由《漢書・藝文志》記述揚雄爲《蒼頡篇》作《訓纂篇》時曾「易《蒼頡》中重複之字」亦可

[一] 文物局古文獻研究室、安徽省阜陽地區博物館阜陽漢簡整理組《阜陽漢簡〈蒼頡篇〉》，《文物》一九八三年第二期。在收入《中國簡牘集成》第十八册河北省、安徽省上卷的《阜陽雙古堆漢墓出土簡牘〈蒼頡篇〉》中，「政勝誤亂」一句注釋曰：「『政』字未諱，或是漢代人所改，或是當時避諱不嚴。」

[二] 胡平生、韓自强先生在研究雙古堆《蒼頡篇》時，即有過類似的想法，他們曾設想此三篇有可能是一篇一韻，即分别爲之（包括職）部、魚部、陽部三部，並推測《蒼頡》押之部韻，《爰歷》押魚部韻，《博學》押陽部韻，不在以上三部韻的韻脚可以用「合韻」來解釋（見胡平生、韓自强《〈蒼頡篇〉的初步研究》）。從現存北大藏漢簡《蒼頡篇》各章情況看，也確是之（職）部、魚部、陽部字較多，但耕部、幽部、支部亦均收有較多字，所以，如真是三篇字書按韻部收字，自然亦非是各主一個韻部，當是各主幾個韻部。

[三] 例如：簡八有「漢兼天下」，簡五七有「江漢澮汾」，「漢」字重；簡八有「海内并廁」，簡五四有「廄層屋内」，「内」字重；簡八有「葅醢離異」，簡一一有「胡貉離絶」，「離」字重；簡一一的「胡貉離絶」也與簡八「胡無噍類」重「胡」字；簡二八有「䅲堇菹葅」與上引簡八「葅醢離異」句重「葅」字；簡一六有「嫯鬤嫪摟」，簡七二有「悘摟嫖姪」，「摟」字重；簡三二有章題字「悝」，而簡一二有「鈐鏅閏悝」，「悝」字重；簡八有「戎翟給賓」，簡一四有「狄署賦賨」，「賨」字重；簡四三有「蠶絫㞋庳」，簡四八有「䰈㞋䝺達」，「㞋」字重。其中除屬之職合韻部的「漢兼」一章中簡八自身有一字相重，簡八又與簡一一重「胡」字外，餘相重字均不出於同韻部。

得知。這説明西漢時合秦代三篇字書爲一的《蒼頡篇》並未能完全避免重複字。這很有可能是由於秦代三篇字書在收字範圍上雖有分工，但並不嚴格，或在具體編撰過程中有所疏忽。至於某些重複字會否是漢人在改編秦代三篇字書時生出，似亦不無可能。

其二，《蒼頡篇》中同一句中依字義相聯繫的文字會依靠同音假借的關係來訓解的問題。

在屬羅列式的句子中此種情況更爲多見。如陽部韻「顓頊」一章中有「顈豫録㥲，㑒隋愷㝩」句（簡四六），「顈」、「豫」、「㥲」在典籍中訓解皆有「大」意。但「録」，《説文》訓爲「金色也」，亦可作動詞「記録」解，按其本字並無「大」意，但既與有「大」義的顈、豫、㥲三字組在一句中，「録」即可能當讀爲「麓」，「録」、「麓」均來母屋部字，《説文》古文「麓」作「禁」。《水經・漳水注》曰：「麓者，林之大者也。」又「㑒隋愷㝩」句中，「㑒」在《説文》中訓爲「行示也」，「隋（隋）」，《説文》訓爲「裂肉也」，二字字義不合。但「㑒」可讀作「徇」，《左傳》文公十一年「郕大子朱儒自安於夫鍾，國人弗徇」，杜預注：「徇，順也。」「隋」則可讀作「隨」，《廣雅・釋詁一》：「隨，順也。」此二字似即是靠假借字的字義相聯繫的。又「愷」，《説文》訓爲「樂也」。「㝩」則訓「上」，訓「成」，亦無共同字義。但「愷」通作「豈」，《説文》「豈，一曰欲登也」，「登」則有「上」、「成」義。是「愷」亦是靠假借作「豈」與「㝩」義相聯繫的。而此句中「㑒隋」（徇隨）二字與「愷㝩」（豈㝩）二字間或也可能因訓「順」與「成」而發生語義上的聯繫。由以上例子，似可進一步證明以往學者所提出的，《蒼頡篇》中是使用了假借字的説法〔一〕。其實，僅就北大簡本即可以得知，《蒼頡篇》對文字的訓解，假借是經常運用的原則。特别是像之職合韻部的「闊錯」章，魚部韻的「□悝」章，都是大量使用假借字的。可以認爲這種假借字的使用，不僅是對《蒼頡篇》基本上是以義相從編排文字這種原則的尊奉與擴展，而且展示了漢字字音與字義之間的密切關係，特别是亦可由此得知，在秦漢時期，書師們在用不同文本的《蒼頡篇》教授學生時，不僅要講字的所謂本義、引申義，而且要講文字在使用時的同音假借原則，藉此説明同一句中字義何以會有聯繫，從而使學生得以明曉如何讀懂有大量假借字的古書。

其三，關於《蒼頡篇》有字詞選自典籍的意義。

僅據北大簡本，已可見《蒼頡篇》在選擇與編排文字時，常以雙字構成的詞語形式出現，其中有見於兩周典籍者。如幽部韻章中有「塵埃票風」句（簡一六），「票（票）風」即「飄風」，較早見於《詩經・小雅・蓼莪》「南山烈烈，飄風發發」，亦見於《老子》與《楚辭・離騷》。支部韻章中有「潃雊鶩䞕」句（簡四一），「潃雊」可讀作「肇鴝」，見於《詩經・周頌・載見》「肇革有鴝」。又如魚部韻章中「□悝」章有「細小貧窶」句（簡三一），「貧窶」即「貧窶」，見於《詩經・邶風・北門》「出自北門，憂心殷殷。終窶且貧」。魚部韻章中還有「蓬蒿蒹葭」（簡二四），「蒹葭」句則見於《詩經・秦風・蒹葭》。幽部韻章中有「鱣鮪鯉鮂」句（簡二〇），「鱣鮪」亦見於《詩經・衛風・碩人》「施罛濊濊，鱣鮪發發」。又如上引「□悝」章中有「覣捐姽嫿」句（簡三三），「姽

〔一〕胡平生、韓自强《〈蒼頡篇〉的初步研究》。

嫿」一詞則見於《文選》宋玉《神女賦》「既姽嫿於幽靜兮，又婆娑乎人間」。而同一簡中之「鄭舞炊竽」（簡三三），更明顯地是和《楚辭·招魂》之「二八齊容，起鄭舞些」、《韓非子·内儲説上》「南郭處士請爲王吹竽」有關，應是戰國典籍中常見之典故。凡此，不再一一贅引。

上述例子雖未必皆妥當，但似可以肯定的是《蒼頡篇》所收詞語，應有相當一部分取自先秦典籍。在秦始皇三十四年下令禁讀《詩》、《書》以前，秦士人讀書與書師講授，其涉獵典籍範圍均應是相當廣泛的，《蒼頡篇》字詞引自《詩經》及諸子之書，不當爲奇。由此亦可知，秦漢時期各級書師在講授《蒼頡篇》時，不僅教學生識字，同時會引導學生去尋字詞之出處，閱讀典籍。由《蒼頡篇》這一文字編排特點，亦可進一步了解這部字書的編排用意與講授方法，更深入地理解其不尋常之内涵。

其四，關於《蒼頡篇》在西漢時的使用情況。

秦代時編成的《蒼頡篇》、《爰歷篇》、《博學篇》所收文字多取《史籀篇》，有相當多的字形保留了「史籀大篆」之字形（見《説文解字敘》），「而篆體復頗異，所謂秦篆者也」（《漢書·藝文志》）。此書在漢初即被用隸書作了「隸定」，當作小學識字教材。但從現所見文本可知，其所收字似非皆爲當時日常所用文字，字形結構仍保留有秦篆特徵[一]，且字義有不少相當深奥。這樣一部字書在當時使用的情況還是值得探討的。

據現所見西漢文獻的記載，讀書習字的學童，似會按其讀書的目的，而對其有不同的識字要求。凡專門要培養作史官的學童，則在受了基本教育後，還要專門學習諷（背誦）籀（書寫）《史籀篇》這類字書，並經考試，能掌握籀書五千字以上方能爲史。而欲爲卜官者，則要能掌握三千字，並能誦卜書（與占卜有關的專業書）方可爲卜。在西漢時，史、卜官要從史、卜的兒子中去培養，是在十七歲後再用三年時間去進行上述學《史籀篇》之類的專業學習。而且欲爲史者還有專門的學室[二]。但稍晚時，此種限制出身及要再學三年的制度可能已被破除，到了十七歲即可以應考史，而應試所需知識，則在十七歲以前即已同時完成[三]。

對於像上述史、卜學童這類將來要在文字使用上有特殊要求者，其啟蒙與基礎教育，應該即是要使用《蒼頡篇》之類字書爲教材的。故《漢書·藝文

[一] 關於北大簡本中文字字形的演變、隸定等問題的探討，已具體見於筆者所作注釋。此不贅述。

[二] 一九八三年發掘的湖北江陵張家山二四七號漢墓出土的竹簡《二年律令》中有《史律》，其文曰：「史、卜子年十七歲學。史、卜、祝學童三歲，學佴將詣大史、大卜、大祝……」「試史學童以十五篇，能風（諷）書五千字以上，乃得爲史。」又曰：「卜學童能風（諷）書史書三千字，誦卜書三千字，卜六發中一以上，乃得爲卜，以爲官位。」整理小組注曰「十五篇」指《史籀篇》。見張家山二四七號漢墓竹簡整理小組《張家山漢墓竹簡》，文物出版社，二〇〇一年；彭浩、陳偉、工藤元男主編《二年律令與奏讞書——張家山二四七號漢墓出土法律文獻釋讀》，上海古籍出版社，二〇〇七年。

[三] 《漢書·藝文志》曰：「漢興，蕭何草律，亦著其法，曰『太史試學童，能諷書九千字以上，乃得爲史。又以六體試之，課最者以爲尚書御史史書令史』。」《説文敘》引《尉律》亦曰：「學童十七以上，始諷籀書九千字，乃得爲史。」以上所云「籀書」應即《史籀篇》所收文字。但一個欲爲「史」之學童即要「諷書九千字以上」似乎過多，學者多疑之。李學勤先生認爲「這可能是《史籀篇》後來多有所增益，或把注釋也計算在内」（《試説張家山簡〈史律〉》，《文物》二〇〇二年第四期）。有關漢代早、晚史、卜官之出身與學習年限、地點的差別，亦參見李先生此文。

志》講閭里書師改編秦代三篇字書爲一。對於這類學生，特別是史學童，估計要掌握並理解《蒼頡篇》的全部内容，其類似的基礎教育會有相當深度，不然難以再去諷書《史籀篇》。這應該是《蒼頡篇》保留了許多不常見的文字以及訓解較深奥的原因。然而對於非史、卜學童者，即一般的學童，將來並非要從事與文字有密切關係的職業，雖可能仍以《蒼頡篇》爲教材，但是否要識别其全部文字，以及是否要掌握其全部内涵，或掌握的程度深淺都可能是與上述史、卜學童有别的。

《蒼頡篇》作爲小學教材但並不通俗。除上述因素外，或亦與當時的小學教育特點有關。學者或認爲當時的小學教育，要求習字者依據《蒼頡》等字書範本反復抄寫，是「小學」教育崇尚古典權威而形成的滯後現象〔一〕。這顯然也會使《蒼頡篇》在難易程度上超出一般小學識字課本。由於書法技藝雖世代皆可以通過苦練而掌握，而所收文字之造形特徵，特别是其字義的傳授則未必被强調，到了西漢後期，此書所收文字已被認爲相當深奥，故而《漢書·藝文志》特别記載到漢宣帝時由於《蒼頡》多古字，以至於當時「俗師」都不能識讀此書，還需要徵召齊人張敞這種對古文字有相當修養的學者來識讀。

從雙古堆大墓之墓主人漢汝侯陰侯一類王侯（北大簡之擁有者，綜合各種資料看，其身份似當接近）亦要重視之，乃至要用來殉葬來看，又可以使人想到，在西漢早中期這部字書似並非僅供啟蒙識字之用。所以，以往研究《蒼頡篇》的學者所提出的，這部書在當時具有百科全書字彙的特徵是有一定道理的〔二〕。在西漢早中期時，這部書應該爲社會上層（及知識階層）所必讀，而與經書同等重視。因爲其不僅藉由字詞的組合排列方式，昭示了一種對各類事物與行爲依其特性作分類的框架，而且貫徹了一種對豐富的漢字詞語按字義作細緻分辨與繫聯的思維，展示了同音假借關係所體現的漢字使用特徵，這些都當被納入了社會上層所要求具有的知識範疇中。而從雙古堆簡本及北大簡本的文本特徵來看，當時供社會上層貴族、官僚使用的文本，亦當未必是閭里書師所改編的六十字一章的文本，很可能同於或類似於班固在《漢書·藝文志》中所著録的那種皇家藏書本，即保留了秦本大致面貌的二十章本，北大藏漢簡《蒼頡篇》雖未必是此種文本，但亦應歸於此類。這種本子的改編者，也可能即是專門教授官僚與貴族子弟讀書的書師，此中甚或已有當時的學者。

〔一〕邢義田《漢代〈蒼頡〉、〈急就〉八體和「史書」問題》，《古文字與古代史》第二輯，中研院史語所論文集之九，二〇〇九年。

〔二〕福田哲之著，佐藤將之、王繡雯合譯《阜陽漢簡〈蒼頡篇〉研究》。福田哲之還指出，「《蒼頡篇》之陪葬意義或許能得到與其他陪葬書籍共通的整合性理解」。